U0649397

全国二级造价工程师职业资格考试应试指南

Jiaotong Yunshu Gongcheng Jiliang yu Jijia Shiwu

交通运输工程计量与计价实务

Gonglu Pian

公路篇

北京中交京纬公路造价技术有限公司
长沙市中交京纬职业培训学校 主编

人民交通出版社
北京

内 容 提 要

本书根据最新版《全国二级造价工程师职业资格考试大纲》编写，由专家团队在2020年版的基础上，结合造价领域发展趋势和考试要求，围绕交通运输部最新颁布和修订的行业标准、规范、计价规则等重新修编而成。本书内容包括专业基础知识、工程计量、工程计价和案例分析四章。每章均列出了考纲要求，梳理了专业知识架构，精编了习题及答案解析，案例分析章节引用公路工程实际案例，增加知识点集成内容，对计量与计价实务操作进行了全面、系统的介绍，并对例题进行了细致剖析。本书知识架构逻辑清晰，脉络分明，学练结合，实操性强，便于读者对知识点的掌握和理解。

本书可作为全国二级造价工程师(交通运输工程 公路专业)职业资格考试考生复习备考用书，也可作为相关从业人员及相关专业师生在实际工作和教学中的参考用书。

图书在版编目(CIP)数据

交通运输工程计量与计价实务. 公路篇 / 北京中交京纬公路造价技术有限公司，长沙市中交京纬职业培训学校主编. — 北京 : 人民交通出版社股份有限公司，2025. 8. — ISBN 978-7-114-20664-1

Ⅰ. U491;U415.13

中国国家版本馆 CIP 数据核字第 2025W0R327 号

全国二级造价工程师职业资格考试应试指南

书　　名:**交通运输工程计量与计价实务　公路篇**

著 作 者:北京中交京纬公路造价技术有限公司
长沙市中交京纬职业培训学校

责任编辑:王海南　潘艳霞　牛家鸣

责任校对:赵嫒嫒　武　琳

责任印制:张　凯

出版发行:人民交通出版社

地　　址:(100011)北京市朝阳区安定门外外馆斜街3号

网　　址:http://www.ccpcl.com.cn

销售电话:(010)85285857

总 经 销:人民交通出版社发行部

经　　销:各地新华书店

印　　刷:北京市密东印刷有限公司

开　　本:787×1092　1/16

印　　张:13.75

字　　数:335千

版　　次:2025年8月　第1版

印　　次:2025年8月　第1次印刷

书　　号:ISBN 978-7-114-20664-1

定　　价:75.00元

《交通运输工程计量与计价实务　公路篇》

编审人员

主　　编：谢　萍

参编人员：丁加明　慕容明海　侯秀杰　海丽萍　李　卫
宋　军　张　艳　邵卫峰　徐　敏　张晓辉
张　巍

审定人员：董再更　刘代全　孙加义　徐　浩

前言 〉〉〉

2018 年，住房城乡建设部、交通运输部、水利部、人力资源社会保障部联合印发的《造价工程师职业资格制度规定》和《造价工程师职业资格考试实施办法》的通知（建人〔2018〕67 号），明确设置造价工程师准入类职业资格。2023 年，交通运输部印发了《交通运输工程造价工程师注册管理办法》（交通运输部令 2023 年第 2 号）、《交通运输部办公厅关于做好〈交通运输工程造价工程师注册管理办法〉实施工作的通知》（交办人教函〔2023〕822 号），明确交通运输工程二级造价工程师的执业准则。实施好造价工程师职业资格制度，将有效提升从业人员职业能力，强化从业人员职业操守，为加快建设交通强国、构建现代化高质量国家综合立体交通网提供人才支撑。

为方便广大考生快速掌握考点，顺利通过考试，我们组织来自公路工程造价领域的专家，按照《全国二级造价工程师职业资格考试大纲》，结合由交通运输部职业资格中心组织编写的全国二级造价工程师职业资格考试用书《交通运输工程计量与计价实务　公路篇（2025 年版）》的内容，编写了本书。本书和考试用书知识点相对应，内容互补。分为专业基础知识、工程计量、工程计价、案例分析四章，每章按考纲要求、知识架构、章节练习题及答案与解析等内容进行编写，第四章的案例分析引用公路工程实际案例，增加知识点集成内容，对计量与计价实务操作进行了全面、系统的介绍，既能满足考生需求，又突出了公路工程专业基础知识的特殊性和人才培养的实用性。

在修编过程中，书中内容均采用了公路建设行业最新标准和规范，针对性和操作性强。对知识点的解读力求深入浅出、循序渐进，既可作为广大考生复习备考用书，也可作为造价从业人员掌握造价专业技术基础知识的参考用书。

本书在编写和审定过程中，得到了公路工程建设、造价（定额）管理、设计、施工和造价咨询等单位和专家的大力支持，在此一并表示感谢！

本书在编写过程中几经推敲，再三修正，但因时间紧张，编者水平有限，书中疏漏和纰误难以避免，恳请广大读者进行批评指正。发现的问题可以发到电子邮箱：pxzjjw@163.com，欢迎各位读者与我们积极交流。最后预祝考生取得优异成绩。

北京中交京纬公路造价技术有限公司

长沙市中交京纬职业培训学校

2025 年 6 月

目录 〉〉〉

第一章　专业基础知识

考纲要求

1. 公路工程的基本组成。
2. 公路工程主要施工工艺与方法。
3. 常用材料的分类、基本性能。
4. 常用施工机械的分类和应用。
5. 施工组织设计的编制原理和内容。
6. 公路养护工程的基本组成。

主要知识点

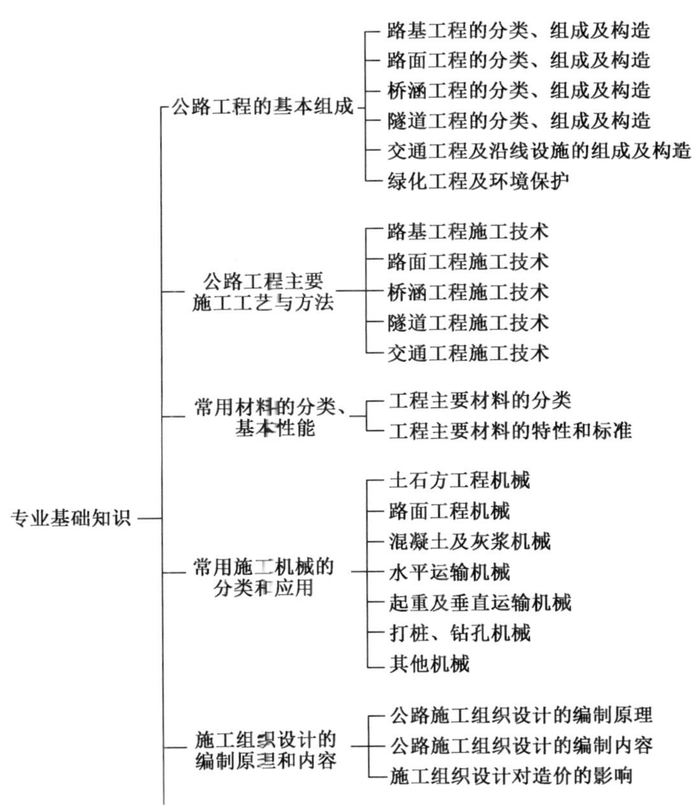

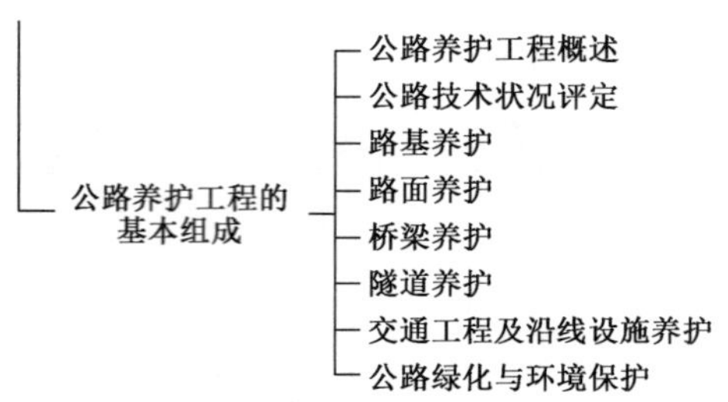

第一节 公路工程的基本组成

本节知识架构

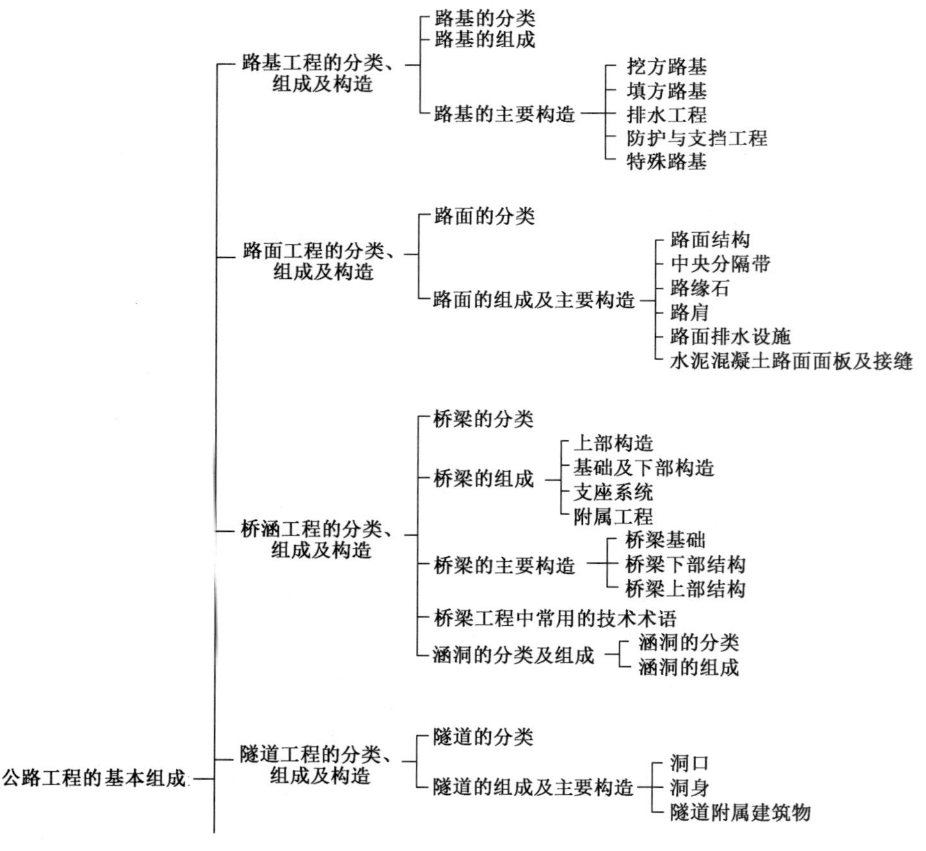

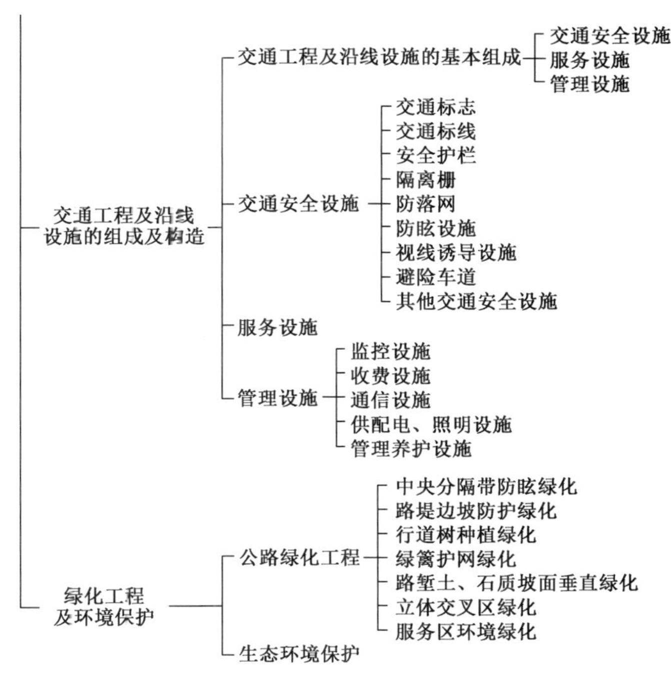

本节习题

一、单项选择题

(一)路基工程

1. 下列属于沿河路基防护工程的是(　　)。
   A. 挡土墙　　B. 抛石防护　　C. 植物防护　　D. 坡面处治
2. 下列几种支挡构造物,对地基承载力要求相对较高的构造物是(　　)。
   A. 衡重式挡土墙　　B. 锚定板式挡土墙
   C. 扶壁式挡土墙　　D. 钢筋混凝土悬臂式挡土墙
3. 公路路基土石挖方中如用不小于(　　)kW 推土机单齿松动器无法松动,须用爆破或用钢楔大锤或用气钻方法开挖的,以及体积大于或等于(　　)m^3 的孤石为石方,余为土方。
   A. 112.5,1　　B. 112.5,2　　C. 135,1　　D. 135,2
4. 公路路基的主要构成部分不包括(　　)。
   A. 加固工程　　B. 附属设施　　C. 防护设施　　D. 大型挡土墙
5. 下列排水设施中属于地表排水设施的是(　　)。
   A. 边沟　　B. 盲沟　　C. 暗沟　　D. 渗井
6. 当岩石路堑边坡高度超过(　　)m 时,应按高边坡进行设计。
   A. 10　　B. 20　　C. 30　　D. 15

7.(　　)可以用来将取土坑、边坡和路基附近积水引排至桥涵或路基以外的洼地或天然河沟。

A. 边沟　B. 排水沟　C. 截水沟　D. 暗沟

8. 下列排水设施中,(　　)为设置在地面以下用以引导水流的沟渠,其本身没有渗水或汇水的作用。

A. 边沟　B. 渗沟　C. 渗井　D. 暗沟

9. 高度超过(　　)m 的土质边坡,以及为黄土、红黏土、高液限土、膨胀土等特殊土质的挖方边坡,应(　　)。

A. 10,特殊设计　B. 20,特殊处理

C. 25,特殊设计　D. 15,特殊处理

10. 下列挖方路基典型断面中,(　　)适用于边坡为均质的岩土,且路基开挖不深的路段。

A. 直线形边坡断面　B. 折线形边坡断面

C. 挡土墙断面　D. 台阶形断面

11. 用以汇集和排除路面、路肩及边坡的流水,设置于路基两侧的水沟,称为(　　)。

A. 排水沟　B. 截水沟　C. 边沟　D. 纵向水沟

12. 以下属于坡面防护的有(　　)。

A. 网格防护　B. 砌石防护　C. 抛石防护　D. 石笼防护

13. 公路沿河路基必须采取措施防止冲刷,其导流措施有(　　)。

A. 护面墙　B. 喷射混凝土　C. 石笼防护　D. 顺坝

14. 用以防止路基变形或支挡路基本身,以保证路基稳定性。具有上述作用的常用的支挡构造物有(　　)。

A. 石笼　B. 挡土墙

C. 护面墙　D. 喷射混凝土封面

15. 公路工程中,依靠墙身自重支承土压力的支挡构造物是(　　)。

A. 石笼　B. 护面墙

C. 重力式挡土墙　D. 喷射混凝土封面

16. 为安排施工及土石方工程计价,常按土石开挖难易程度进行分级。《公路工程预算定额》(JTG/T 3832—2018)采用(　　)级分类。

A. 3　B. 6　C. 9　D. 12

17. 公路工程路基土、石方工程,按开挖难易程度,《公路工程预算定额》(JTG/T 3832—2018)将岩石按(　　)级分类。

A. 3　B. 4　C. 5　D. 6

18. 公路路基防护与加固工程,按其作用不同可以分为(　　)。

A. 坡面防护、沿河路基防护、支挡构造物三大类

B. 植物防护、坡面处治、护坡、护面墙四大类

C. 草皮防护、砌石防护、砌预制块防护、现浇混凝土防护四大类

D. 植物防护、坡面处治、护坡、护面墙、挡土墙五大类

19. 护面墙与挡土墙的最大区别是(　　)。

A. 前者承受土侧压力,后者不承受　　B. 前者是防护,后者是加固

C. 前者不承受土侧压力,后者承受　　D. 前者是加固,后者是防护

(二)路面工程

1. 水泥混凝土路面在临近桥梁或其他固定构造物处,或者与其他道路相交处,应设置横向(　　)。

A. 假缝　　B. 缩缝　　C. 施工缝　　D. 胀缝

2. 在初步压实并已稳定的矿料层上洒布沥青,再铺撒嵌缝料并碾压,借助行车压实而形成的一种沥青路面结构层称为(　　)。

A. 沥青表面处治路面　　B. 沥青贯入式路面

C. 热拌和沥青混凝土路面　　D. 沥青碎石路面

3. 道路设计中路面的刚度是指路面抵抗(　　)的能力。

A. 外力　　B. 开裂　　C. 老化　　D. 变形

4. 下列路面中(　　)的强度和耐久性最好。

A. 沥青表面处治路面　　B. 沥青混凝土路面

C. 沥青碎石路面　　D. 沥青贯入式路面

5. 每日施工结束或浇筑混凝土过程中因故中断时,必须设置(　　)。

A. 横向缩缝　　B. 胀缝

C. 纵向施工缝　　D. 横向施工缝

6. 一般路段中央分隔带排水系统的主要作用是(　　)。

A. 排除路面结构内的积水

B. 排除路面结构中渗流到路面边缘的水

C. 排除中央分隔带范围内的表面渗水

D. 以上都不是

7. (　　)是直接承受车轮荷载反复作用和自然因素影响的结构层。

A. 面层　　B. 黏层　　C. 基层　　D. 垫层

8. 沥青路面的(　　)应根据使用要求设置抗滑耐磨、密实稳定的沥青层。

A. 面层　　B. 封层　　C. 基层　　D. 黏层

9. 沥青路面的(　　)是起主要承重作用的层次。

A. 面层　　B. 封层　　C. 基层　　D. 垫层

10. 以下公路路面结构中,属于功能层的是(　　)。

A. 面层　　B. 下封层　　C. 底基层　　D. 基层

11. (　　)是路面结构中用以阻止水下渗的功能层。

A. 黏层　　B. 防冻层　　C. 透层　　D. 封层

12. 中央分隔带的开口长度最大不宜大于(　　)。

A. 100m　　B. 40m　　C. 80m　　D. 50m

13. 土路肩一般情况用(　　)填筑。

A. 粉土　　B. 砂类土　　C. 黏土　　D. 砾类土

14. 当混凝土路面板一次铺筑宽度大于(　　)时,应设置纵向缩缝。

A. 3.75m　　B. 6m　　C. 4m　　D. 4.5m

15. 下列不属于沥青路面优点的是(　　)。

A. 行车舒适　　B. 噪声小

C. 施工期长　　D. 养护维修简单

(三)桥涵工程

1. 适用于拱桥的重力式桥台由(　　)组成。

A. 台身、台帽、侧墙或八字墙、台背排水

B. 台身、盖梁、耳背墙

C. 台身、拱座、侧墙或八字墙、台背排水

D. 台身、盖梁、耳背墙、锥坡

2. 某涵洞表示为 2-3×1.5,其中的“2”表示(　　)。

A. 跨径为 2m　　B. 台高为 2m

C. 孔数为 2 孔　　D. 基础为 2m

3. 在桥梁工程中,与其他基础形式相比,抗水平作用能力及竖直支承力均较大的基础形式是(　　)。

A. 桩基础　　B. 沉井基础　　C. 管柱基础　　D. 地下连续墙

4. 明涵与暗涵的区别是以(　　)为依据。

A. 洞中有光还是无光　　B. 洞口形式

C. 洞身形式　　D. 洞顶填土情况

5. 下列不属于桥梁下部构造的是(　　)。

A. 锥坡　　B. 桥墩　　C. 台帽　　D. 耳背墙

6. 悬索桥的主要承重构件是(　　)。

A. 加劲梁　　B. 吊索　　C. 锚碇　　D. 主缆索

7.《公路工程技术标准》(JTG B01—2014)以桥涵的长度和跨径大小作为划分依据,桥涵分为特大桥、大桥、中桥、小桥和涵洞五类。某桥梁长度为 1000m,其应属于(　　)。

A. 特大桥　　B. 大桥　　C. 中桥　　D. 小桥

8. 桥梁是在路线中断时跨越障碍的承载结构,其承重结构主要指(　　)。

A. 桥台　　B. 桥墩　　C. 梁或拱圈　　D. 桥面系

9. 承重结构与墩、台的支承处所设置的传力装置,称为(　　)。

A. 铰　　B. 盖梁　　C. 支座　　D. 墩台帽

10. (　　)是支承桥跨结构并将恒载和车辆等活载传至地基的建筑物。

A. 桥台　　B. 台帽　　C. 支座　　D. 盖梁

11. 将桥梁墩、台所承受的各种荷载传递到地基上的结构物,称为(　　)。

A. 系梁　　B. 基础　　C. 铺底　　D. 地下连续墙

12.《公路工程技术标准》(JTG B01—2014)中规定的划分标准,以桥涵的长度和跨径的大

小划分桥涵种类,某桥梁 5×20m 标准跨径,属于(　　)。

A. 特大桥　　B. 大桥　　C. 中桥　　D. 小桥

13. 在竖向荷载作用下无水平反力的桥梁,称为(　　)。

A. 组合体系桥　　B. 刚构桥　　C. 拱式桥　　D. 梁式桥

14. 对于跨径 10m 以内的梁桥,其上部构造宜选用(　　)。

A. T 形梁　　B. 工字形梁　　C. 箱梁　　D. 板梁

15. 拱桥的承重以(　　)为主。

A. 受拉　　B. 受压　　C. 受弯　　D. 受扭

16. 对悬臂法施工的预应力连续梁桥,其横截面形式一般采用(　　)。

A. 箱形截面　　B. 工字形截面　　C. 梯形截面　　D. T 形截面

17. 采用顶推法施工的预应力连续梁桥,其横截面形式一般采用(　　)。

A. 不等高的截面　　B. T 形截面　　C. 箱形截面　　D. 工字形截面

18. 桥梁的建筑高度是指(　　)。

A. 行车道路面的高程至上部结构最下缘之间的距离

B. 桥面(或轨顶)高程与桥跨结构最下缘之间的距离

C. 桥面(或轨顶)高程与通航净空顶部之间的高差

D. 桥面(或轨顶)高程与设计洪水位之间的高差

19. 涵洞洞顶填土高度大于(　　)时为暗涵。

A. 0.3m　　B. 0.5m　　C. 0.8m　　D. 1m

20. 预应力斜拉桥梁的高度,一般只有跨径的(　　)。

A. 1/50 至 1/20　　B. 1/70 至 1/30

C. 1/80 至 1/40　　D. 1/100 至 1/40

21. 桥梁的上部构造又称(　　)。

A. 桥梁主体结构　　B. 桥梁承重结构

C. 桥跨结构　　D. 桥梁承重构件

22. 恒载与活载之比最小的桥型是(　　)。

A. 钢箱梁斜拉桥　　B. 悬索桥

C. 预应力刚构桥　　D. 预应力连续梁桥

23. 有桥台的桥梁全长是指(　　)。

A. 桥面系行车道的长度

B. 两岸桥台的侧墙或八字墙尾端之间的距离

C. 两端洞口之间的水平距离

D. 两端洞口侧墙或八字墙尾端之间距离

24. 设计荷载是指桥涵除承受本身自重和各种附加恒载外,还承受各种(　　)。

A. 偶然荷载　　B. 交通荷载

C. 永久荷载　　D. 可变荷载

25. 目前,我国公路桥梁建设中较为广泛使用的桥墩结构形式,为(　　)。

A. 双叉形墩　　B. 四叉形墩

C. X 形墩　　D. 柱式墩

26. 主要采用天然石料或片石混凝土砌筑，不需要耗用钢筋，靠自身的重力来平衡外力而保持其稳定的桥墩，为(　　)。

A. 轻型桥墩　　B. 重力式墩

C. X 形墩　　D. 双柱式墩

27. 按建筑材料的不同，涵洞可分为圬工涵、钢筋混凝土涵、(　　)。

A. 砖砌涵　　B. 现浇涵

C. 预应力钢筋混凝土涵　　D. 波纹钢管(板)涵

28. 桥梁的下部构造包括(　　)或索塔，它是支撑桥跨结构并将恒载和车辆等活载传至基础的建筑物。

A. 桥墩和桥台　　B. 桥台和盖梁

C. 桥墩和台帽　　D. 承台和台帽

29. 公路混凝土或钢筋混凝土空心桥墩的适用范围，目前多用于(　　)。

A. 高度 40m 以内的桥墩　　B. 50 ~ 150m 的高墩

C. 连续刚构的桥墩　　D. 拱桥桥墩

30. 当简支梁桥天然地基土质较好，不受冰冻、冲刷影响时，宜选用(　　)。

A. 桩基础　　B. 扩大基础

C. 沉井基础　　D. 组合基础

31. Y 形墩和薄壁墩，都是一种(　　)桥墩，其结构形式经济合理，外形轻盈美观，一般都采用钢筋混凝土修建。

A. 重型　　B. 实体式　　C. 重力式　　D. 轻型

32.《公路工程技术标准》(JTG B01—2014)中规定的以桥涵的长度和跨径大小划分标准，将桥涵划分为(　　)。

A. 三类　　B. 四类　　C. 五类　　D. 六类

33. 桥梁的总跨径为(　　)。

A. 计算跨径之和　　B. 净跨径之和

C. 标准跨径之和　　D. 多孔跨径总长

34. 预应力连续梁可以做成等跨或不等跨，对于大跨径的预应力连续梁桥，其截面形式一般都采用(　　)截面。

A. T 形　　B. 工字形　　C. 矩形　　D. 箱形

35. 钢筋混凝土或预应力混凝土简支梁桥属于(　　)。

A. 静定结构　　B. 超静定结构

C. 连续结构　　D. 受拉结构

36. 埋置式桥台是一种(　　)桥台。

A. 重力式　　B. 轻型　　C. 组合式　　D. 孔腹式

(四)隧道工程

1. 某隧道进口端墙里程桩号为 K10 + 300，出口端墙里程桩号为 K13 + 600，按隧道长度划分，该隧道属于(　　)。

A. 长大隧道　　B. 特长隧道
C. 超长隧道　　D. 较长隧道

2. 隧道的主体建筑物包括(　　)。

A. 洞身和照明、通风　　B. 洞身和运营管理设施
C. 洞口和洞身　　D. 洞身和防水排水设施

3. 公路隧道划分中,若隧道长度为1000m,属于(　　)。

A. 特长隧道　B. 长隧道　C. 中隧道　D. 短隧道

4. 某隧道长3000m,属于(　　)。

A. 特长隧道　B. 长隧道　C. 中隧道　D. 短隧道

5. 以下隧道属于按其所处的位置不同分类的是(　　)。

A. 山岭隧道　B. 连拱形隧道　C. 公路隧道　D. 铁路隧道

6. 某公路隧道长度1500m,应为(　　)。

A. 特长隧道　B. 长隧道　C. 中隧道　D. 短隧道

7. 公路隧道长度,是指(　　)。

A. 进出口洞门中心之间的水平距离
B. 两端路面路线中线的距离
C. 进出口洞门端墙与路面之间的水平距离
D. 两端端墙面与路面的交线同路线中线交点间的距离

8. 在山体岩石整体性很好的情况下,为防止表面岩石风化而做的衬砌,称为(　　)。

A. 构造衬砌　　B. 承载衬砌
C. 复合式衬砌　　D. 装饰衬砌

9. 以任何方式修建、最终使用于地表以下的条形建筑物,其空洞内部净空断面在(　　)以上者均为隧道。

A. 2m　B. 3m　C. 4m　D. 5m

10. 公路隧道按其长度的不同分为(　　)。

A. 一类　B. 二类　C. 三类　D. 四类

11. 承受围岩垂直与水平方向的压力,需进行荷载计算,一般都做成整体式衬砌,称(　　)。

A. 构造衬砌　　B. 承载衬砌
C. 复合式衬砌　　D. 装饰衬砌

12. 隧道洞内排水部分不包括(　　)。

A. 纵向排水沟　　B. 截水沟
C. 横向排水暗沟、盲沟　　D. 横向排水坡

13. 公路隧道的防水排水系统应采取(　　)综合治理。

A. 防、堵两项　　B. 防、排、堵三项
C. 防、排、堵、截四项　　D. 防、排、堵、截、引五项

14. 按《公路工程技术标准》(JTG B01—2014)中的隧道分类标准,特长隧道指长度L为(　　)。

A. $L \geqslant 3000$m　　B. $L > 3000$m
C. $L \geqslant 2500$m　　D. $L > 2500$m

15. 按《公路隧道设计规范　第一册　土建工程》(JTG 3370.1—2018)规定，二级公路隧道长度大于(　　)时，应设置照明。

A. 500m　　B. 1000m　　C. 1500m　　D. 2000m

16. 公路隧道装饰，不仅可起到美化作用，而且还可减少噪声、提高隧道亮度。但除(　　)的隧道外，一般不考虑进行内装饰。

A. 高速公路
B. 高速公路、一级公路
C. 高速公路、一级公路、二级公路
D. 高速公路、一级公路、二级公路、三级公路

(五)交通工程及沿线设施

1. 交通安全设施中的视线诱导设施主要包括线形诱导标、轮廓标和(　　)。

A. 指示标志　　B. 限速标志
C. 禁令标志　　D. 分流、合流标志

2. 交通标线的设计依据不包括(　　)。

A. 设计速度　　B. 交通组成
C. 道路等级　　D. 交通流运行

3. 下列选项中，(　　)属于公路建设项目的安全设施。

A. 服务区　　B. 交通信号灯
C. 路面标线　　D. 监控系统

4. 以下不属于高速公路监控系统功能的是(　　)。

A. 信息采集　　B. 信息的分析处理
C. 信息提供　　D. 信息传输

5. 以下属于道路交通标志分类的是(　　)。

A. 轮廓标　　B. 合流诱导标
C. 指示标志　　D. 线形诱导标

6. 标志牌的形状为等边三角形，颜色为黑边框、黄底和黑色图案是(　　)。

A. 警告标志　　B. 指示标志
C. 禁令标志　　D. 辅助标志

7. 禁令标志表示禁止、限制及相应解除的含义，道路使用者应(　　)。

A. 尽力执行　　B. 遵循
C. 谨慎行动　　D. 严格遵守

8. 我国公路各种标志在同一点需要设置两种以上的标志时，可以合并安装在一根立柱上，但最多不应超过(　　)。

A. 三种　　B. 四种
C. 五种　　D. 六种

9. 由标画于路面上的各种线条、箭头、文字、立面标记、突起路标和轮廓标等构成,引导驾驶员视线,管制驾驶员驾车行为的重要设施是(　　)。

A. 线形诱导标　　B. 分流、合流诱导标

C. 交通标线　　D. 交通标志

10. 安全护栏是公路的重要交通安全设施,以下说法错误的是(　　)。

A. 安全护栏可起警示作用

B. 安全护栏可防止失控车辆越出路外

C. 安全护栏可防止车辆穿越中央分隔带闯入对面行车道

D. 高速公路在高填路堤、悬崖、急弯的外侧等路段必须设置柱式护栏

11. 波形钢板护栏是一种以波纹状钢板相互拼接并由钢立柱支撑而组成的连续梁柱式的护栏结构,具有一定的刚度和(　　)。

A. 耐久性　　B. 韧性

C. 强度　　D. 柔性

12. 波形钢板护栏属于(　　)。

A. 刚性护栏　　B. 半刚性护栏

C. 韧性护栏　　D. 柔性护栏

13. 高速公路的隔离设施属于(　　)。

A. 养护设施　　B. 安全设施

C. 限界设施　　D. 美观设施

14. 以指示道路线形轮廓为主要目标的一种视线诱导设施是(　　)。

A. 轮廓标　　B. 合流诱导标

C. 分流诱导标　　D. 线形诱导标

15. 设置在急弯或视距不良地段的一种视线诱导设施是(　　)。

A. 轮廓标　　B. 合流诱导标

C. 分流诱导标　　D. 线形诱导标

16. 交通监控系统不包括(　　)。

A. 信息采集系统　　B. 信息提供系统

C. 监控中心　　D. 电子收费系统

17. 交通监控信息采集系统主要是(　　)。

A. 将交通运行状态或控制指令告知驾驶员

B. 将实时信息进行分析处理

C. 收集公路上的实时交通信息

D. 指令的决策发布

18. 以下不属于交通工程设施的是(　　)。

A. 交通标线　　B. 道路防滑设施

C. 交通标志　　D. 照明设施

19. (　　)不单独设立。

A. 告示标志　　B. 辅助标志
C. 指路标志　　D. 禁令标志

（六）绿化工程及环境保护

1. 高速公路路基边坡绿化主要作用是（　　）。
A. 防止冲刷、保土保水　　B. 观赏景观
C. 隔噪声　　D. 防风沙
2. 高速公路行道树种植绿化主要作用是（　　）。
A. 防止冲刷　　B. 防眩
C. 隔噪声、隔粉尘、隔臭气、防风沙　　D. 形成封闭性绿篱
3. 公路在运营阶段对环境的影响，主要是指（　　）。
A. 路基排水容易造成水土流失　　B. 建筑废渣的污染
C. 车辆拥堵　　D. 汽车排出的废气
4. 公路在建设期对环境的影响，主要是指（　　）。
A. 施工对树木的砍伐　　B. 噪声污染、污水污染及固体废弃物污染等
C. 汽车的振动　　D. 交通事故破坏
5. 中央分隔带防眩绿化树，要四季常青、低矮缓生，株高在（　　）之间。
A. 0.8～1.2m　　B. 1.0～1.3m
C. 1.2～1.5m　　D. 1.3～1.6m
6. 绿篱护网在金属护网（　　）处，采取多栽植有刺灌木，形成封闭性绿篱的形式。
A. 0.5～0.8m　　B. 0.6～0.8m
C. 0.5～1.0m　　D. 0.6～1.0m

二、多项选择题

（一）路基工程

1. 根据《公路土工试验规程》（JTG 3430—2020）规定，按土的粒径可将土分为（　　）。
A. 巨粒组　　B. 粗粒组
C. 中粒组　　D. 细粒组
E. 微粒组
2. 分离式高速公路、一级公路的标准路基横断面组成部分包括（　　）。
A. 中间带　　B. 路缘带
C. 路肩　　D. 车道
E. 绿化带
3. 路基横断面按填挖类型分类包括（　　）路基基本形式。
A. 填方　　B. 挖方

C. 半填半挖　　D. 不填不挖

E. 砌筑

4. 边坡的稳定性主要受边坡高度、(　　)和地面水的发育状况等因素影响。

A. 土的种类　　B. 土的密实程度

C. 土的成因及生成年　　D. 土的类型

E. 地下水

5. 路基防护一般可分为(　　)。

A. 坡面防护　　B. 沿河路基防护

C. 直接防护　　D. 间接防护

E. 护面墙

6. 下列防护措施中(　　)属于沿河路基防护中的直接防护。

A. 砌石防护　　B. 抛石防护

C. 石笼防护　　D. 丁坝

E. 土工模袋

7. 填方路基由(　　)组成。

A. 路堤　　B. 路堑

C. 路床　　D. 零填路基

E. 半填半挖路基

8. 填方路基应优先选用天然级配较好的(　　)等粗粒土作为填料。

A. 漂石土　　B. 卵石土

C. 砾类土　　D. 砂类土

E. 黄土

9. 下列病害中(　　)是路基病害。

A. 冲刷　　B. 翻浆

C. 沉陷　　D. 唧泥

E. 松散

10. 抗滑桩可用于(　　)。

A. 稳定边坡　　B. 滑坡

C. 加固不稳定山体　　D. 加固其他特殊路基

E. 坡面防护

11. 渗沟是设置在地面以下用以(　　)。

A. 排除路基边坡雨水　　B. 降低地下水位

C. 排除渗入路堤的雨水　　D. 拦截地下水

E. 引流路面的雨水

12. 公路路基边坡坡面防护,可采用(　　)。

A. 铺草皮　　B. 水泥砂浆抹面

C. 喷射混凝土封面　　D. 锚杆喷浆

E. 护面墙

13. 公路工程对边坡进行支挡和加固的主要方法有(　　)。
A. 重力式挡土墙　　B. 锚杆加固
C. 喷射混凝土　　D. 抗滑桩
E. 浸水挡土墙

14. 公路路基的地下排水设施一般有(　　)。
A. 暗沟　　B. 暗管
C. 渗沟　　D. 渗井
E. 排水沟

15. 公路边坡植物坡面防护的方式有(　　)。
A. 种树　　B. 种草
C. 铺草皮　　D. 种植灌木丛
E. 挂网喷护

(二)路面工程

1. 适用各级公路基层的材料有(　　)。
A. 水泥稳定类材料　　B. 石灰稳定类材料
C. 粉煤灰稳定类材料　　D. 水泥稳定细粒土
E. 石灰稳定细粒土

2. 路基基层是路面结构中的承重部分,可选用(　　)等材料。
A. 沥青混合料　　B. 无机结合料稳定材料
C. 泥土　　D. 贫混凝土
E. 沥青贯入碎石

3. 路面排水设施主要由(　　)组成。
A. 路面表面排水　　B. 截水沟
C. 中央分隔带排水　　D. 路面结构内部排水
E. 桥面铺装体系排水

4. 路面工程包括路面面层、基层和底基层、(　　)。
A. 功能层　　B. 路肩
C. 路面排水设施　　D. 路面标线
E. 路缘石

5. 路面结构的基本形式一般由(　　)组成。
A. 面层　　B. 封层
C. 基层　　D. 底基层
E. 垫层

6. 路面面层可由(　　)组成。
A. 一层　　B. 二层
C. 三层　　D. 四层
E. 五层

7. 中面层、下面层应根据(　　)选择适当的沥青结构层。

A. 公路等级　　B. 沥青层厚度

C. 气候条件　　D. 沥青种类

E. 级配材料

8. 以下沥青路面基层材料中,需浇洒透层沥青的是(　　)。

A. 水泥稳定粒料基层　　B. 级配砂砾基层

C. 级配碎石基层　　D. 水泥稳定土

E. 沥青稳定碎石

9. 高速公路、一级公路的基层应采用(　　)材料铺筑。

A. 水泥稳定粒料　　B. 石灰粉煤灰(二灰)稳定粒料

C. 水泥稳定土　　D. 沥青混合料

E. 级配碎砾石

10. 以下关于水泥混凝土路面的说法,正确的是(　　)。

A. 水泥混凝土面层是路面结构的主要承重层

B. 一次铺筑宽度小于路面宽度时,应设置横向胀缝

C. 行车道路面与水泥混凝土硬路肩之间的纵向接缝应设置拉杆

D. 拉杆应采用螺纹钢筋

E. 板内配置纵、横向钢筋或钢筋网的水泥混凝土路面是钢筋水泥混凝土路面

11. 中央分隔带下部需要设置排水设施及通信管道,外露部分需要(　　)。

A. 绿化　　B. 设置防眩设施

C. 设置防撞设施　　D. 设置排水设施

E. 设置防护设施

12. 路面的功能层包括(　　)。

A. 排水垫层　　B. 黏层

C. 透层　　D. 封层

E. 防冻垫层

13. 接缝是路面的薄弱点,应合理设计、认真施工,否则容易出现(　　)等病害。

A. 唧泥　　B. 龟裂

C. 错台　　D. 剥落

E. 沉陷

14. 路缘石设置在(　　)。

A. 中央分隔带　　B. 两侧分隔带

C. 路侧带　　D. 路侧带两侧

E. 挡土墙角

15. 下列路面中属于铺装路面的是(　　)。

A. 沥青混凝土路面　　B. 水泥混凝土路面

C. 沥青碎石　　D. 沥青表面处治路面

E. 碎石路面

16. 沥青表面处治路面适用于(　　)公路面层。

A. 高速　　B. 一级

C. 二级　　D. 三级

E. 四级

17. 沥青路面按照(　　)可分为热拌沥青混合料路面、冷拌沥青混合料路面、沥青贯入式路面、沥青表面处治等。

A. 材料组成　　B. 材料结构

C. 施工工艺　　D. 力学特性

E. 材料特性

18. 沥青面层类型应与(　　)相适应。

A. 公路等级　　B. 使用要求

C. 交通等级　　D. 设计速度

E. 强度要求

19. 下列说法正确的是(　　)。

A. 沥青路面应具有坚实、平整、抗滑、耐久的品质

B. 改性沥青可采用现场加工或采购成品

C. 沥青混合料中细集料可采用天然砂、机制砂、石屑及矿粉

D. 沥青混合料中的矿粉宜采用石灰岩或岩浆岩中的强基性岩石等憎水性石料经磨细得到

E. 沥青表面处治路面用沥青和矿料按层铺法或拌和法铺筑的厚度不超过 5cm

20. 下列关于沥青路面说法正确的是(　　)。

A. 贯入式路面的强度和稳定性主要由矿料的相互嵌挤和锁结作用而形成,属于嵌挤式一类路面

B. 黏结力是热拌沥青混凝土强度构成的重要因素,而骨架的摩阻力和嵌挤作用仅占次要地位

C. 热拌热铺沥青混合料路面应采用机械加人工联合施工

D. 乳化沥青碎石混合料路面单层式只在少雨干燥地区使用

E. 沥青路面应具有防止雨水渗入基层的功能

(三)桥涵工程

1. 梁式桥支座的作用是(　　)。

A. 传递上部结构的支承反力

B. 支承上部结构抗弯抗扭

C. 保证结构在活载、温度变化下自由变形

D. 保证结构在混凝土收缩和徐变等因素作用下的自由变形

E. 上部构造通过支座将力传递给下部结构与基础

2. 桥梁的下部结构包括(　　)。

A. 桥台　　B. 桥墩

C. 承台　　D. 索塔

E. 吊索

3. 以下关于桥梁跨径的叙述,说法正确的是(　　)。

A. 设支座的桥梁,桥跨结构在相邻两个支座中心之间的水平距离为计算跨径

B. 设支座的桥梁,相邻两墩台身顶内缘之间的水平距离为净跨径

C. 计算跨径之和为总跨径

D. 梁式桥两个桥墩中线之间的距离为标准跨径

E. 矢跨比是指拱顶下缘至起拱线之间的垂直距离

4. 涵洞水力特性的不同,可分为(　　)。

A. 倒虹吸式　　B. 压力式

C. 半压力式　　D. 无压力式

E. 强压式

5. 在桥梁工程中,通常采用的基础有(　　)。

A. 扩大基础　　B. 桩基础

C. 砂砾垫层基础　　D. 沉井基础

E. 深钻基础

6. 公路桥梁梁板式桥的上部构造截面形式有(　　)。

A. 矩形板　　B. 梯形板

C. 肋形梁　　D. 箱形梁

E. 拱形梁

7. 公路空心板桥上部构造的材料结构有(　　)。

A. 混凝土　　B. 钢筋混凝土

C. 预应力混凝土　　D. 钢材

E. 木材

8. 公路桥梁的T形梁主梁由(　　)组成。

A. 梁肋　　B. 横隔板

C. 伸缩缝　　D. 翼板

E. 支座

9. 公路桥梁的工字形梁主梁由(　　)组成。

A. 梁肋　　B. 伸缩缝

C. 横隔梁　　D. 行车道板

E. 翼板

10. 公路梁桥的箱梁具有(　　)的特点。

A. 足够的能承受正、负弯矩的混凝土受压区

B. 横向刚度和抗扭刚度特别大

C. 适用于中、小跨径的简支梁桥

D. 易于做成与曲线、斜交等复杂线形相适应的桥型结构

E. 适用于较大跨径的悬臂梁桥(T形刚构)和连续梁桥

11. 桥梁主要由(　　)等部分组成。

A. 上部构造　　B. 基础及下部构造

C. 附属工程　　D. 支座系统

E. 桥面系

12. 斜拉桥是一种造型美观的组合体系结构,由(　　)组成。

A. 锚碇　　B. 索塔

C. 斜拉索　　D. 主梁

E. 锚具

13. 桥墩按构造分为(　　)、框架墩等。

A. 实体墩　　B. 现浇墩

C. 空心墩　　D. 预制墩

E. 柱式墩

14. 下列说法正确的是(　　)。

A. 位于地震区的桥梁应设置防震装置

B. 斜拉桥拉索及悬索桥吊索上设置防风雨振的附加装置

C. 活动桥可设置机械装置

D. 位于流冰河上的桥梁应设置破冰装置

E. 石拱桥应设置防风雨装置

15. 公路桥梁桥墩,常用的结构形式有(　　)。

A. 实体式墩　　B. 埋置式墩

C. 空心墩　　D. Y 形墩

E. 薄壁墩

16. 下列说法正确的是(　　)。

A. 梁桥以受弯为主　　B. 拱桥以受压为主

C. 悬索桥以受拉为主　　D. 斜拉桥以受扭为主

E. 刚构桥为组合体系

17. 公路桥梁的轻型桥台的形式有(　　)。

A. 八字形　　B. 一字墙式

C. U 形　　D. 耳墙式

E. 圆柱式

18. 桥梁钻孔灌注桩钻孔机有(　　)等类型。

A. 冲抓式　　B. 冲击式

C. 旋转式　　D. 潜水式

E. 回旋式

19. 公路工程桥梁索塔主要用于(　　)。

A. 预应力刚构桥　　B. 悬索桥

C. 预应力连续梁桥　　D. 斜拉桥

E. 拱式桥

（四）隧道工程

1. 隧道按其所处的位置不同，可分为（　　）。

A. 山岭隧道　　B. 水下隧道

C. 公路隧道　　D. 城市隧道

E. 高原隧道

2. 隧道洞门墙的基础必须置于稳固的地基上，应根据实际需要设置（　　）。

A. 防水层　　B. 伸缩缝

C. 沉降缝　　D. 泄水孔

E. 防震装置

3. 隧道衬砌按组成可分为（　　）。

A. 承载衬砌　　B. 构造衬砌

C. 整体式衬砌　　D. 复合式衬砌

E. 减压衬砌

4. 隧道开挖时的初期支护方式有（　　）。

A. 模筑混凝土　　B. 喷射混凝土

C. 锚杆　　D. 挂钢筋网或铁丝网

E. 钢筋混凝土

5. 当公路隧道位置处于下列（　　）情况时，一般都设置明洞。

A. 行人或牲畜通过公路山边上方时

B. 洞顶覆盖层薄，不宜大开挖修建路堑而又难于采用暗挖法修建隧道的地段

C. 可能受到塌方、落石或泥石流威胁的洞口或路堑

D. 铁路、公路、水渠和其他人工构造物必须在拟建公路的上方通过，又不宜采用隧道或立交桥或涵渠跨越的地点

E. 内外墙底基础软硬差别较大

6. 公路明洞的结构形式有（　　）。

A. 拱形明洞　　B. 箱形明洞

C. 曲墙形明洞　　D. 直墙形明洞

E. 八字形明洞

7. 隧道洞门正面端墙是洞门的主要组成部分，其作用是（　　）。

A. 承受山体的纵向推力　　B. 支撑仰坡

C. 支撑管棚　　D. 缩短隧道长度

E. 美观

8. 隧道承载衬砌常用的材料有（　　）。

A. 混凝土　　B. 钢筋混凝土

C. 锚喷混凝土　　D. 浆砌片石

E. 级配碎石

9. 关于公路隧道照明，以下说法正确的是（　　）。

A. 为了保证车辆的正常行驶和交通安全,隧道应设电光照明
B. 对于交通量较小和行人密度不大的短隧道,可以不设照明设施
C. 长度超过 200m 的高速公路、一级公路隧道,应设置照明设施
D. 长度超过 500m 的二级公路隧道,应设置照明设施
E. 长度超过 1000m 的三、四级公路隧道,应设置照明设施

10. 公路隧道防水排水系统包括(　　)。
A. 洞顶防水排水　　B. 洞门排水
C. 洞内堵水　　D. 洞内排水
E. 洞内防水

11. 隧道复合式衬砌的初期支护有(　　)。
A. 喷射混凝土　　B. 现浇混凝土
C. 锚杆　　D. 钢筋网
E. 永久性钢拱支撑

12. 公路挖路堑后,棚洞设置的适用条件为(　　)。
A. 有少量塌方和落石的地段
B. 内外墙底基础软硬差别较大,不适宜修建拱形明洞的地段
C. 半路堑外侧地形狭窄或基岩埋深大并有条件设计为桩基的地段
D. 铁路、公路、水渠和其他人工构造物必须在拟建公路的上方通过
E. 可能受到塌方、落石或泥石流威胁的洞口或路堑

13. 公路隧道内保持良好的空气是行车安全的必要条件,其通风方式有(　　)。
A. 机械通风　　B. 自然通风
C. 人力通风　　D. 空气压缩机通风
E. 管道送风

14. 关于修建明洞主要原因表述正确的是(　　)。
A. 道路两侧有受影响的重要建(构)筑物,路堑开挖会危及建(构)筑物安全,或将来交通运营噪声和烟尘对建(构)筑物使用者造成严重影响的地段
B. 当公路、铁路、沟渠和其他人工构造物等跨越道路时,由于地形、地质以及线路条件的限制,无法避开的地段,可以用明洞结构代替道路上方跨线桥、过水渡槽等
C. 路基或隧道口受不良地质危害、难以整治的地段
D. 减小洞口、明堑的开挖坡度,从而减少土石方数量
E. 受路线线形控制无法避开,清理会造成更大病害的地段

(五)交通工程及沿线设施

1. 交通工程设施是根据交通工程学的原理和方法,为使道路(　　)而设置的系统、设施和给人或车配备的装备。
A. 通行能力最大　　B. 经济效益最高
C. 交通事故最少　　D. 控制行人进入
E. 公害程度低

2. 公路交通安全设施主要包括(　　)。

A. 隔离设施　　B. 防眩设施

C. 监控系统　　D. 视线诱导设施

E. 护栏

3. 高速公路视线诱导设施按功能可分为(　　)。

A. 轮廓标　　B. 分流、合流诱导标

C. 突起路标　　D. 指示性或警告性线形诱导标

E. 大型宣传牌

4. 交通标志用(　　),向道路使用者传递特定信息,交通标志提供的信息应全部与交通安全、服务和管理需求有关。

A. 文字　　B. 颜色

C. 形状　　D. 图画

E. 图形符号

5. 高速公路和一级公路上的隔离栅,是为了(　　)。

A. 保证行车和行人安全　　B. 防止人、畜进入或穿越公路

C. 避免杂物掉入路上造成交通事故　　D. 防止非法侵占公路用地

E. 防止非机动车进入或穿越公路

6. 高速公路监控系统包括(　　)。

A. 电子收费系统　　B. 信息采集系统

C. 信息提供系统　　D. 监控中心

E. 大数据模型

7. 道路交通标线是由施划或安装于路面上的各种线条、箭头、(　　)等构成的交通设施。

A. 立面标记　　B. 文字

C. 颜色　　D. 突起路标

E. 反光材料

8. 道路交通标志是用图形符号、颜色、文字,向交通参与者传递特定信息,用以管制、警告及引导交通的安全设施。按标志牌的支立形式,分为(　　)。

A. 单柱　　B. 双柱

C. 门架　　D. 矩形

E. 悬臂

9. 管理养护设施根据公路业务养护需求可设置(　　)。

A. 养护工区　　B. 管理中心

C. 管理站(所)　　D. 道班房

E. 库房

10. 交通工程及沿线设施包括(　　)。

A. 交通安全设施　　B. 服务设施

C. 管理设施　　D. 环境保护

E. 照明设施

11. 道路交通标志是通过(　　),向交通参与者传递特定信息,用以管制、警告及引导交通的安全设施。

A. 灯光　　B. 图形符号
C. 颜色　　D. 文字
E. 指引

12. 交通标志三要素包括(　　)。

A. 形状　　B. 图符
C. 颜色　　D. 文字
E. 位置

13. 路面交通标线按功能分为(　　)。

A. 指示标线　　B. 指路标线
C. 禁止标线　　D. 警告标线
E. 掉头标线

14. 管理中心宜设置(　　),负责全省(自治区、直辖市)高速公路的管理与养护,收集监控、收费、运行信息并反馈决策信息,应具备从行政、技术和信息等方面对全省(自治区、直辖市)路网和任一路段进行实时监视、调度、管理和控制的能力。

A. 收费中心　　B. 信号中心
C. 监控中心　　D. 通信中心
E. 调度中心

(六)绿化工程及环境保护

1. 公路交通对生态环境的影响概括起来包括(　　)。

A. 公路建设占用、损坏自然资源,从而破坏生态环境
B. 排放污染物污染环境,造成生态环境破坏
C. 就地取材破坏生态环境
D. 建设期的噪声污染破坏生态环境
E. 建设工期长破坏生态环境

2. 防眩树株距是在车辆高速行驶的线形环境下,依据(　　)之间的关系来确定。

A. 车灯光的扩散角　　B. 行车速度
C. 人的动视觉　　D. 通行能力
E. 美观

3. 公路项目的环境保护可以分为(　　)的环境保护。

A. 公路勘测设计期　　B. 公路建设期
C. 公路保质期　　D. 公路运营期
E. 公路养护期

4. 公路施工期环境污染包括(　　)。

A. 噪声污染　　B. 空气污染
C. 光污染　　D. 化学物污染
E. 固体废弃物污染

5. 公路在运营期，其对环境的影响主要在于(　　)。

A. 路基可能发生的崩塌、水毁

B. 路面可能发生的裂缝破坏

C. 交通拥堵及交通事故污染

D. 固体废弃物污染

E. 汽车运营产生的汽车尾气和噪声污染

本节习题答案与解析

一、单项选择题

(一)路基工程

1. **答案**:B

【解析】　沿河公路路基直接受到水流侵害，冲刷防护就是为了防止水流危害岸坡，保证路基稳固而设置的。沿河路基防护主要有两种形式:一种是加固岸坡的直接防护;另一种是采用导流构造物以改变水流性质的间接防护。前者有砌石防护、抛石防护和石笼防护;后者有丁坝和顺坝两种。

2. **答案**:A

【解析】　钢筋混凝土悬臂式、扶壁式挡土墙依靠墙身自重和底板上填料及车辆荷载的重力维持挡土墙稳定，也是一种轻型支挡结构物，适用于石料缺乏及地基承载力较低的填方地段。排除选项C和D。锚定板挡土墙是一种适用于填方的轻型支挡结构物，故对地基承载力要求不高。排除选项B。衡重式挡土墙利用衡重台上的填料和全墙重心后移增加墙身稳定，减小墙体断面尺寸。衡重式挡土墙墙面坡度较陡，下墙墙背又为仰斜，故可降低墙高，减少基础开挖工程量，避免过多扰动山体的稳定。衡重式挡土墙基底面积较小，对地基承载力要求较高，应设置在较坚实的地基上。故选A。

3. **答案**:A

【解析】　交通运输部发布的《公路工程标准施工招标文件》(2018年版)对土石划分的规定为“在公路路基土石挖方中如用不小于112.5kW推土机单齿松动器无法松动，须用爆破或用钢楔大锤或用气钻方法开挖的，以及体积大于或等于$1m^3$的孤石为石方，余为土方”。

4. **答案**:D

【解析】　公路路基主要由路基本体、排水设施、防护设施、加固工程、附属设施、特殊路基等构成。

5. **答案**:A

【解析】　路基工程排水设施分为两类，分别是地表排水设施和地下排水设施，其中地表排水设施主要有路堑和路堤边沟、截水沟、急流槽、排水沟等类型。地下排水设施主要有盲沟、暗沟、渗沟、渗井、仰式排水斜孔等。

6. **答案**:C

【解析】　当岩石路堑边坡高度超过30m时,应按高边坡进行设计。

7. 答案:B

【解析】　排水沟的作用是将边沟、截水沟、取土坑、边坡和路基附近积水引排至桥涵或路基以外的洼地或天然河沟。

8. 答案:D

【解析】　边沟属于地面排水设施,设置在地面以上路基两侧,故选项A错误;渗沟、渗井属于地下排水设施,设置在地面以下,具有渗水和汇水的功能,故选项B和C排除。

9. 答案:B

【解析】　高度超过20m的土质边坡,以及为黄土、红黏土、高液限土、膨胀土等特殊土质的挖方边坡,应特殊处理。

10. 答案:A

【解析】　直线形边坡断面适用于边坡为均质的岩土,且路基开挖不深的路段。

折线形边坡断面适用于上部边坡为土质覆盖层,下部边坡为岩石的路段。

挡土墙(或矮墙、护面墙)断面适用于当路基挖方为软弱土质、易风化岩层时,需要采取挡土墙或护面墙等支挡措施,以确保坡面稳定。

台阶形断面适用于边坡由多层土质组成且边坡较高的路段。边坡平台设为2%~4%向内侧倾斜的排水坡度,平台宽度不小于2m,平台排水沟可做成斜口形或矩形断面。

11. 答案:C

【解析】　边沟是在路基两侧设置的纵向水沟,用以汇集和排除路面、路肩及边坡的流水。

12. 答案:A

【解析】　根据防护的目的或重点不同,路基防护一般可分为坡面防护和冲刷防护两类。

坡面防护主要是保护路基边坡坡面,包括植物防护(种草、铺草皮、植树等)、网格防护、封面防护(抹面、捶面、喷浆、喷射混凝土等)、勾缝防护、护面墙等。

冲刷防护包括直接防护(植物防护、砌石防护、抛石防护和石笼防护等)和间接防护(丁坝、顺坝)。

13. 答案:D

【解析】　选项A和B属于坡面防护,选项C属于冲刷防护中的直接防护,选项D属于冲刷防护中的间接防护,故选项D是正确的。

14. 答案:B

【解析】　选项A属于冲刷防护,选项B属于支挡结构,选项C和D属于坡面防护。

15. 答案:C

【解析】　选项A、B、D属于防护工程。选项C属于支挡构筑物,且依靠自重支承土压力。

16. 答案:B

【解析】　为安排施工及土石方工程计价,常按土石开挖难易程度进行分级。现行公路工程定额采用6级分类,包括松土、普通土、硬土、软石、次坚石、坚石。

17. 答案:D

【解析】《公路工程预算定额》(JTG/T 3832—2018)采用6级分类:松土、普通土、硬土、软石、次坚石、坚石。

18. 答案:A

【解析】路基防护与加固工程,按其作用不同,可以分为坡面防护、沿河路基防护和支挡构造物等。一般把防止冲刷和风化,主要起隔离作用的措施称为防护工程;把防止路基或山体因重力作用而坍滑,主要起支承作用的支挡结构物称为加固工程。

19. 答案:C

【解析】护面墙不承受侧压力,属于防护工程;挡土墙承受侧压力,属于加固工程。故两者最大的区别是是否承受侧压力。

(二)路面工程

1. 答案:D

【解析】水泥混凝土路面在临近桥梁或其他固定构造物处,或者与其他道路相交处,应设置横向胀缝。

2. 答案:B

【解析】沥青贯入式路面是在初步压实并已稳定的矿料层上洒布沥青,再铺撒嵌缝料并碾压,借助行车压实而形成的一种沥青路面结构层,其厚度通常为4~8cm,但乳化沥青贯入式路面的厚度不宜超过5cm。

3. 答案:D

【解析】道路设计中路面的刚度是指路面抵抗变形的能力。

4. 答案:B

【解析】沥青混凝土路面强度是按密实原则构成,具有黏聚力大、空隙率小、强度大、耐久性好等特点,适用于各级公路。沥青表面处治路面、沥青碎石路面、沥青贯入式路面仅适用于三级、四级公路。

5. 答案:D

【解析】一次铺筑宽度小于路面宽度时,应设置纵向施工缝;每日施工结束或浇筑混凝土过程中因故中断时,必须设置横向施工缝。

6. 答案:C

【解析】一般路段的中央分隔带,其排水系统的主要作用是排除中央分隔带范围内的表面渗水。

7. 答案:A

【解析】面层是直接承受车轮荷载反复作用和自然因素影响的结构层。

8. 答案:A

【解析】沥青路面的面层应根据使用要求设置抗滑耐磨、密实稳定的沥青层。

9. 答案:C

【解析】沥青路面的基层是设置在面层之下,并与面层一起将车轮荷载的反复作用传到底基层、垫层、土基,起主要承重作用的层次。

10. **答案**:B

【解析】 功能层主要有封层、透层、黏层、排水层和防冻层等。

11. **答案**:D

【解析】 防冻层是路面结构中按防冻要求所设置的功能层。封层是路面结构中用以阻止水下渗的功能层。

12. **答案**:D

【解析】 中央分隔带开口长度不宜大于40m,八车道及以上车道数的高速公路开口长度可适当增长,但不应大于50m。

13. **答案**:C

【解析】 土路肩是为行车安全而设置的位于硬路肩边缘至路肩边缘,具有一定宽度的带状结构部分。一般情况用黏土填筑,安全设施的波形梁护栏立柱打入或埋置,以及路表排水的路肩沟设置在土路肩范围内。

14. **答案**:D

【解析】 水泥混凝土路面一次铺筑宽度大于4.5m时,应设置纵向缩缝。

15. **答案**:C

【解析】 沥青路面具有行车舒适、噪声小、施工期短、养护维修简便等优点。

(三)桥涵工程

1. **答案**:C

【解析】 拱桥重力式桥台由台身、拱座、侧墙或八字墙及台背排水等组成。

2. **答案**:C

【解析】 涵洞的建设规模以孔数、跨径、台高的形式来表示。

3. **答案**:B

【解析】 桩基础的特点:耗材少,施工简便。沉井基础的特点:埋置深度大、整体性强、稳定性好,能承受较大的垂直荷载和水平荷载,而且施工设备简单,工艺不复杂;其缺点是工期长,易发生流沙现象,造成沉井倾斜,沉井下沉过程中遇到大孤石、树干或岩石表面倾斜较大等,均会给施工带来一定的困难。地下连续墙的特点:刚度大,强度高,变形小;对地基无扰动,基础与地基的密着性好,墙壁的摩阻力比沉井井壁大;施工所占用空间较小,对周围地基及现有建筑物的影响小,可近距离施工,特别适宜于在建筑群中施工;施工时振动小、噪声小,无须降低地下水位,浇筑混凝土不需模板和养护,故可使费用降低。

4. **答案**:D

【解析】 根据涵洞洞顶填土情况的不同,可分为明涵和暗涵。洞顶填料厚度小于50cm的称为明涵,适用于低路堤或浅沟渠;洞顶填料厚度大于或等于50cm的称为暗涵,适用于高路堤和深沟渠。

5. **答案**:A

【解析】 下部构造包括桥墩和桥台,台帽、耳背墙属于桥台的组成部分。故选A。

6. **答案**:D

【解析】 主缆索是悬索桥的主要承重构件。

7. **答案**:B

【解析】　《公路工程技术标准》(JTG B01—2014)规定的划分标准见下表。

桥涵分类	特大桥	大桥	中桥	小桥	涵洞
多孔跨径总长 L(m)	$L>1000$	$100\leq L\leq 1000$	$30<L<100$	$8\leq L\leq 30$	—
单孔跨径 L_k(m)	$L_k>150$	$40\leq L_k\leq 150$	$20\leq L_k<40$	$5\leq L_k<20$	$L_k<5$

8. **答案**:C

【解析】　承重结构主要指梁或拱圈及其组合体系部分。它是在路线中断时跨越障碍的承载结构。

9. **答案**:C

【解析】　承重结构与墩、台的支承处所设置的传力装置,称为支座。

10. **答案**:A

【解析】　桥梁的下部结构包括桥台和桥墩或索塔,它是支承桥跨结构并将恒载和车辆等活载传至基础的建筑物。

11. **答案**:B

【解析】　基础是将桥梁墩、台所承受的各种荷载传递到地基上的结构物,是确保桥梁安全使用的关键部位。

12. **答案**:B

【解析】　5×20m 标准跨径,多孔跨径总长为 100m,应为大桥。

13. **答案**:D

【解析】　梁式桥是一种在竖向荷载作用下无水平反力的结构,其主要承重构件是梁。

14. **答案**:D

【解析】　目前,我国公路跨径 10m 以内的梁桥,其上部构造基本上都是板梁。

15. **答案**:B

【解析】　桥梁结构按照受力体系划分,主要分为梁、拱、索三大体系;梁桥以受弯为主、拱桥以受压为主、悬索桥以受拉为主。

16. **答案**:A

【解析】　对大跨径的连续梁桥和采用顶推法或悬臂法施工的连续梁桥,都采用箱形截面,因为它能满足顶推法和悬臂法施工工艺的要求,又便于设置预应力筋。

17. **答案**:C

【解析】　对大跨径的连续梁桥和采用顶推法或悬臂法施工的连续梁桥,都采用箱形截面,因为它能满足顶推法和悬臂法施工工艺的要求,又便于设置预应力筋。

18. **答案**:A

【解析】　桥梁建筑高度是指桥梁的结构高度,即行车道路面的高程至上部结构最下缘之间的距离。

19. **答案**:B

【解析】　按填土高度的不同,涵洞可分为明涵、暗涵,当涵洞洞顶填料厚度(包括路面）小于0.5m时为明涵，大于或等于0.5m时为暗涵。

20. **答案：**D

【解析】 斜拉桥是一种造型美观的组合体系结构，由索塔、斜拉索和主梁三部分组成，主梁就像小跨度的多孔弹性支承的连续梁一样承受着全部荷载。因此，斜拉桥不仅跨越能力强，而且梁的高度也可以大大减小，一般只有跨径的1/100至1/40。

21. **答案：**C

【解析】 桥梁的上部构造即桥跨结构。

22. **答案：**B

【解析】 悬索桥采用高强钢材作为主要承重结构，所以与其他桥型相比，其恒载与活载之比最小，因此在一般情况下，悬索桥是一种用料最省的桥型。

23. **答案：**B

【解析】 有桥台的桥梁长度为两岸桥台的侧墙或八字墙尾端之间的距离。

24. **答案：**B

【解析】 设计荷载是指桥涵除承受本身自重和各种附加恒载外，还承受各种交通荷载。

25. **答案：**D

【解析】 四种桥墩相比，柱式墩应用较广泛。

26. **答案：**B

【解析】 重力式墩、台的主要特点是靠自身的重力来平衡外力而保持其稳定。因此，墩、台身比较厚实，圬工体积相应较大，主要采用天然石料或片石混凝土砌筑，不需要耗用钢筋，比较经济。

27. **答案：**D

【解析】 涵洞按建筑材料的不同，涵洞可分为圬工涵、钢筋混凝土涵、波纹钢管（板）涵等。

28. **答案：**A

【解析】 桥梁的下部构造包括桥台和桥墩或索塔，它是支撑桥跨结构并将恒载和车辆等活载传至基础的建筑物。

29. **答案：**B

【解析】 用混凝土或钢筋混凝土将墩身内部做成空腔结构，故称为空心墩，其自重较实体式桥墩要轻，介于实体重力式和轻型桥墩之间，由于工艺要求高，低于40m的桥墩一般仍用实心，目前实心墩多用于50～150m高墩。

30. **答案：**B

【解析】 在这种情况下，扩大基础最经济适用。

31. **答案：**D

【解析】 Y形墩和薄壁墩，都是一种轻型桥墩，其结构形式经济合理，外形轻盈美观，一般都采用钢筋混凝土修建。

32. **答案：**C

【解析】 《公路工程技术标准》（JTG B01—2014）以桥涵的长度和跨径的大小作为划

分依据，分为特大桥、大桥、中桥、小桥和涵洞五类。

33. **答案**：B

【解析】 总跨径为净跨径之和。

34. **答案**：D

【解析】 预应力连续梁，可以做成等跨或不等跨、等高的或不等高的结构形式。其截面形式，除了中等跨径的梁桥采用T形或工字形截面外，对大跨径的连续梁桥和采用顶推法或悬臂法施工的连续梁桥，都采用箱形截面。

35. **答案**：A

【解析】 钢筋混凝土或预应力混凝土简支梁桥属于静定结构。

36. **答案**：B

【解析】 埋置式桥台是一种轻型桥台。

（四）隧道工程

1. **答案**：B

【解析】 根据里程可以得出隧道长3300m，属于特长隧道。隧道分类：特长隧道（$L>3000$）、长隧道（$3000 \geq L>1000$）、中隧道（$1000 \geq L>500$）、短隧道（$L \leq 500$）。

2. **答案**：C

【解析】 隧道主体建筑物包括洞口和洞身。

3. **答案**：C

【解析】 根据隧道分类：特长隧道（$L>3000$）、长隧道（$3000 \geq L>1000$）、中隧道（$1000 \geq L>500$）、短隧道（$L \leq 500$），得出1000m的隧道是中隧道。

4. **答案**：B

【解析】 根据隧道分类：特长隧道（$L>3000$）、长隧道（$3000 \geq L>1000$）、中隧道（$1000 \geq L>500$）、短隧道（$L \leq 500$），得出3000m的隧道是长隧道。

5. **答案**：A

【解析】 隧道按其所处的位置不同可分为山岭隧道、水下隧道（河底和海底）以及城市隧道等。

6. **答案**：B

【解析】 某公路隧道长度1500m，应为长隧道。

7. **答案**：D

【解析】 隧道长度，是指进出口洞门端墙之间的水平距离，即两端端墙面与路面的交线同路线中线交点间的距离。

8. **答案**：D

【解析】 装饰衬砌系在山体岩石整体性很好，为防止表面岩石风化而做的衬砌。

9. **答案**：A

【解析】 以任何方式修建、最终使用于地表以下的条形建筑物，其空洞内部净空断面在2m以上者均为隧道。

10. **答案**：D

【解析】　公路隧道按其长度的不同分为特长隧道、长隧道、中隧道、短隧道四类。

11. 答案:B

【解析】　承载衬砌的作用是承受围岩垂直与水平方向的压力,一般由拱顶、边墙和仰拱(无仰拱时做铺底)组成。边墙根据水平压力的大小可做成直墙式或曲墙式。承载衬砌需进行荷载计算和衬砌设计,一般都做成整体式,常用的材料有混凝土、钢筋混凝土或浆砌片石。

12. 答案:B

【解析】　隧道排水包括洞内和洞外两个部分。隧道洞内要求有畅通的排水设施,设置纵向排水沟、横向排水坡或横向排水暗沟、盲沟等排水设施,将衬砌背后、路面水、路面结构层下的积水排入洞内中心水沟或路侧边沟,洞外包括截水沟、排水沟等排水设施。

13. 答案:C

【解析】　隧道的防水排水要求拱部不滴水,边墙不漏水,路面不冒水、不积水,设备箱洞处不渗水,冻害地区隧道衬砌背后不积水、排水沟不冻结。为达到上述要求,应采取防、截、排、堵综合治理,形成防水排水系统。该系统包括洞顶防水排水、洞门排水、洞内排水和洞内防水四个方面。

14. 答案:B

【解析】　按《公路工程技术标准》(JTG B01—2014)中的隧道分类标准,特长隧道长度 $L>3000$m。

15. 答案:B

【解析】　二级公路隧道长度大于1000m时,应设置照明。

16. 答案:B

【解析】　公路隧道装饰,不仅可起到美化作用,而且还可减少噪声、提高隧道亮度和照明,但除高速公路、一级公路的隧道外,一般不考虑进行内装饰。

(五)交通工程及沿线设施

1. 答案:D

【解析】　视线诱导设施按功能可分为:轮廓标,分流、合流诱导标,指示性或警告性线形诱导标三类。

2. 答案:C

【解析】　交通标线的设计应根据道路的设计速度、交通组成、交通流运行等设置标线。

3. 答案:C

【解析】　公路安全设施主要包括:交通标志、交通标线、护栏和栏杆、视线诱导设施、隔离栅、防落网、防眩设施、避险车道和其他交通安全设施,其他交通安全设施有防风栅、防雪栅、积雪标杆、限高架、减速丘、凸面镜等。

4. 答案:D

【解析】　根据公路监控系统的设置目的,它应当具备以下三方面功能:第一,信息采集功能,即实时地采集变化着的道路交通状态,包括交通信息、气象信息、交通异常事件信息等;第二,信息的分析处理功能,包括对交通运行状态正常与否的判断、交通异常事件严重程度的确认、交通异常状态的预测,对已经发生或可能发生的异常事件处置方案的确定等;第三,信息

提供功能，包括为在公路上行驶着的驾驶员提供道路状况信息，对行驶车辆发出限制、劝诱、建议性指令，为交通事故和其他异常事件的处理部门提供处置指令，向信息媒体或社会提供更广泛应用的公路交通信息。

5. **答案**：C

【解析】 交通主要标志按其作用，可分为如下四种：指示标志、指路标志、警告标志和禁令标志。

6. **答案**：A

【解析】 警告标志的标志牌的形状为等边三角形，颜色为黑边框、黄底和黑色图案。

7. **答案**：D

【解析】 禁令标志表示禁止、限制及相应解除的含义，道路使用者应严格遵守。

8. **答案**：B

【解析】 在同一点需要设置两种以上的标志时，可以合并安装在一根立柱上，但最多不应超过四种。

9. **答案**：C

【解析】 道路交通标线是交通安全设施的重要组成部分，由标画于路面上的各种线条、箭头、文字、立面标记、突起路标和轮廓标等构成，是引导驾驶员视线，管制驾驶员驾车行为的重要设施。

10. **答案**：D

【解析】 安全护栏是公路的重要交通安全设施，其作用一是起警示作用，二是防止失控车辆越出路外或穿越中央分隔带闯入对面行车道，以保护路边和中央分隔带内的构造物及其他设施，并使失控车辆平滑改变方向，防止危及其他车辆，保障人身安全，使事故损失减至最低程度。

11. **答案**：D

【解析】 波形钢板护栏是一种以波纹状钢板相互拼接并由钢立柱支撑而组成的连续梁柱式的护栏结构，具有一定的刚度和柔性。

12. **答案**：B

【解析】 按护栏的构造形式分为半刚性护栏（如波形钢板护栏）、刚性护栏（如钢筋混凝土防撞护栏）、柔性护栏（如缆索护栏）。

13. **答案**：B

【解析】 高速公路和一级公路进行隔离封闭的人工构造物，统称为隔离栅。其目的在于防止人、畜进入或穿越公路，防止非法侵占公路用地。

14. **答案**：A

【解析】 轮廓标是以指示道路线形轮廓为主要目标的一种视线诱导设施。

15. **答案**：D

【解析】 线形诱导标是设置在急弯或视距不良地段，用以指示道路改变方向或警告驾驶员改变行驶方向的一种设施。

16. **答案**：D

【解析】 监控系统包括信息采集系统、信息提供系统和监控中心三大部分。

17. **答案**:C

【解析】 信息采集系统收集公路上的实时交通信息。

18. **答案**:B

【解析】 道路防滑设施属于路面工程,不是交通管理设施。

19. **答案**:B

【解析】 辅助标志是附设在指示、警告和禁令标志牌的下面,起辅助说明作用的标志,不单独设立。

(六)绿化工程及环境保护

1. **答案**:A

【解析】 高速公路路基一般都比普通公路路基高,形成的边坡绿化面积较大,这对稳定路基、保障安全、防止冲刷、保土保水具有重要功能。

2. **答案**:C

【解析】 行道树株距与外部环境景观协调一致,一般路段有景观特色,特殊路段有隔噪声、隔粉尘、隔臭气、防风沙、防泥石流等作用。

3. **答案**:D

【解析】 公路在运营期,其对环境的影响主要在于路基可能发生的崩塌、水毁,危险品运输可能发生的泄漏、汽车运营产生的汽车尾气和噪声污染以及公路附属服务设施产生的固体废弃物和污水。

4. **答案**:B

【解析】 公路施工期环境保护除水土保持外,涉及环境污染的项目较多,一般包括空气污染、光污染、噪声污染、污水污染及固体废弃物污染等。

5. **答案**:C

【解析】 防眩树要四季常青、低矮缓生,株高在1.2~1.5m之间,抗逆性好(抗旱、抗寒冷,抗病虫、抗污染、耐贫瘠),耐粗放管理。

6. **答案**:C

【解析】 绿篱护网在金属护网0.5~1m处,采取多栽植有刺灌木,形成封闭性绿篱的形式。

二、多项选择题

(一)路基工程

1. **答案**:ABD

【解析】 根据《公路土工试验规程》(JTG 3430—2020)规定,按土的粒径可将土分为巨粒组、粗粒组、细粒组。

2. **答案**:CD

【解析】 高速公路、一级公路的路基标准形式分为整体式和分离式两类。整体式路

基的标准横断面由车道、中间带(中央分隔带、左侧路缘带)、路肩(右侧硬路肩、土路肩)等部分组成;分离式路基的标准横断面由车道、路肩(左侧和右侧硬路肩、土路肩)等部分组成。

3. **答案**:ABC

【解析】 路基横断面一般有填方路基、挖方路基、半填半挖路基三种基本形式。

4. **答案**:BCDE

【解析】 边坡稳定性主要受边坡高度、土的类型、土的密实程度、地下水和地面水的发育状况、土的成因及生成年代等因素影响。

5. **答案**:AB

【解析】 路基防护一般可分为坡面防护和沿河路基防护两类。

6. **答案**:ABCE

【解析】 沿河路基防护主要有两种形式:一种是加固岸坡的直接防护;另一种是采用导流构造物以改变水流方向的间接防护。前者有植物防护,砌石或混凝土护坡,土工织物软体沉排、土工模袋,石笼防护,浸水挡墙,护坦防护,抛石防护,排桩防护;后者有丁坝和顺坝。

7. **答案**:AC

【解析】 填方路基由路床和路堤两部分组成。

8. **答案**:CD

【解析】 填方路基应优先选用天然级配较好的砾类土、砂类土等粗粒土作为填料。根据公路土的分类,漂石土和卵石土属于巨粒土。黄土属于特殊土。

9. **答案**:ABC

【解析】 路基病害包括沉陷、冲刷、坍塌、翻浆。

10. **答案**:ABCD

【解析】 抗滑桩可用于稳定边坡和滑坡,加固不稳定山体以及加固其他特殊路基。

11. **答案**:BD

【解析】 渗沟是一种常用的地下排水沟渠,用以降低地下水位或拦截地下水。渗沟按排水层的构造可分为填石渗沟、管式渗沟和洞式渗沟。

12. **答案**:ABCE

【解析】 锚杆喷浆承受土压力,属于支挡构筑物。故选项 D 错误。

13. **答案**:ABD

【解析】 喷射混凝土、浸水挡土墙属于边坡防护措施,故选项 CE 错误。

14. **答案**:ABCD

【解析】 排水沟属于地表水排水设施,故选项 E 错误。

15. **答案**:BCD

【解析】 植物防护包括种草或喷播植草,铺草皮,种植灌木等,不包括种树。挂网喷护属于工程防护。故选项 AE 错误。

(二)路面工程

1. **答案**:ABC

【解析】 无机结合料稳定土细粒料只能做高速公路、一级公路的底基层,不能做基层,故排除D和E。

2. **答案**:ABDE

【解析】 泥土不可作基层材料。

3. **答案**:ACDE

【解析】 当前采用的路面排水设施主要由四个部分组成:路面表面排水、中央分隔带排水、路面结构内部排水、桥面铺装体系排水。

4. **答案**:ABCE

【解析】 路面工程包括路面面层、基层和底基层、功能层、路肩、路缘石、中央分隔带、路面排水设施。路面标线属交通安全设施,因此选项D错误。

5. **答案**:ACD

【解析】 路面结构的基本形式一般由面层、基层和底基层组成。垫层、封层、透层、黏层等属功能层。

6. **答案**:ABC

【解析】 面层是直接承受车轮荷载反复作用和自然因素影响的结构层,可由一至三层组成。沥青路面的表面层应根据使用要求设置抗滑耐磨、密实稳定的沥青层;中面层、下面层应根据公路等级、沥青层厚度、气候条件等选择适当的沥青结构层。

7. **答案**:ABC

【解析】 中面层、下面层应根据公路等级、沥青层厚度、气候条件等选择适当的沥青结构层。

8. **答案**:ABC

【解析】 一般情况下,沥青路面的粒料类基层如级配砂砾、级配碎石基层和水泥、石灰、粉煤灰等无机结合料稳定类基层顶面宜浇洒透层沥青。

9. **答案**:ABDE

【解析】 高速公路、一级公路基层应采用水泥稳定粒料、石灰粉煤灰(二灰)稳定粒料、沥青混合料以及级配碎砾石等材料铺筑,水泥稳定土不可以应用于高级路面的基层,但是可用于高级路面的底基层。

10. **答案**:ACDE

【解析】 水泥混凝土路面一次铺筑宽度小于路面宽度时,应设置纵向施工缝,故B不对。

11. **答案**:ABC

【解析】 中央分隔带下部需要设置排水设施及通信管道,外露部分需要绿化和设置防眩、防撞设施。

12. **答案**:ABCDE

【解析】 功能层包括:封层、黏层、透层、排水垫层、防冻垫层。

13. **答案**:AC

【解析】 接缝是路面的薄弱点,应合理设计、认真施工,否则容易出现唧泥、错台等病害。

14. **答案**:ABD

【解析】 路缘石设置在中央分隔带、两侧分隔带及路侧带两侧。

15. **答案**:AB

【解析】 一般将路面等级分为铺装路面、简易铺装路面和未铺装路面。沥青混凝土路面和水泥混凝土路面等称为铺装路面,沥青碎石、沥青贯入、沥青表面处治路面等称为简易铺装路面,碎石、砾石路面等计入未铺装路面。

16. **答案**:DE

【解析】 路面面层类型的选用应符合下表规定。

路面面层类型及适用范围

面层类型	适用范围
沥青混凝土路面	高速公路、一级公路、二级公路、三级公路、四级公路
水泥混凝土路面	高速公路、一级公路、二级公路、三级公路、四级公路
沥青贯入、沥青碎石、沥青表面处治路面	三级公路、四级公路
碎石、砾石路面	四级公路

17. **答案**:AC

【解析】 沥青路面按照材料组成及施工工艺可分为:热拌沥青混合料路面、冷拌沥青混合料路面、沥青贯入式路面、沥青表面处治等。

18. **答案**:ABC

【解析】 沥青面层类型应与公路等级、使用要求、交通等级相适应。

19. **答案**:ABD

【解析】 矿粉属于填料,不属于细集料,故选项C错误。沥青表面处治路面是指在原有的沥青路面或其他中、低级路面上,用沥青和矿料按层铺法或拌和法铺筑的厚度不超过3cm的一种薄层路面面层,故选项E错误。

20. **答案**:ABE

【解析】 热拌热铺沥青混合料路面应采用机械化连续施工,以确保路面铺筑质量。故C错误。乳化沥青碎石混合料路面单层式只宜在少雨干燥地区或半刚性基层上使用,故D错误。

(三)桥涵工程

1. **答案**:ACDE

【解析】 梁式桥的支座,起着十分重要的作用。它不仅要传递上部结构的支承反力,而且要保证结构在活载、温度变化、混凝土收缩和徐变等因素作用下的自由变形和桥梁的正常运营。

2. **答案**:ABD

【解析】 桥梁的下部工程包括桥台和桥墩或索塔。

3. **答案**:ABD

【解析】 总跨径为净跨径之和,故C错误。矢跨比是指拱顶下缘至起拱线之间的垂直距离与标准跨径之比,故E错误。

4. **答案**:BCD

【解析】 按涵洞水力特性的不同,可分为无压力式、半压力式、压力式等。

5. **答案**:ABD

【解析】 在桥梁工程中,通常采用的基础有扩大基础、桩基础、沉井基础等。

6. **答案**:ACD

【解析】 公路桥梁梁板式桥的上部构造截面形式有矩形板、肋形梁、箱形梁。

7. **答案**:BC

【解析】 公路空心板桥上部构造的建筑材料有钢筋混凝土和预应力混凝土。

8. **答案**:ABD

【解析】 T形梁和工字形梁统称为肋形梁,主梁由梁肋、横隔梁(横隔板)、行车道板(T梁为翼板)组成。

9. **答案**:ACD

【解析】 公路工字形梁主梁由梁肋、横隔梁和行车道板组成。

10. **答案**:ABDE

【解析】 箱梁的底部由于有扩展的底板,因此,它提供了有足够的能承受正、负弯矩的混凝土受压区。箱梁的另一个特点,是它的横向刚度和抗扭刚度特别大,在偏心的活载作用下各梁肋的受力比较均匀。所以箱梁适用于较大跨径的悬臂梁桥(T形刚构)和连续梁桥,还易于做成与曲线、斜交等复杂线形相适应的桥型结构。

11. **答案**:ABCD

【解析】 桥梁主要由上部构造、基础及下部构造、支座系统、附属工程等组成。桥面系是附属工程。

12. **答案**:BCD

【解析】 斜拉桥是一种造型美观的组合体系结构,由索塔、斜拉索和主梁三部分组成。锚碇是悬索桥的组成部分。

13. **答案**:ACE

【解析】 桥墩按构造分为实体墩、空心墩、柱式墩、框架墩等。

14. **答案**:ABD

【解析】 位于地震区的桥梁还应设置防震装置,斜拉桥拉索及悬索桥吊索上设置防风雨振的附加装置,活动桥应设置机械装置,位于流冰河上的桥梁应设置破冰装置等。

15. **答案**:ACDE

【解析】 常用的墩台结构形式有实体式墩、台,柱式墩、台,埋置式桥台,空心墩,Y形墩和薄壁墩。

16. **答案**:ABCE

【解析】 梁桥以受弯为主、拱桥以受压为主、悬索桥以受拉为主,刚构桥和斜拉桥为组合体系。

17. 答案:ABD

【解析】 轻型桥台按照翼墙的不同形式,有八字形轻型桥台、一字墙式轻型桥台和耳墙式轻型桥台三种。

18. 答案:ABC

【解析】 钻孔机具有冲抓锥、冲击锥、冲击钻机、回旋钻机、潜水钻机以及全套管钻机等专业钻孔机具。这些常用的钻孔机具,可归纳为冲抓式、冲击式和旋转式三大类。

19. 答案:BD

【解析】 目前,只有悬索桥和斜拉桥使用索塔。

(四)隧道工程

1. 答案:ABD

【解析】 隧道按其所处的位置不同可分为山岭隧道、水下隧道(河底和海底)以及城市隧道等。

2. 答案:BCD

【解析】 洞门墙应根据实际需要设置伸缩缝、沉降缝和泄水孔。

3. 答案:CD

【解析】 按组成可分为整体式衬砌和复合式衬砌。

4. 答案:BCD

【解析】 初期支护方式主要有"喷锚"钢拱架等方式,"喷锚"是喷射混凝土、喷射混凝土与锚杆、挂钢筋网或铁丝网,喷射混凝土与锚杆等类型的支护或衬砌的总称。

5. 答案:BCD

【解析】 当公路隧道位置处于下列情况时,一般都设置明洞:

(1)洞顶覆盖层薄,不宜大开挖修建路堑而又难于采用暗挖法修建隧道的地段。

(2)可能受到塌方、落石或泥石流威胁的洞口或路堑。

(3)铁路、公路、水渠和其他人工构造物必须在拟建公路的上方通过,又不宜采用隧道或立交桥或涵渠跨越的地点。

行人或牲畜通过公路山边上方,内外墙底基础软硬差别较大,不适宜修建明洞。故AE选项错误。

6. 答案:AB

【解析】 明洞的结构形式有拱形明洞和箱形明洞两种。

7. 答案:AB

【解析】 洞门正面端墙是洞门的主要组成部分,其作用是承受山体的纵向推力、支撑仰坡。

8. 答案:ABD

【解析】 承载衬砌需进行荷载计算和衬砌设计,一般都做成整体式,常用的材料有混凝土、钢筋混凝土或浆砌片石。

9. **答案**:ABC

【解析】 为了保证车辆的正常行驶和交通安全,隧道应设电光照明,隧道的照明要考虑洞内有合理的光过渡。尤其是白天,要避免"黑洞"效应,使之由亮到暗(洞外到洞内)或由暗到亮(洞内到洞外)有个很好的适应过程。对于能通视、交通量较小和行人密度不大的短隧道,可以不设照明设施。但长度超过200m的高速公路和一级公路隧道、长度超过1000m的二级公路的隧道,则仍应设置照明设施。

10. **答案**:ABDE

【解析】 公路隧道防水排水系统包括洞顶防水排水、洞门排水、洞内排水和洞内防水四个方面。

11. **答案**:ACDE

【解析】 隧道复合式衬砌也称二次衬砌,由内外两层复合而成。其外层(即与围岩面接触的部分)常称为初次(或初期)柔性支护,有喷射混凝土、锚杆、钢筋网或铁丝网、临时或永久性钢拱支撑等支护形式。

12. **答案**:ABC

【解析】 采用棚洞的条件与明洞大致相似,其结构整体性比明洞差,但由于顶棚与内外墙筒支,故对地基的要求相对较低。其适用条件为:

(1)有少量塌方和落石的地段。

(2)内外墙底基础软硬差别较大,不适宜修建拱形明洞的地段。

(3)半路堑外侧地形狭窄或基岩埋深大并有条件设计为桩基的地段。

13. **答案**:AB

【解析】 公路隧道的通风方式,有机械通风和自然通风两种。

14. **答案**:ABCE

【解析】 修建明洞主要可能基于以下原因:

(1)洞顶覆盖土层薄,围岩成洞条件差,不宜大规模开挖修建路堑而又难以采用暗挖法修建隧道的地段。

(2)路基或隧道口受不良地质危害、难以整治的地段;受路线线形控制无法避开,清理会造成更大病害的地段。

(3)道路两侧有受影响的重要建(构)筑物,路堑开挖会危及建(构)筑物安全,或将来交通运营噪声和烟尘对建(构)筑物使用者造成严重影响的地段。

(4)当公路、铁路、沟渠和其他人工构造物等跨越道路时,由于地形、地质以及线路条件的限制,无法避开的地段,可以用明洞结构代替道路上方跨线桥、过水渡槽等。

(5)为了保持洞口的自然环境,减少洞口开挖或防止洞口边仰坡对隧道洞口造成的危害,可将隧道延长,以明洞方式接长隧道。

因此D答案不对。

(五)交通工程及沿线设施

1. **答案**:ABCE

【解析】 交通工程及沿线设施是根据交通工程学的原理和方法为使道路通行能力最

大、经济效益最高、交通事故最少、公害程度低而设置的系统、设施和给人或车配备的装备。

2. **答案**:ABDE

【解析】 交通安全设施主要包括护拦、道路交通标志、路面标线、隔离设施、防眩设施、视线诱导和施工安全设施等。

3. **答案**:ABD

【解析】 视线诱导设施按功能可分为:轮廓标,分流、合流诱导标,指示性或警告性线形诱导标。

4. **答案**:ABE

【解析】 交通标志用图形符号、颜色和文字,向道路使用者传递特定信息,交通标志提供的信息应全部与交通安全、服务和管理需求有关。

5. **答案**:BD

【解析】 高速公路和一级公路进行隔离封闭的人工构造物,统称为隔离栅。其目的在于防止人、畜进入或穿越公路,防止非法侵占公路用地。

6. **答案**:BCD

【解析】 监控系统包括信息采集系统、信息提供系统和监控中心三大部分。

7. **答案**:ABD

【解析】 道路交通标线是由施划或安装于路面上的各种线条、箭头、文字、立面标记、突起路标等构成的交通设施。

8. **答案**:ABCE

【解析】 标志牌的支立形式,有单柱、双柱、悬臂、门架和附着等不同形式。

9. **答案**:AD

【解析】 养护设施应根据公路养护业务需求设置养护工区和道班房。高速公路宜设置养护工区,其他等级公路宜设置道班房。

10. **答案**:ABC

【解析】 交通工程及沿线设施包括交通安全设施、服务设施和管理设施三种。

11. **答案**:BCD

【解析】 道路交通标志是通过图形符号、颜色和文字,向交通参与者传递特定信息,用以管制、警告及引导交通的安全设施。

12. **答案**:ABC

【解析】 标志的三要素包括颜色、形状和图符。

13. **答案**:ACD

【解析】 路面标线按功能可分为指示标线、禁止标线和警告标线三类。

14. **答案**:ACD

【解析】 管理中心宜设置收费中心、监控中心、通信中心,负责全省(自治区、直辖市)高速公路的管理与养护,收集监控、收费、运行信息并反馈决策信息,应具备从行政、技术和信息等方面对全省(自治区、直辖市)路网和任一路段进行实时监视、调度、管理和控制的能力。

（六）绿化工程及环境保护

1. 答案：AB

【解析】 公路交通对生态环境的影响概括起来包括以下两方面：一是公路建设占用、损坏自然资源，从而破坏生态环境；二是排放污染物污染环境，造成生态环境破坏。

2. 答案：ABC

【解析】 防眩树株距是在车辆高速行驶的线形环境下，依据车灯光的扩散角、行车速度和人的动视觉三者之间的关系来确定。

3. 答案：BD

【解析】 公路项目的环境保护可以分为公路建设期的环境保护和公路运营期的环境保护。

4. 答案：ABCE

【解析】 公路施工期环境保护除水土保持外，涉及环境污染的项目较多，一般包括空气污染、光污染、噪声污染、水污染及固体废弃物污染等。

5. 答案：ADE

【解析】 公路在运营期，其对环境的影响主要在于路基可能发生的崩塌、水毁，危险品运输可能发生的泄漏、汽车运营产生的汽车尾气和噪声污染以及公路附属服务设施产生的固体废弃物和污水。

第二节 公路工程主要施工工艺与方法

本节知识架构

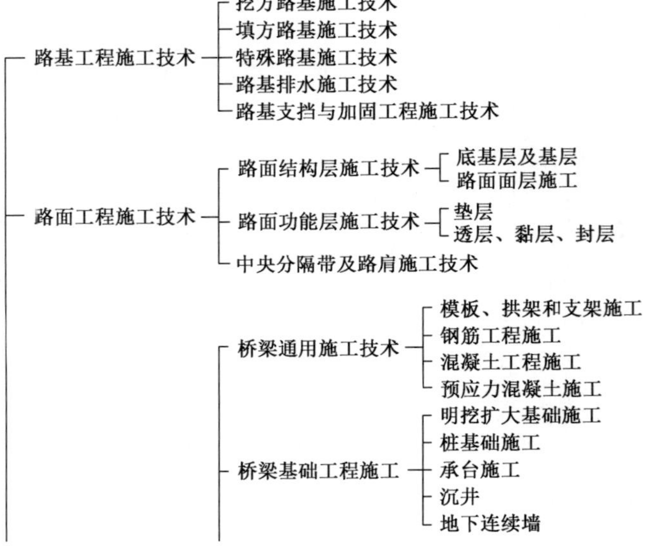

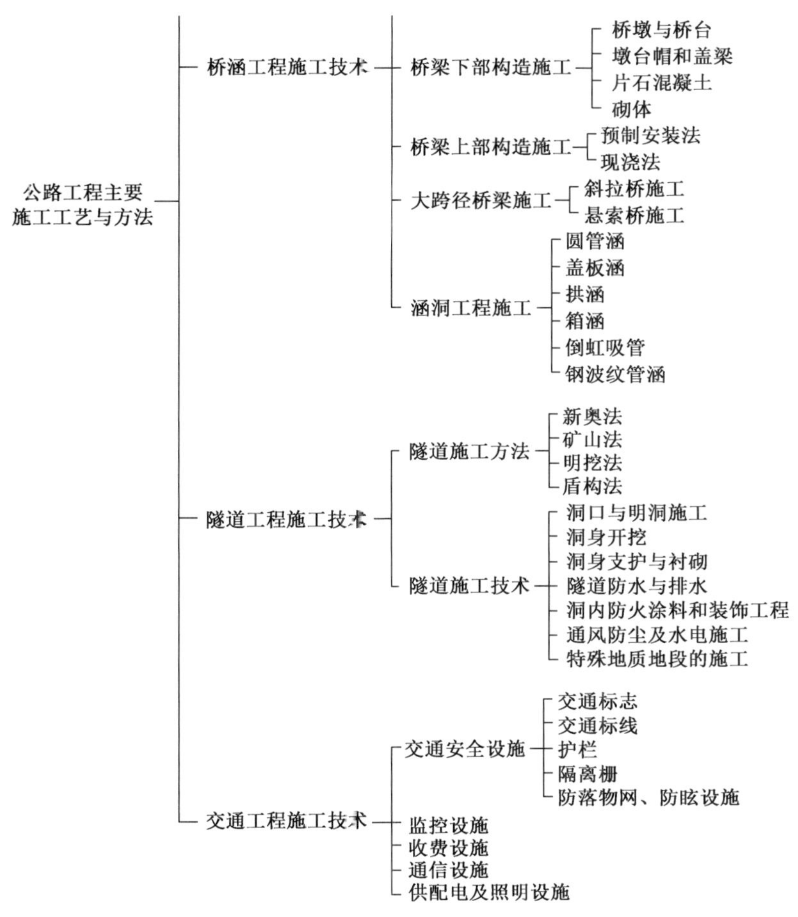

本节习题

一、单项选择题

1. 路基开挖宜采用通道纵挖法的是(　　)。
   A. 长度较小的路堑　　B. 深度较浅的路堑
   C. 两端地面纵坡较小的路堑　　D. 不宜采用机械开挖的路堑
2. 对短而不深的路堑,最适合的开挖方法是(　　)。
   A. 单层横挖法　　B. 分层横挖法
   C. 分层纵挖法　　D. 分段纵挖法
3. 先顺路堑方向挖通通道,然后沿横向坡面挖掘的方法称为(　　)。
   A. 纵挖法　　B. 通道纵挖法
   C. 横挖法　　D. 混合式开挖法
4. 在路堤填土与软弱土地基之间设置透水性材料,可起到排水作用,以保证地基中孔隙水顺利排出，这种软基处理方法称为(　　)。

A. 水平排水固结法　　B. 水平增强体法

C. 竖向排水法　　D. 竖向增强体法

5. 通过在软弱土地基表面或路基内部铺设水平增强材料，这种软基处理方法称为(　　)。

A. 水平排水固结法　　B. 水平增强体法

C. 竖向排水法　　D. 竖向增强体法

6. 软基处理，当表层分布有软土且其厚度小于3m时，宜采用的方法为(　　)。

A. 堆载预压法　　B. 爆破排淤法

C. 换填法　　D. 砂垫层法

7. 在软土层相对较厚、调度大、路堤较高、施工期紧迫的情况下，可以采用(　　)。

A. 堆载预压法　　B. 爆破排淤法

C. 换填法　　D. 砂垫层法

8. 如果工期不紧，可以先填一部分或全部，使地基经过一段时间固结沉降，然后再填足材料或铺筑路面的软基处理法为(　　)。

A. 堆载预压法　　B. 爆破排淤法

C. 换填法　　D. 砂垫层法

9. (　　)不可用作路堤填料。

A. 生活垃圾　　B. 建筑垃圾

C. 砂　　D. 卵石

10. 路床清理及验收，欠挖部分(　　)，超挖部分应采用强度较高的砂砾、碎石进行找平处理，不得采用细粒土找平。

A. 在规范允许值内可以不处理　　B. 必须凿除

C. 在设计允许值内可以不处理　　D. 经监理工程师认可后可以不处理

11. 以下说法不正确的是(　　)。

A. 二级及二级以下砂石路面公路的下路堤可采用倾填方式填筑

B. 岩性相差较大的填料应分层或分段填筑，严禁将软质石料与硬质石料混合使用

C. 在填石路堤顶面与细粒土填土层之间应按设计要求设过渡层

D. 压实机械宜选用自重不小于18t的振动压路机

12. 当采用不同性质的土填筑路基时，正确的填筑方式应满足(　　)。

A. 不同土质分层填筑，透水性差的土填筑在下面时，其表面应做成一定的两面向外横坡

B. 不同土质分层填筑，透水性差的土填筑在下面时，其表面应做成一定的两面向内横坡

C. 为保证水分蒸发和排除，路基宜被透水性差的土层封闭

D. 根据强度和稳定性的要求，安排强度差的土层在上层

13. 土石路堤不得采用倾填方法，只能分层填筑，分层压实。宜用推土机铺填，每层松铺厚度应根据压实机械类型和规格确定，不宜超过(　　)。

A. 25cm　　B. 50cm　　C. 30cm　　D. 40cm

14. 从路堑的一端或两端按横断面全宽向前开挖，称为(　　)。

A. 纵向挖掘法　　B. 混合式挖掘法

C. 横向挖掘法　　D. 分段挖掘法

15. 下列关于高路堤施工说法，错误的是(　　)。

A. 高路堤段应优先安排施工

B. 高路堤填料宜采用强度高、水稳性好的材料

C. 高路堤段宜预留一个雨季或8个月以上的沉降期

D. 高路堤宜每填筑2m冲击补压一次，或每填筑4～6m强夯补强一次

16. 一般弃土运距过远的傍山路堑，可采用(　　)。

A. 混合式开挖法　　B. 分层纵挖法

C. 通道纵挖法　　D. 分段纵挖法

17. 关于用抛石挤淤的软土处理，说法错误的是(　　)。

A. 抛填的片石不小于30cm

B. 片石抛出水面后应用小石块填塞垫平

C. 可用于常年积水且不易抽干的地方

D. 自中线向两侧抛填，若横坡陡于1∶10，自低向高展开

18. 公路工程中排除地面水的设施是(　　)。

A. 暗沟　　B. 渗沟　　C. 边沟　　D. 渗井

19. 挖掘短且深的路堑宜采用(　　)。

A. 单层横挖法　　B. 多层横挖法

C. 分层纵挖法　　D. 分段纵挖法

20. 当路堑较长且较深、两端地面纵坡较小时，宜采用(　　)。

A. 通道纵挖法　　B. 多层横挖法

C. 分层纵挖法　　D. 分段纵挖法

21. 路线纵向长度和挖深都很大的路堑开挖宜选择(　　)。

A. 通道纵挖法　　B. 多层横挖法

C. 混合式挖掘法　　D. 分段纵挖法

22. 路堤拓宽施工，当从老路堤坡脚向上开挖台阶时，应随挖随填，台阶高度应不大于1.0m，宽度应不小于(　　)m。

A. 2.0　　B. 3.0　　C. 1.0　　D. 4.0

23. 在设备附近、高压线下和开挖与浇筑过渡段等条件下的开挖可以采用(　　)。

A. 静态破碎法　　B. 松土法

C. 钻爆开挖　　D. 定向爆破法

24. 挖方路基拓宽施工时，应在既有路基边缘设置防止飞石或落石的安全防护措施，并应设置(　　)。

A. 禁令标志　　B. 告示标志

C. 指示标志　　D. 警示标志

25. 土质路堤填筑时，按照横断面全宽分成水平层次，逐层向上填筑的方法是(　　)。

A. 水平分层填筑　　B. 纵向分层填筑

C. 横向填筑　　D. 联合填筑

26. 土质路堤填筑时,依线路纵坡方向分层,逐层向上填筑的方法是(　　)。

A. 水平分层填筑　　B. 纵向分层填筑

C. 横向填筑　　D. 联合填筑

27. 当地面纵坡大于12%,用推土机从路堑取料、填筑距离较短的路堤时,宜采用的填筑方法是(　　)。

A. 水平分层填筑　　B. 纵向分层填筑

C. 横向填筑　　D. 联合填筑

28. 填筑填土过厚、不易压实,无法自下而上填筑的深谷、陡坡、断岩、泥沼等机械无法进场的路堤,宜采用的填筑方法是(　　)。

A. 水平分层填筑　　B. 纵向分层填筑

C. 横向填筑　　D. 联合填筑

29. 关于土质路堤施工的规定,以下说法错误的是(　　)。

A. 性质不同的填料,应水平分层、分段填筑、分层压实

B. 同一水平层路基的全宽应采用同一种填料,不得混合填筑

C. 每种填料的填筑层压实后的连续厚度不宜小于500mm

D. 对潮湿或冻融敏感性小的填料应填筑在路基下层

30. 高速公路、一级公路和铺设高等级路面的其他等级公路的填石路堤应采用(　　)。

A. 竖向填筑法　　B. 分层压实法

C. 冲击压实法　　D. 强力夯实法

31. 关于土石路堤填筑,以下叙述错误的是(　　)。

A. 土石路堤不得采用倾填方法,只能分层填筑,分层压实

B. 边坡码砌与路堤填筑宜基本同步进行

C. 土石路堤宜选用自重不小于18t的振动压路机分层填筑压实

D. 压实后透水性差异大的土石混合料材料应纵向分幅填筑

32. 以下软土地基处理方法中,不属于浅层处治的是(　　)。

A. 换填法　　B. 加固土桩

C. 抛石挤淤　　D. 爆炸挤淤

33. 以下方法中不属于软土地基处理方法的是(　　)。

A. 换填法　　B. 加固土桩

C. CFG桩　　D. 重力压实

34. 以下关于膨胀土路基施工的叙述,说法不正确的是(　　)。

A. 膨胀土地区路基施工,应避开雨季作业,加强现场排水

B. 膨胀土地区路基应分段施工,各道工序应紧密衔接,连续完成

C. 膨胀土路基边坡按设计要求修整,并应及时进行防护施工

D. 强膨胀土经处理之后可以作为二级及二级以上公路的路堤填料

35. 以下关于滑坡地段路基施工的叙述,错误的是(　　)。

A. 滑坡地段施工前,应制定应对滑坡或边坡危害的安全预案

B. 滑坡地段宜在雨季施工,以便确定滑坡体裂隙位置

C. 施工时应采取措施截断流向滑坡体的地表水、地下水和临时用水

D. 滑坡体整治完成后,应及时恢复植被

36. 为降低地下水或拦截地下含水层中的水流,可在地面以下设置(　　)。

A. 渗井　　B. 渗沟

C. 截水沟　　D. 边沟

37. 当路基附近的地面水或浅层地下水无法排除、影响路基稳定时,可设置(　　)。

A. 渗井　　B. 渗沟

C. 截水沟　　D. 边沟

38. 关于挡土墙的施工,以下叙述错误的是(　　)。

A. 挡土墙施工前,应做好截、排水及防渗设施

B. 端部伸入路堤或嵌入地层部分应在墙体施工之前砌筑

C. 宜避开雨季施工

D. 与桥台、隧道洞门连接应协调施工,必要时应加临时支撑

39. 关于挡土墙,以下描述错误的是(　　)。

A. 锚定板挡土墙是一种适用于填方的轻型支挡结构物

B. 加筋土挡土墙一般应用于地形较为平坦且宽敞的填方或挖方路段上

C. 锚定板挡土墙的主要特点是结构轻、柔性大

D. 钢筋混凝土挡土墙墙体达到设计强度的75%以后方可进行墙背填土

40. 基层碾压完成后应立即进行养护,养护时间不应少于(　　)天。

A. 28　　B. 7　　C. 5　　D. 10

41. 为使沥青面层与基层结合良好,在基层上浇洒乳化沥青、煤沥青或液体沥青而形成的透入基层表面的薄层称为(　　)。

A. 透层　　B. 黏层　　C. 垫层　　D. 封层

42. 关于透层施工,以下叙述不正确的是(　　)。

A. 透层沥青宜紧接在基层碾压成形后表面硬化的情况下喷洒

B. 应采用沥青洒布车,在铺筑沥青层前1~2天,一次均匀洒布透层

C. 沥青路面的级配砂砾、级配碎石基层及水泥、石灰、粉煤灰等无机结合料稳定土或粒料的半刚性基层上必须浇洒透层沥青

D. 半刚性基层表面宜喷洒透层沥青,在透层沥青渗透入基层后,方可开展下道工序

43. 关于封层施工,以下叙述不正确的是(　　)。

A. 封层可采用拌和法或层铺法的单层式表面处治,也可以采用乳化沥青稀浆封层

B. 上封层可根据情况选择乳化沥青稀浆封层、微表处、改性沥青集料封层、薄层磨耗层或其他适宜的材料

C. 稀浆封层铺筑后可马上开放交通

D. 封层宜选在干燥或较热的季节施工,施工气温不得低于10℃

44. 沥青混合料路面压实应按(　　)进行。

A. 初压、复压两个阶段　　B. 初压、终压两个阶段

C. 初压、复压、终压三个阶段　　D. 一次碾压成形

45. 以下关于混凝土路面养护施工,叙述不正确的是(　　)。

A. 混凝土路面铺筑完成或施作抗滑构造完毕后立即开始养护

B. 机械摊铺的各种混凝土路面宜采用喷洒养护剂同时保湿覆盖的方式养护,也可以使用围水养护方式

C. 混凝土板养护初期,严禁人、畜、车辆通行,在达到设计强度40%后,行人方可通行

D. 面板达到设计弯拉强度后,方可开放交通

46. 关于中央分隔带的施工,以下叙述错误的是(　　)。

A. 当路面基层施工完毕后,即可进行中央分隔带的开挖,先挖集水槽,后挖纵向盲沟

B. 沟槽开挖完毕并经验收符合设计要求后,即进行防水层施工

C. 纵向碎石盲沟的铺设时,反滤层可用筛选过的中砂、粗砂、砾石等渗水性材料分层填筑

D. 路缘石应在路面铺设之后完成

47. 关于桥梁施工模板施工,以下叙述错误的是(　　)。

A. 优先使用胶合板和木模板

B. 模板板面之间应平整,接缝严密,不漏浆

C. 为减少模板的拼缝,对于大面积的混凝土,其每块模板的面积宜大于1.0m^2

D. 混凝土的模板板面应采用金属板、木制板及高分子合成材料面板、硬塑料或玻璃钢板等材料

48. 关于钢筋的连接,以下叙述错误的是(　　)。

A. 钢筋的连接宜采用焊接接头或机械连接接头

B. 钢筋的表面应洁净,使用前应将表面油渍、漆皮、鳞锈等清除干净

C. 轴心受拉和小偏心受拉构件应采用绑扎接头

D. 受力钢筋焊接或绑扎接头应设置在内力较小处,并错开布置

49. 桥梁混凝土工程施工时,混凝土抗压强度应以边长(　　)的立方体标准试件测定。

A. 100mm　　B. 150mm　　C. 200mm　　D. 250mm

50. 预应力筋进场时,应分批验收,钢丝和钢绞线每批不大于(　　)。

A. 50t　　B. 70t　　C. 60t　　D. 40t

51. (　　)将梁体(一般为箱梁)沿桥轴向分段预制成节段式块件,运到现场进行拼装。

A. 预制梁安装　　B. 整跨箱梁预制吊装

C. 预制节段式块件拼装　　D. 自行式吊装设备吊装法

52. 关于桥梁上部结构施工方法,以下叙述错误的是(　　)。

A. 自行式吊装设备吊装法一般适用于跨径在30m以内的连续梁的安装作业

B. 跨墩龙门安装法一般适宜用于桥墩高度不大于15m、无常流水、干涸而又平坦的河床的梁板式桥梁的安装工作

C. 浮吊架设法一般适用于河口、海上长大桥梁的架设安装

D. 跨径大于或等于25m的梁宜使用架桥机、跨墩龙门架或其他适合的专用大型机具设备

53.(　　)适用于预制场地及运吊条件好、工程量大和工期较短的梁桥工程。

A. 固定支架法　　B. 扒架吊装法

C. 浮运整孔架设法　　D. 悬臂拼装法

54. 在桥跨间设置支架、安装模板、绑扎钢筋、现场浇筑混凝土的施工方法是(　　)。

A. 固定支架法　　B. 扒架吊装法

C. 悬臂现浇法　　D. 逐孔现浇法

55. 以下关于桥梁上部结构现浇法的叙述,不正确的是(　　)。

A. 移动模架法适用在多跨长桥,桥梁跨径可达50m,使用一套设备可多次移动周转使用

B. 悬臂现浇法适用于大跨径的预应力混凝土悬臂梁桥、连续梁桥、T形刚构桥、连续刚构桥

C. 顶推施工是在桥台的后方设置预制施工场地,分节段浇筑梁体,并用纵向预应力筋将浇筑节段与已完成的梁体连成整体

D. 移动模架逐孔现浇施工仅在梁的一孔(或二孔)间设置支架,完成后将支架整体转移到下一孔连续施工

56. 以下关于斜拉桥施工的叙述,不正确的是(　　)。

A. 沿海地区裸塔施工宜用翻模法,横梁较多的高塔宜用劲性骨架挂模提升法

B. 斜拉桥作为一种拉索体系,比梁式桥的跨越能力更大,是大跨度桥梁的最主要桥型

C. 斜拉桥的主梁结构主要是采用混凝土结构、钢结构或者钢混组合结构

D. 斜拉桥混凝土主梁采用悬臂拼装法施工时,梁段的预制可采用长线法或短线法台座

57.(　　)是钢筋混凝土盖板涵标准跨径。

A. 1.50m、2.00m、2.50m、3.00m、4.00m、5.00m

B. 1.50m、2.00m、2.50m、3.00m、4.00m、4.50m

C. 1.0m、2.00m、2.50m、3.00m、4.00m、5.00m

D. 1.50m、2.00m、2.50m、3.00m、3.50m、4.00m

58. 混凝土抗压强度应以标准方式成形的试件置于(　　)的标准养护条件下,养护28天所测得的抗压强度值(MPa)进行测定。

A. 温度20℃ ±2℃,相对湿度不低于95%

B. 温度25℃ ±2℃,相对湿度不低于95%

C. 温度20℃ ±2℃,相对湿度不低于90%

D. 温度25℃ ±2℃,相对湿度不低于90%

59. 钻孔灌注桩施工的混凝土称为(　　)。

A. 水下混凝土　　B. 高强混凝土

C. 普通混凝土　　D. 特殊混凝土

60. 地下连续墙混凝土灌注采用导管法灌注。单元槽超过4m时,宜采用(　　)导管同时灌注。

A. 1根　　B. 4根　　C. 2根或3根　　D. 4根或5根

61. 片石混凝土宜用于较大体积的基础、墩台身等圬工受压结构。采用片石混凝土，可在混凝土中掺入不多于该结构体积(　　)的片石。

A. 25%　B. 20%　C. 30%　D. 40%

62. 适合于自行式吊装设备吊装法施工形式的桥梁上部结构，有(　　)。

A. 空心板　B. 连续梁　C. 刚构　D. 斜拉桥

63. 适合于悬臂吊装法形式的桥梁上部结构，有(　　)。

A. T 形梁　B. 空心板　C. 斜拉桥　D. 工字形梁

64. 适合于跨墩门式起重机安装形式的桥梁上部结构，有(　　)。

A. T 形梁　B. 连续梁　C. 刚构　D. 斜拉桥

65. 适合于悬臂拼装法施工形式的桥梁上部结构，有(　　)。

A. 预应力混凝土 T 形梁　B. 空心板

C. 连续梁　D. 小跨径箱梁

66. 泥浆原料宜选用优质黏土，有条件时应优先采用(　　)造浆。

A. 膨胀土　B. 黄土　C. 膨润土　D. 灰土

67. 钻孔灌注桩在清孔排渣时，必须保持孔内水头，防止(　　)。

A. 泥浆浓度偏高　B. 泥浆浓度偏低

C. 扩孔　D. 坍孔

68. 隧道洞口开挖前，应结合设计文件，遵循(　　)的原则，复核确认明暗分界位置的合理性，控制边仰坡开挖高度。

A. 早进晚出　B. 早出晚进

C. 早进早出　D. 晚进晚出

69. 以木或钢构件作为临时支撑，待隧道开挖成形后，逐步将临时支撑撤换下来，而代之以整体式厚衬砌作为永久性支护的隧道施工方法，叫(　　)。

A. 浅埋暗挖法　B. 掘进机法

C. 新奥法　D. 矿山法

70. 由上向下开挖土石方至设计高程后，自基底由下向上顺序施工，完成隧道主体结构，最后回填基坑或恢复地面的施工方法，叫(　　)。

A. 沉埋法　B. 浅埋暗挖法

C. 地下连续墙法　D. 明挖法

71. 采用新奥法修建公路隧道的施工技术要求和施工程序，可划分为(　　)，共(　　)个施工过程。

A. 开挖、喷锚支护、模筑混凝土和整修，四

B. 开挖、喷锚支护、模筑混凝土和装饰，四

C. 开挖、喷锚支护、模筑混凝土，三

D. 开挖、衬砌，两

72. 隧道开挖掘进时应遵循“管超前、(　　)、强支护、弱爆破、勤量测”的原则进行。

A. 长进尺　B. 快进尺

C. 短进尺　D. 少扰动

73. 明洞、棚洞都是采用(　　)施工的。

A. 明挖法　　B. 暗挖法

C. 盾构法　　D. 掘进机法

74. 关于洞口的施工,以下叙述错误的是(　　)。

A. 洞口土石方在洞口施工放样的线位上进行边坡、仰坡自上而下的开挖

B. 洞口开挖宜采用大爆破一次成型

C. 洞口截、排水设施应在雨季和融雪期之前完成

D. 洞口端墙的砌筑与墙背回填应对称进行,防止对衬砌产生偏压

75. 按设计断面一次基本开挖成型的施工方法是(　　)。

A. 台阶法　　B. 全断面法

C. 中隔壁法　　D. 环形开挖预留核心土法

76. 先开挖上台阶成环形并进行支护,再分部开挖中部核心土、两侧边墙的施工方法是(　　)。

A. 台阶法　　B. 全断面法

C. 中隔壁法　　D. 环形开挖预留核心土法

77. 在软弱围岩大跨隧道中,先开挖隧道的一侧,并施作中隔壁墙,然后再分步开挖隧道的另一侧的施工方法称为(　　)。

A. 中隔壁法　　B. 中导洞法

C. 双侧壁导坑法　　D. 环形开挖预留核心土法

78. 在连拱隧道或单线隧道的喇叭口地段,先开挖两洞之间立柱(或中隔墙)部分,并完成立柱(或中隔墙)混凝土浇筑后,再进行左右两洞开挖的施工方法是(　　)。

A. 中隔壁法　　B. 中导洞法

C. 双侧壁导坑法　　D. 环形开挖预留核心土法

79. 以下开挖方法适用于连拱隧道的是(　　)。

A. 中隔壁法　　B. 中导洞法

C. 双侧壁导坑法　　D. 环形开挖预留核心土法

80. 明洞拱背回填采用人工回填时,拱圈混凝土强度应不小于设计强度的(　　)。

A. 85%　　B. 75%　　C. 80%　　D. 100%

81. 钢支撑按其材料的组成可分为(　　)和格栅钢架,常用于软弱破碎围岩隧道中,并与锚杆、喷射混凝土等共同使用。

A. 钢片钢架　　B. 钢筋钢架

C. 钢管钢架　　D. 型钢钢架

82. (　　)是一种刚架结构,是用钢筋混凝土建筑材料做成的,有现浇和预制两种。

A. 圆管涵　　B. 盖板涵

C. 拱涵　　D. 箱涵

83. 当路线穿过沟渠、路堤高度很低或在浅挖方地段,填、挖高度不足,难以修建明涵时,或因灌溉需要,必须提高渠底高程,建筑架空渡槽又不能满足路上净空要求时,常修建(　　)。

A. 圆管涵　　B. 盖板涵

C. 倒虹吸管　　D. 拱涵

84. 波纹管涵的施工工艺是(　　)。

A. ①挖基→②施工放样→③基础垫层填筑→④管身安装→⑤涵背回填→⑥洞口铺筑及护坡防护

B. ①基坑施工→②涵洞基础施工→③涵身分节施工→④翼墙、端墙、帽石施工→⑤盖板吊装→⑥防水施工→⑦基坑回填→⑧出入口铺砌→⑨附属及其他

C. ①测量放线→②基坑开挖→③基坑修整→④基坑检查→⑤铺设砂垫层→⑥现浇混凝土管基→⑦安装管节→⑧竖井、出入口施工→⑨防水层施工→⑩回填土

D. ①基坑施工→②涵洞基础施工→③涵身分节施工→④翼墙、端墙、帽石施工→⑤盖板吊装→⑥防水施工→⑦基坑回填→⑧出入口铺砌→⑨附属及其他

85. 交通标线的涂料分为溶剂型、(　　)、双组分、水性四种。

A. 热熔型　　B. 标线漆

C. 自喷型　　D. 冷涂型

86. (　　)应在涂料中掺入或在施工时面撒玻璃珠。

A. 交通标志　　B. 交通标线

C. 护栏　　D. 防落网

87. 根据规范规定,公路工程石方开挖严禁采用(　　)。

A. 定向爆破　　B. 静态破碎

C. 洞室爆破　　D. 小炮爆破

二、多项选择题

1. 下列关于爆破法开挖,叙述正确的是(　　)。

A. 应先查明空中缆线、地下管线的位置,开挖边界线外可能受爆破影响的建筑物结构类型,居民居住情况等

B. 在地面上准确放出炮眼(井)位置,竖立标牌,标明孔(井)号、深度、装药量

C. 装药前要布好警戒,选择好通行道路,认真检查炮孔,吹净残渣,排除积水,做好爆破器材的防水保护工作

D. 装药分单层、分层装药,预裂装药及洞室内集中装药

E. 炮眼装药后用铁棍捣实,填塞黏土

2. 以下属于排除地表水的设施是(　　)。

A. 边沟　　B. 截水沟

C. 渗沟　　D. 跌水

E. 蒸发池

3. 以下属于排除地下水的设施是(　　)。

A. 暗沟　　B. 明沟

C. 渗沟　　D. 截水沟

E. 急流槽

4. 渗沟均应设置(　　)。

A. 排水层　　B. 反滤层
C. 垫层　　D. 封闭层
E. 防水层

5. 以下材料可用作垫层的是(　　)。
A. 碎石　　B. 砂砾
C. 水泥稳定土　　D. 黏土
E. 黄土

6. 以下属于路面结构层的是(　　)。
A. 垫层　　B. 基层
C. 路床　　D. 面层
E. 底基层

7. 以下属于无机结合料稳定类基层的是(　　)。
A. 石灰稳定类　　B. 水泥稳定类
C. 石灰工业废渣稳定集料类　　D. 热拌沥青混合料
E. 老路拆除材料利用

8. 公路的水泥稳定底基层、基层进行施工时,下列说法不正确的是(　　)。
A. 用 12 ~ 15t 三轮压路机碾压时,每层压实厚度不应超过 15cm,层厚越薄越容易压实
B. 从加水拌和到碾压终了的延迟时间不得超过水泥终凝时间
C. 气候炎热干燥时,碾压时的含水率可比最佳含水率增加 0.5 ~ 1 个百分点
D. 因故中断时间大于 2h,应设置横向接缝
E. 工地气温低于 5℃时,不应进行施工

9. 公路沥青路面使用(　　)作为透层沥青。
A. 改性沥青　　B. 乳化沥青
C. 煤沥青　　D. 液体沥青
E. 改性乳化沥青

10. 沥青稳定类基层包括(　　)基层等。
A. 热拌沥青碎石　　B. 改性沥青混合料
C. 贯入式沥青碎石　　D. 乳化沥青碎石混合料
E. 乳化沥青混合料

11. 公路基层所用无机结合料目前最常用的有(　　)。
A. 水泥　　B. 石灰
C. 粉煤灰　　D. 沥青
E. 混凝土

12. 关于预应力混凝土施工,以下叙述正确的有(　　)。
A. 预应力筋制作时下料,应通过计算确定,下料应采用切断机或电弧切割
B. 锚具应满足分级张拉、补张拉及放松预应力的要求,能满足整束张拉也能满足单根张拉,锚具的锚口摩擦损失不宜大于 6%
C. 主要锚固件应具有良好防锈性能,可重复使用次数不应少于 300 次

D. 用于判断现场预应力混凝土结构强度的混凝土试件，应置于现场与结构或构件同环境同条件下养护

E. 在浇筑混凝土时，宜根据结构形式选用插入式、附着式或平板式振动器进行振捣

13. 关于地下连续墙水下混凝土灌注，以下叙述正确的是(　　)。

A. 单元槽段长度小于 4m 时，可采用 1 根导管灌注

B. 单元槽段长度超过 4m 时，宜采用 2 或 3 根导管同时灌注

C. 采用多根导管灌注时，导管间净距应大于 3m

D. 导管内径不宜小于 200mm

E. 水下混凝土不能采用导管法灌注

14. 以下属于桥梁上部结构预制安装方法的是(　　)。

A. 预制梁安装　　B. 后张法

C. 整跨箱梁预制吊装　　D. 预制节段式块件拼装

E. 先张法

15. 索塔的构造材料主要有(　　)结构等。

A. 钢　　B. 混凝土

C. 预应力混凝土　　D. 钢筋混凝土

E. 塔架

16. 斜拉桥主要由(　　)组成。

A. 索塔　　B. 主梁

C. 主缆　　D. 斜拉索

E. 吊索

17. 下列关于挖孔灌注桩施工，说法正确的是(　　)。

A. 挖孔施工时相邻两桩孔不得同时开挖，宜间隔交错跳挖

B. 采用混凝土护壁支护的桩孔，护壁混凝土的强度等级，当桩径小于或等于 1.5m 时应不小于 C20，桩径大于 1.5m 时应不小于 C25

C. 挖孔作业时必须挖一节浇筑一节护壁，护壁的节段高度必须严格按专项施工方案执行，严禁只挖不及时浇筑护壁的冒险作业

D. 护壁外侧与孔壁间应填实，不密实或有空洞时，应采取措施进行处理

E. 挖孔作业时浇筑护壁可同时进行

18. 沥青稳定类基层施工前承包人通过试验应确定的内容包括(　　)。

A. 通过试验适宜的施工机械，确定机械数量及组合方式

B. 通过试拌确定拌和机的操作方式，验证沥青混合料的配合比设计和技术性质

C. 通过试拌确定正式生产用的矿料配合比和油石比

D. 通过试铺确定混合料的松铺系数及裂缝的处理方法

E. 通过试铺全面检查材料及施工质量是否符合要求

19. 公路隧道施工中，明洞的施工方法有(　　)。

A. 先墙后拱法　　B. 锚喷支护法

C. 先拱后墙法　　D. 拱墙交替法

E. 台阶开挖法

20. 隧道开挖的主要方法是钻孔爆破法，应遵循的原则是(　　)。

A. 短进尺、强支护
B. 弱爆破、勤观测
C. 长进尺、强支护
D. 强爆破、勤观测
E. 弱爆破、弱观测

21. 以下措施属于超前支护措施的有(　　)。

A. 超前锚杆
B. 管棚
C. 围岩预注浆加固
D. 喷射混凝土
E. 插板

22. (　　)支护主要适用于地下水较少的软弱破碎围岩的隧道工程中。

A. 超前锚杆
B. 管棚
C. 围岩预注浆加固
D. 超前小钢管
E. 插板

23. 隧道初衬支护的锚杆按照锚固形式可划分为(　　)。

A. 钢支撑型
B. 端头锚固型
C. 摩擦型
D. 预应力型
E. 全长黏结型

24. 在公路工程中，常用的护栏包括(　　)。

A. 路基护栏
B. 桥梁护栏
C. 隔离栅
D. 活动护栏
E. 涵洞护栏

25. 关于滑坡地段路基处理，说法正确的是(　　)。

A. 滑坡整治措施实施前，严禁在滑坡体抗滑段减载、下滑段加载
B. 滑坡整治不宜在雨期施工
C. 滑坡整治应采取导水、排水、减载、反压与支挡等措施进行滑坡整治，整治措施可单独使用，也可综合使用
D. 降雨期间及雨后，应加强滑坡区段的巡查工作
E. 滑坡整治施工时，应对滑坡影响区内的其他工程和设施进行保护

本节习题答案与解析

一、单项选择题

1. **答案**：C

【解析】　本题考查路堑的开挖方法。土质路堑纵向挖掘多采用机械作业，具体方法有：

(1)分层纵挖法：沿路堑全宽，以深度不大的纵向分层进行挖掘。该方法适用于较长的路堑开挖。

(2)通道纵挖法:先沿路堑纵向挖掘一通道,然后将通道向两侧拓宽以扩大工作面,并利用该通道作为运土路线及场内排水的出路。该层通道拓宽至路堑边坡后,再挖下层通道,如此向纵深开挖至路基高程。该方法适用于较长、较深、两端地面纵坡较小的路堑开挖。

(3)分段纵挖法:沿路堑纵向选择一个或几个适宜处,将较薄一侧堑壁横向挖穿,使路堑分成两段或数段,各段再纵向开挖。该方法适用于过长、弃土运距过远、一侧堑壁较薄的傍山路堑开挖。

2. 答案:A

【解析】 当路堑深度不深时,可以一次挖到设计高程,称单层横挖法。

3. 答案:D

【解析】 混合式开挖法是将横挖法、通道纵挖法混合使用,即先顺路堑方向挖通通道,然后沿横向坡面挖掘,以增加开挖坡面。

4. 答案:A

【解析】 水平排水固结法即在路堤填土与软弱土地基之间设置透水性垫层,可起到排水作用,从而保证填土荷载作用下地基中孔隙水的顺利排出,既加快了地基的固结,还可以保护路堤免受孔隙水浸泡。

5. 答案:B

【解析】 水平增强体法是通过在软弱土地基表面或路基内部铺设水平增强材料。

6. 答案:C

【解析】 表层分布有软土且其厚度小于3m时,可采用浅层拌和、换填、抛石等方法进行处治。

7. 答案:B

【解析】 爆破排淤法的换填深度较深、工效较好,适用于软土层相对较厚、稠度大、路堤较高、施工期紧迫的情况。

8. 答案:A

【解析】 堆载预压法是通过施加外部荷载加速软土地基排水固结从而提高强度、减少工后沉降,显著提高地基承载力。先填土预压,待地基强度提高到一定程度后,挖去填土,再建构造物,称之为预压。预压分等载预压和超载预压,目的在于减少工后沉降、提高地基固结度。项目工期不紧时,堆载预压法是有效的地基软基处理方法。预压分等载预压和超载预压。

9. 答案:A

【解析】 泥炭、淤泥、沼泽土、冻土、有机土、含草皮土、生活垃圾、树根和含有腐朽物质的土不得用作路堤填料。

10. 答案:B

【解析】 路床清理及验收,欠挖部分必须凿除,超挖部分应采用强度较高的砂砾、碎石进行找平处理,不得采用细粒土找平。

11. 答案:A

【解析】 三级及三级以下砂石路面公路的下路堤可采用倾填方式填筑。

12. 答案:A

【解析】 潮湿式冻融敏感性小的填料应填筑在路基上层,强度较小的填料应填筑在

下层,在透水性差的压实层上填筑透水性较好的填料前,应在其表面设2% ~4%的双向横坡,并采取相应的防水措施,不得在透水性较好的填料所填筑的路堤边坡上覆盖透水性不好的填料。

13. **答案**:D

【解析】　土石路堤不得采用倾填方法,只能分层填筑,分层压实。宜用推土机铺填,每层松铺厚度应根据压实机械类型和规格确定,不宜超过40cm。

14. **答案**:C

【解析】　从路堑的一端或两端按横断面全宽向前开挖的方法,称为横向挖掘法,适用于短而深的路堑土质路堑。

15. **答案**:C

【解析】　高路堤段应优先安排施工,宜预留一个雨季或6个月以上的沉降期。高路堤填料宜采用强度高、水稳性好的材料,路堤浸水部分应采用水稳性和透水性好的材料。高路堤宜每填筑2m冲击补压一次,或每填筑4 ~6m强夯补强一次。

16. **答案**:D

【解析】　分段纵挖法适用于路堑较长、运距过远的情况。

17. **答案**:D

【解析】　当软土地层横坡陡于1:10时,应自高侧向低侧抛投。

18. **答案**:C

【解析】　公路工程中排除地面水的设施是边沟。

19. **答案**:B

【解析】　多层横挖法,即从开挖路堑的一端或两端按断面分层挖到设计高程。该方法适用于挖掘深且短的路堑。

20. **答案**:A

【解析】　通道纵挖法:先沿路堑纵向挖掘一通道,然后将通道向两侧拓宽以扩大工作面,并利用该通道作为运土路线及场内排水的出路。该层通道拓宽至路堑边坡后,再挖下层通道,如此向纵深开挖至路基高程。该方法适用于较长、较深、两端地面纵坡较小的路堑开挖。

21. **答案**:C

【解析】　混合式挖掘法是多层横向挖掘法和通道纵挖法混合使用,即先沿路线纵向挖通通道,然后沿横向坡面挖掘,以增加开挖坡面。在较大的挖方地段,还可沿横向再开辟工作面。该方法适用于路线纵向长度和挖深都很大的路堑开挖。

22. **答案**:C

【解析】　路堤拓宽施工,当从老路堤坡脚向上开挖台阶时,应随挖随填,台阶高度应不大于1.0m,宽度应不小于1.0m。

23. **答案**:A

【解析】　静态破碎法:将膨胀剂放入炮孔内,利用产生的膨胀力缓慢作用于孔壁,经过24h达到300 ~500MPa的压力,使岩石开裂。该方法适用于在设备附近、高压线下和开挖与浇筑过渡段等特定条件下的开挖。

24. **答案**:D

【解析】 挖方路基拓宽施工时,应在既有路基边缘设置防止飞石或落石的安全防护措施,并应设置警示标志。

25. **答案**:A

【解析】 土质路堤填筑方法:水平分层填筑、纵向分层填筑、横向填筑、联合填筑。水平分层填筑:按照横断面全宽分成水平层次,逐层向上填筑,是一种常用方式。

26. **答案**:B

【解析】 纵向分层填筑:依路线纵坡方向分层,逐层向上填筑。

27. **答案**:B

【解析】 纵向分层填筑:依路线纵坡方向分层,逐层向上填筑。常用于地面纵坡大于12%、用推土机从路堑取料、填筑距离较短的路堤。不易碾压密实。

28. **答案**:C

【解析】 横向填筑:从路基的一端或两端按横断面全高逐步推进填筑。用于填土过厚、不易压实,仅用于无法自下而上填筑的深谷、陡坡、断岩、泥沼等机械无法进场的路堤。

29. **答案**:D

【解析】 对潮湿或冻融敏感性小的填料应填筑在路基上层。强度较小的填料应填筑在下层。

30. **答案**:B

【解析】 分层压实法(碾压法):自下而上水平分层,逐层填筑,逐层压实,是普遍采用并能保证填石路堤质量的方法。高速公路、一级公路和铺设高等级路面的其他等级公路的填石路堤均应采用此方法。

31. **答案**:D

【解析】 压实后透水性差异大的土石混合材料,应分层或分段填筑,不宜纵向分幅填筑;如确需纵向分幅填筑,应将压实后渗水良好的土石混合材料填筑于路堤两侧。

32. **答案**:B

【解析】 浅层处治包括换填法、抛石挤淤、爆炸挤淤等,适用于表层软土厚度小于3m的浅层软弱地基处理。

33. **答案**:D

【解析】 软土是指天然含水率高、孔隙比大、透水性差、压缩性高、抗剪强度低、具有触变性、流变性显著的细粒土。重力压实不属于软土路基处理方法。

34. **答案**:D

【解析】 膨胀土路基施工应符合以下规定:

(1)膨胀土地区路基施工,应避开雨季作业,加强现场排水。

(2)膨胀土地区路基应分段施工,各道工序应紧密衔接、连续完成。路基边坡按设计要求修整,并应及时进行防护施工。

(3)膨胀土作为填料时应符合以下规定:强膨胀土不得作为路堤填料;中等膨胀土经处理后可作为填料,用于二级及二级以上公路的路堤填料时,改性处理后胀缩总率应不大于0.7%;胀缩总率不超过0.7%的弱膨胀土可直接填筑。

35. 答案:B

【解析】　滑坡地段施工前,应制定应对滑坡或边坡危害的安全预案,施工过程中应进行监测;宜在旱季施工;及时封闭滑坡体上的裂隙,在滑坡边缘一定距离外的稳定地层上,修筑一条或数条环形截水沟,截水沟应有防渗措施;施工时应采取措施截断流向滑坡体的地表水、地下水及临时用水;滑坡体未处理之前,严禁在滑坡体上增加荷载,严禁在滑坡前缘减载;滑坡整治完成后,应及时恢复植被。

36. 答案:B

【解析】　为降低地下水或拦截地下含水层中的水流,可在地面以下设置渗沟。渗沟是常见的地下排水沟渠,可视地下水流情况纵、横向设置。

37. 答案:A

【解析】　当路基附近的地面水或浅层地下水无法排除,影响路基稳定时,可设置渗井,将地面水或地下水经渗井通过下透水层中的钻孔流入下层透水层中排除。

38. 答案:B

【解析】　端部伸入路堤或嵌入地层部分应与墙体同时砌筑。

39. 答案:B

【解析】　加筋土挡土墙一般应用于地形较为平坦且宽敞的填方路段上。在挖方路段或地形陡峭的山坡,由于不利于布置拉筋,一般不宜使用。

40. 答案:B

【解析】　碾压完成后应立即进行养护。养护时间不应少于 7 天。养护方法可视具体情况采用洒水,覆土工布、草袋,砂后洒水或洒透层油或封层等。养护期间除洒水车外应封闭交通;不能封闭时,应经批准,并将车速限制在 30km/h 以下,严禁重型车辆通行。

41. 答案:A

【解析】　为使沥青面层与基层结合良好,在基层上浇洒乳化沥青、煤沥青或液体沥青而形成的透入基层表面的薄层称为透层。

42. 答案:A

【解析】　透层沥青宜紧接在基层碾压成形后表面稍干但尚未硬化的情况下喷洒。

43. 答案:C

【解析】　稀浆封层铺筑后,必须待乳液破乳、水分蒸发、干燥成形后方可开放交通。

44. 答案:C

【解析】　沥青混合料路面压实应按初压、复压、终压三个阶段进行。

45. 答案:B

【解析】　在雨天或养护用水充足的情况下,也可采用覆盖保湿膜、土工毡、土工布、麻袋、草袋、草帘等洒水湿养护方式,不宜使用围水养护方式。

46. 答案:D

【解析】　路缘石应在路面铺设之前完成。

47. 答案:A

【解析】　宜优先使用胶合板和钢模板。

48. **答案**:C

【解析】 轴心受拉和小偏心受拉构件不应采用绑扎接头。

49. **答案**:B

【解析】 混凝土抗压强度应以边长150mm的立方体尺寸标准试件测定。

50. **答案**:C

【解析】 预应力筋进场时,应分批验收,钢丝每批不大于60t,钢绞线每批不大于60t(任取3盘截取一组),螺纹钢每批不大于100t。

51. **答案**:C

【解析】 预制节段式块件拼装将梁体(一般为箱梁)沿桥轴向分段预制成节段式块件,运到现场进行拼装。

52. **答案**:A

【解析】 自行式吊装设备吊装法多采用汽车式起重机、履带式起重机和轮胎式起重机等机械,此法一般适用于跨径在30m以内的简支梁板的安装作业。

53. **答案**:D

【解析】 悬臂拼装法施工适用于预制场地及运吊条件好,特别是工程量大和工期较短的梁桥工程。

54. **答案**:A

【解析】 固定支架法在桥跨间设置支架、安装模板、绑扎钢筋、现场浇筑混凝土的施工方法,特别适用于旱地上的钢筋混凝土和预应力混凝土中小跨径连续梁桥的施工。固定支架法施工的特点是:梁的整体性好,施工平稳、可靠,不需要大型起吊设备,施工中无体系转换的问题,但需要大量施工支架,并需要有较大的施工场地。

55. **答案**:D

【解析】 在支架上逐孔现浇是一种与固定支架法相类似的施工方法,其区别在于逐孔现浇施工仅在梁的一孔(或二孔)间设置支架,完成后将支架整体转移到下一孔连续施工,因此这种方法可仅用多孔的支架和模板周转使用,所花费施工费用较少。移动模架是以移动式桁架为主要支承结构的整体模板支架,可一次完成中小跨径桥一跨梁体混凝土的浇筑,适用于20~70m跨径、梁体断面形式基本相同的多跨简支和连续梁的就地浇筑。

56. **答案**:A

【解析】 翻模:应用较早,施工简单,能保证几何尺寸(包括复杂断面),外观整洁。但模板高空翻转、操作危险,沿海地区不宜用此法。

57. **答案**:A

【解析】 钢筋混凝土盖板涵,有1.50m、2.00m、2.50m、3.00m、4.00m、5.00m共6种不同的标准跨径。

58. **答案**:A

【解析】 混凝土抗压强度应以标准方式成形的试件置于标准养护条件下(温度20℃±2℃,相对湿度不低于95%)养护28天所测得的抗压强度值(MPa)进行测定。

59. **答案**:A

【解析】 钻孔灌注桩施工的混凝土称为水下混凝土。

60. 答案:C

【解析】 地下连续墙混凝土灌注采用导管法灌注。单元槽小于4m时,可采用1根导管灌注;单元槽超过4m时,宜采用2根或3根导管同时灌注。

61. 答案:B

【解析】 片石混凝土宜用于较大体积的基础、墩台身等圬工受压结构。采用片石混凝土,可在混凝土中掺入不多于该结构体积20%的片石。

62. 答案:A

【解析】 空心板梁重量轻、体积小,适合于自行式吊装设备吊装。

63. 答案:C

【解析】 这四种结构中,只有斜拉桥适合于悬臂吊装。

64. 答案:A

【解析】 跨墩门式起重机安装适用于跨径小于30m的梁板式桥梁的安装。

65. 答案:C

【解析】 这四种结构比较中,适合于悬臂拼装法施工的是连续梁桥。

66. 答案:C

【解析】 泥浆原料宜选用优质黏土,有条件时应优先采用膨润土造浆。

67. 答案:D

【解析】 钻孔灌注桩在清孔排渣时,必须保持孔内水头,防止坍孔。

68. 答案:A

【解析】 隧道洞口开挖前,应结合设计文件,遵循"早进晚出"的原则,复核确认明暗分界位置的合理性,控制边仰坡开挖高度。

69. 答案:D

【解析】 矿山法是一种传统的施工方法,是人们在长期的施工实践中发展起来的。它是以木或钢构件作为临时支撑,待隧道开挖成形后,逐步将临时支撑撤换下来,而代之以整体式厚衬砌作为永久性支护的施工方法。

70. 答案:D

【解析】 明挖法是指挖开地面,由上向下开挖土石方至设计高程后,自基底由下向上顺序施工,完成隧道主体结构,最后回填基坑或恢复地面的施工方法。

71. 答案:B

【解析】 根据新奥法的施工技术要求和施工顺序,可划分为开挖、喷锚(初期支护)、模注混凝土(二次衬砌)和装饰四个过程。

72. 答案:C

【解析】 隧道开挖掘进时应遵循"管超前、短进尺、强支护、弱爆破、勤量测"的原则进行。

73. 答案:A

【解析】 公路隧道施工中,明洞和棚洞都是采用明挖法施工的。明洞的施工方法,有先墙后拱法、先拱后墙法和拱墙交替法。

74. **答案**:B

【解析】 洞口土石方在洞口施工放样的线位上进行边坡、仰坡自上而下的开挖;不得采用大爆破,尽量减少对原地层的扰动。边坡、仰坡外的截水沟或排水沟应于洞口土石方开挖前完成,截水沟及排水沟的上游进水口应与原地面衔接紧密或略低于原地面,下游出水口应妥善地引入排水系统。洞门端墙的砌筑(或浇筑)与墙背回填,应两侧同时进行,防止对衬砌产生偏压。

75. **答案**:B

【解析】 全断面法:按设计断面一次基本开挖成形的施工方法。一般适用于Ⅰ～Ⅲ级围岩的中小跨度隧道。

76. **答案**:D

【解析】 环形开挖预留核心土法:先开挖上台阶成环形,并进行支护,再分部开挖中部核心土、两侧边墙的施工方法。一般适用于Ⅴ级、Ⅵ级围岩或一般土质围岩的中小跨度隧道或洞口浅埋地段隧道施工。

77. **答案**:A

【解析】 在软弱围岩大跨隧道中,先开挖隧道的一侧,并施作中隔壁墙,然后再分步开挖隧道的另一侧的施工方法称为中隔壁法。一般适用于围岩较差、跨度大、浅埋、地表沉降需要控制的地段。

78. **答案**:B

【解析】 中导洞法是在连拱隧道或单线隧道的喇叭口地段,先开挖两洞之间立柱(或中隔墙)部分,并完成立柱(或中隔墙)混凝土浇筑后,再进行左右两洞开挖的施工方法。

79. **答案**:B

【解析】 中导洞法是在连拱隧道或单线隧道的喇叭口地段,先开挖两洞之间立柱(或中隔墙)部分,并完成立柱(或中隔墙)混凝土浇筑后,再进行左右两洞开挖的施工方法。适用于连拱隧道。

80. **答案**:B

【解析】 明洞拱背回填采用人工回填时,拱圈混凝土强度应不小于设计强度的75%。

81. **答案**:D

【解析】 钢支撑按其材料的组成可分为型钢钢架和格栅钢架,常用于软弱破碎围岩隧道中,并与锚杆、喷射混凝土等共同使用。

82. **答案**:D

【解析】 箱涵是一种刚架结构,是用钢筋混凝土建筑材料做成的,有现浇和预制两种。

83. **答案**:C

【解析】 当路线穿过沟渠、路堤高度很低或在浅挖方地段,填、挖高度不足,难以修建明涵时,或因灌溉需要,必须提高渠底高程,建筑架空渡槽又不能满足路上净空要求时,常修建倒虹吸管。

84. **答案**:A

【解析】 波纹管涵的施工工艺流程:①挖基→②施工放样→③基础垫层填筑→④管身安装→⑤涵背回填→⑥洞口铺筑及护坡防护。

85. **答案**:A

【解析】 交通标线的涂料分为溶剂型、热熔型、双组分、水性四种。

86. **答案**:B

【解析】 交通标线的涂料分为溶剂型、热熔型、双组分、水性四种,如果路面标线有反光要求,还应在涂料中掺入或在施工时面撒玻璃珠。

87. **答案**:C

【解析】 根据规范规定,公路工程石方开挖严禁采用洞室爆破。

二、多项选择题

1. **答案**:ABCD

【解析】 应先查明空中缆线、地下管线的位置,开挖边界线外可能受爆破影响的建筑物结构类型,居民居住情况等。

在地面上准确放出炮眼(井)位置,竖立标牌,标明孔(井)号、深度、装药量。

装药前要布好警戒,选择好通行道路,认真检查炮孔,吹净残渣,排除积水,做好爆破器材的防水保护工作。

装药分单层、分层装药,预裂装药及洞室内集中装药。炮眼装药后用木杆捣实,填塞黏土。

选项E错误,应该是用木杆捣实,不能用铁棍捣实。

2. **答案**:ABDE

【解析】 排除地表水一般可采用边沟、截水沟、排水沟、跌水与急流槽、蒸发池、拦水带等设施,将可能停滞在路基范围内的地面水迅速排除,防止路基范围内的地面水流入路基内。

3. **答案**:ABC

【解析】 排除地下水一般可采用明沟(排水沟)、暗沟(管)、渗沟、渗井、检查井等,将路基范围内的地下水位降低或拦截地下水并将其排除路基范围以外。

4. **答案**:ABD

【解析】 渗沟有填石渗沟、管式渗沟和洞式渗沟,三种渗沟均应设置排水层(管、洞)、反滤层和封闭层。

5. **答案**:ABC

【解析】 垫层材料可选用碎石、砂砾、煤渣、矿渣等粒料以及水泥稳定土、石灰稳定土等。

6. **答案**:ABD

【解析】 路面结构层自下而上依次为:垫层、底基层、基层、面层(下、中、上)。

7. **答案**:ABC

【解析】 无机结合料稳定类主要可分为:石灰稳定类、水泥稳定类、石灰工业废渣稳定集料类等。

8. **答案**:AB

【解析】 混合料压实用12～15t压路机碾压时,每层的压实厚度不应超过150mm;用18～20t压路机碾压时,每层的压实厚度不应超过200m;每层最小压实厚度为100mm。并非越薄越容易压实,所以A选项说法不对。

从加水拌和到碾压终了的延迟时间不得超过水泥初凝时间,所以B选项说法不正确。

气候炎热干燥时,碾压时的含水率可比最佳含水率增加0.5～1个百分点。

因故中断时间大于2h,应设置横向接缝。

工地气温低于5℃时,不应进行施工。

9. **答案**:BCD

【解析】 透层是指为使沥青面层与基层结合良好,在基层上浇洒乳化沥青、煤沥青或液体沥青而形成的透入基层表面的薄层。

10. **答案**:ACD

【解析】 沥青稳定类基层包括热拌沥青碎石、贯入式沥青碎石、乳化沥青碎石混合料基层等。

11. **答案**:ABC

【解析】 无机结合料目前最常用的有水泥、石灰、粉煤灰等。

12. **答案**:BCDE

【解析】 预应力筋制作时下料,应通过计算确定,下料应采用切断机或砂轮锯切断,严禁采用电弧切割。故A选项错误。

13. **答案**:ABD

【解析】 水下混凝土应采用导管法灌注。单元槽段长度小于4m时,可采用1根导管灌注;单元槽段长度超过4m时,宜采用2或3根导管同时灌注;采用多根导管灌注时,导管间净距不宜大于3m,导管距节段端部不宜大于1.5m;各导管灌注的混凝土表面高差不宜大于0.3m;导管内径不宜小于200mm。

14. **答案**:ACD

【解析】 预制安装可分为预制梁安装、预制节段式块件拼装和整跨箱梁预制吊装三种类型。

15. **答案**:ABC

【解析】 索塔的构造材料主要有钢结构、混凝土结构、预应力混凝土结构等。

16. **答案**:ABD

【解析】 斜拉桥主要由索塔、主梁、斜拉索组成。

17. **答案**:ACD

【解析】 挖孔施工时相邻两桩孔不得同时开挖,宜间隔交错跳挖。采用混凝土护壁支护的桩孔,护壁混凝土的强度等级,当桩径小于或等于1.5m时应不小于C25,桩径大于1.5m时应不小于C30。挖孔作业时必须挖一节浇筑一节护壁,护壁的节段高度必须严格按专项施工方案执行,严禁只挖不及时浇筑护壁的冒险作业。护壁外侧与孔壁间应填实,不密实或

有空洞时,应采取措施进行处理。

选项的混凝土强度等级错误。挖孔作业时必须挖一节浇筑一节护壁,不可同时进行,E选项错误。

18. **答案**:ABCE

【解析】 沥青稳定类基层通过试验应确定如下内容:通过试验确定适宜的施工机械,确定机械数量及组合方式;通过试拌确定拌和机的操作方式,验证沥青混合料的配合比设计和技术性质,确定正式生产用的矿料配合比和油石比;通过试铺确定摊铺机的操作方式,压路机的选择、组合,以及压实温度、顺序、速度、遍数等;通过试铺确定混合料的松铺系数及施工缝的处理方法。通过试铺全面检查材料及施工质量是否符合要求。

D选项错误,是松铺系数及施工缝的处理方法,不是裂缝的处理方法。

19. **答案**:ACD

【解析】 公路隧道施工中,明洞和棚洞都是采用明挖法施工的。明洞的施工方法,有先墙后拱法、先拱后墙法和拱墙交替法。

20. **答案**:AB

【解析】 隧道开挖的主要方法是钻孔爆破法,应遵循"短进尺、强支护、弱爆破、勤观测"的原则进行开挖掘进。

21. **答案**:ABCE

【解析】 隧道施工过程中,当遇到软弱破碎围岩时,其自身支护能力是比较弱的,经常采用的超前支护措施有超前锚杆、插板、超前小导管、管棚及围岩预注浆加固等。

22. **答案**:AD

【解析】 超前锚杆或超前小钢管支护主要适用于地下水较少的软弱破碎围岩的隧道工程中,如土砂质地层、弱膨胀性地层、流变性较小的地层、裂隙发育的岩体、断层破碎带、浅埋无显著偏压的隧道等。

23. **答案**:BCDE

【解析】 锚杆按照锚固形式可划分为全长黏结型、端头锚固型、摩擦型和预应力型四种。

24. **答案**:ABD

【解析】 常用的护栏有:路基护栏、桥梁护栏、活动护栏。

25. **答案**:ABDE

【解析】 滑坡整治措施实施前,严禁在滑坡体抗滑段减载、下滑段加载。滑坡整治不宜在雨期施工。施工时应进行稳定监测、地质编录并核查实际地质情况,发现地质与设计不符、有滑坡迹象或其他异常情况时,应及时反馈处理。滑坡发生时应立即采取应急措施。滑坡整治施工时,应对滑坡影响区内的其他工程和设施进行保护。降雨期间及雨后,应加强滑坡区段的巡查工作。滑坡整治应采取截水、排水、减载、反压与支挡等措施进行滑坡整治,整治措施可单独使用,也可综合使用。滑坡整治应先施工截水、排水设施,减载、反压与支挡措施的施工顺序应结合滑坡具体情况予以确定。

C选项中"导水"应为"截水",故错误。

第三节　常用材料的分类、基本性能

本节知识架构

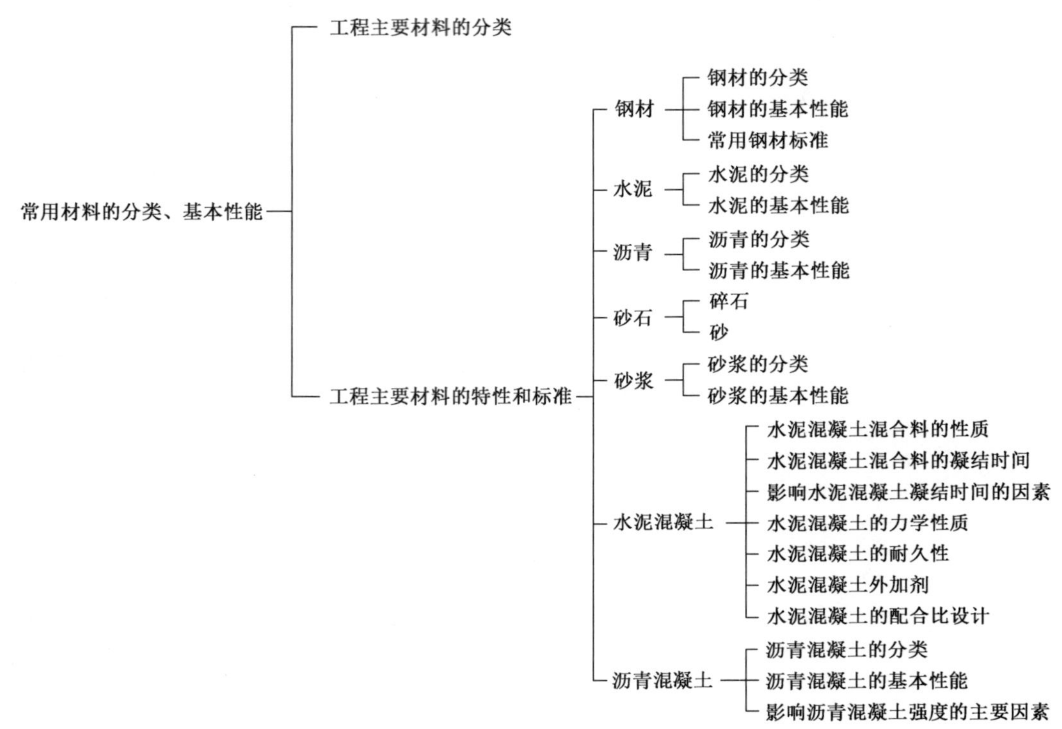

本节习题

一、单项选择题

1. 硅酸盐水泥终凝时间不大于(　　)min。

A. 45　　B. 390　　C. 450　　D. 600

2. 普通硅酸盐水泥的初凝时间不得早于(　　)min。

A. 45　　B. 390　　C. 450　　D. 600

3. 以下材料通常不属于外购材料的是(　　)。

A. 铁钉　　B. 原木　　C. 碎石　　D. 水泥

4. 材料在交变应力作用下,在远低于抗拉强度时突然发生断裂的现象称为(　　)。

A. 抗拉性能　　B. 疲劳破坏

C. 冷弯性能　　D. 冲击韧性

5. 水泥凝结时间在建设工程中十分重要,初凝时间(　　)、终凝时间(　　)。

A. 不宜过短,不宜过长　　B. 不宜过长,不宜过短

C. 不限定,也不限定　　D. 15min 之内,1h 之内

6. 下列冷轧带肋钢筋(　　)既可作为普通钢筋混凝土用钢筋,也可作为预应力混凝土用钢筋使用。

A. CRB550　　B. CRB650　　C. CRB600H　　D. CRB680H

7. 以下材料属于次要材料的是(　　)。

A. 石灰　　B. 钉子　　C. 水泥　　D. 中(粗)砂

8. 混凝土抵抗(　　)的性质称为抗渗性。

A. 雨水渗透　　B. 酸性水渗透

C. 碱性水渗透　　D. 压力水渗透

9. 不属于钢材抗拉性能的主要技术指标是(　　)。

A. 屈服点　　B. 抗拉强度

C. 伸长率　　D. 塑性

10. 钢材冷弯性能是指钢材在(　　)承受弯曲变形的能力。

A. 冷冻情况下　　B. 低温情况下

C. 常温情况下　　D. 冲击荷载下

11. 公路工程对砂的质量要求中,黏土、泥灰、粉末等含量不得超过(　　)。

A. 1%　　B. 2%　　C. 3%　　D. 4%

12. 作为箍筋使用时,冷拔低碳钢丝的直径不宜小于(　　)mm,间距不应大于(　　)mm,构造应符合国家现行相关标准的有关规定。

A. 5,200　　B. 10,200　　C. 5,300　　D. 10,300

13. 改性沥青的加工温度不宜超过(　　)℃。

A. 180　　B. 250　　C. 150　　D. 200

14. 以下关于工程材料的叙述,错误的是(　　)。

A. 预应力钢绞线一般用于大跨度、重荷载的混凝土结构

B. 中砂的细度模数为 2.3 ~ 3.0

C. 水泥强度是指净浆的强度,其等级按规定龄期的抗压强度和抗折强度来划分

D. 乳化沥青适用于沥青表面处治路面、沥青贯入式路面、冷拌沥青混合料路面,修补裂缝,喷洒透层、黏层与封层等

15. 沥青混合料应具备良好的(　　),在拌和、摊铺与碾压过程中,集料颗粒应保持分布均匀,表面被沥青膜完整裹覆,并能被压实到规定的密度,这是保证沥青路面使用质量的必要条件。

A. 耐疲劳性　　B. 施工和易性

C. 耐久性　　D. 抗滑性

16. 对于大体积混凝土的外加剂,一般应使用(　　)。

A. 速凝剂　　B. 膨胀剂

C. 引气剂　　D. 缓凝剂

17. 合金元素总含量(　　)的为低合金钢。

A. 小于 3%　　B. 小于 5%　　C. 5% ~10%　　D. 大于 10%

18. 以下关于工程材料的叙述,错误的是(　　)。

A. 混凝土的抗拉强度只有抗压强度的 1/20 ~ 1/10

B. 公路工程对砂的质量要求中,三氧化硫(SO_3)含量不得超过 2%

C. "C30"即表示立方体抗压强度标准值 $f_{cu,k}=30MPa$ 的混凝土

D. 混凝土抗渗性一般以抗渗等级表示,一共有 6 个等级

19. 混凝土外加剂中,引气剂的主要作用在于(　　)。

A. 调节混凝土的凝结时间　　B. 提高混凝土早期强度

C. 缩短混凝土的终凝时间　　D. 提高混凝土的抗冻性

20. (　　)由碎石及砾石经制砂机反复破碎加工至粒径小于 2.36mm 的人工砂,也称破碎砂。

A. 矿渣砂　　B. 海砂　　C. 机制砂　　D. 煅烧砂

二、多项选择题

1. 下列说法正确的是(　　)。

A. 膨胀剂多用于抢修工程和混凝土的冬季施工

B. 缓凝剂主要用于大体积混凝土、炎热条件下施工的混凝土

C. 早强剂可用于防水工程

D. 引气剂可改善和易性,提高抗渗性、抗冻性和耐久性

E. 冬季滑模施工及喷射混凝土等需要速凝的混凝土工程可加入速凝剂

2. 公路工程材料按其来源分为(　　)。

A. 外购材料　　B. 地方性材料

C. 自采加工材料　　D. 利用隧道出碴加工材料

E. 甲供材料

3. 公路工程材料按其在设计和施工生产过程中所起的作用分为主要材料和(　　)。

A. 次要材料　　B. 辅助材料

C. 周转性材料　　D. 混凝土

E. 金属设备

4. 钢材按化学成分可分为(　　)。

A. 合金钢　　B. 镇静钢

C. 碳素钢　　D. 沸腾钢

E. 特殊钢

5. 钢材的力学性能中,表征抗拉性能的主要技术指标有(　　)。

A. 屈服点　　B. 抗拉强度

C. 伸长率　　D. 疲劳强度

E. 冷弯性能

6. 从广义上分类,(　　)都属于人工砂。

A. 机制砂　　B. 海砂
C. 矿渣砂　　D. 煅烧砂
E. 河砂

7. 水泥安定性不良会导致构件(制品)产生(　　)。
A. 收缩性裂纹　　B. 膨胀性裂纹
C. 大量的水化热　　D. 翘曲变形
E. 蜂窝麻面

8. 速凝剂主要用于(　　)。
A. 混凝土冬季滑模施工　　B. 梁桥铰缝混凝土施工
C. 喷射混凝土　　D. 水下混凝土施工
E. 大体积混凝土施工

9. 膨胀剂主要用于(　　)。
A. 地脚螺栓灌浆料　　B. 桥面混凝土施工
C. 水下混凝土施工　　D. 混凝土接头施工
E. 桥梁合龙施工

10. 下列说法正确的有(　　)。
A. 道路石油沥青中B级沥青适用各个等级的公路
B. 乳化沥青适用于沥青表面处治路面、沥青贯入式路面、冷拌沥青混合料路面
C. 道路用煤沥青与道路石油沥青、乳化沥青混合使用,以改善渗透性
D. 液体石油沥青适用于透层、黏层及拌制冷拌沥青混合料
E. 道路石油沥青中C级沥青适用各个等级的公路,任何场合和层次

11. 以下关于工程材料的叙述,正确的是(　　)。
A. 水泥的水化热是指水泥加水后,发生水化作用逐渐凝结硬化放出的热量,其对大体积混凝土工程是有利的
B. 石屑采石场加工碎石时通过最小筛孔(通常为2.36m或4.75mm)的筛下部分,也称筛屑
C. 砂浆的和易性是指砂浆是否容易在砖石等表面铺成均匀、连续的薄层,且与基层紧密黏结的性质
D. 和易性是指新拌水泥混凝土能够形成质量均匀、密实、稳定的混凝土的性能,包含"流动性""可塑性""稳定性"和"易密性"
E. 水泥在硬化过程中,体积变化的均匀性称为水泥的安定性。安定性不良会导致构件(制品)产生膨胀性裂纹或翘曲变形,造成质量事故

12. 以下关于工程材料的叙述,正确的是(　　)。
A. 混凝土拌和物的凝结时间通常是用贯入阻力法进行测定的
B. 水泥的细度直接影响水泥的活性和强度
C. 机制砂由碎石及砾石经制砂机反复破碎加工至粒径小于4.75mm的人工砂,亦称破碎砂
D. 热拌沥青混合料路面的表面层不宜采用煤沥青

E. 液体石油沥青适用于透层、黏层及拌制冷拌沥青混合料

13. 水泥按用途及性能,可分为( )。

A. 通用水泥 B. 专用水泥
C. 特性水泥 D. 火山灰水泥
E. 快硬水泥

14. 沥青混凝土的基本性能有( )。

A. 可塑性 B. 高温稳定性
C. 低温抗裂性 D. 抗滑性
E. 耐久性

15. 影响沥青混凝土强度的主要因素有( )。

A. 沥青与矿料相互作用 B. 沥青材料本身黏结力
C. 沥青用量和矿料比 D. 湿度
E. 温度

本节习题答案与解析

一、单项选择题

1. 答案:B

【解析】 硅酸盐水泥的初凝时间不得早于45min,终凝时间不大于390min。

2. 答案:A

【解析】 普通硅酸盐水泥、矿渣硅酸盐水泥、粉煤灰硅酸盐水泥和复合硅酸盐水泥的初凝时间不得早于45min,终凝时间不大于600min。

3. 答案:C

【解析】 ①外购材料:承包人在市场上采购的材料,如钢材、水泥、化工材料、五金、燃料、沥青、木材、锚具、伸缩缝等;②自采材料:主要是指由承包人自行组织人员进行采集加工的砂、石、黏土等自采材料。

4. 答案:B

【解析】 材料在交变应力作用下,在远低于抗拉强度时突然发生断裂的现象称为疲劳破坏。

5. 答案:A

【解析】 从水泥全部加入水中至初凝状态所经历的时间,称为初凝时间,水泥的初凝时间不宜过短。从水泥全部加入水中到终凝状态所经历的时间称为终凝时间,水泥的终凝时间不宜过长。

6. 答案:D

【解析】 冷轧带肋钢筋中CRB550、CRB600H为普通钢筋混凝土用钢筋,CRB650、CRB800、CRB800H为预应力混凝土用钢筋,CRB680H既可作为普通钢筋混凝土用钢筋,也可作为预应力混凝土用钢筋使用。

7. 答案:B

【解析】 次要材料:主要是指相对于主要材料而言,用量较少的各种材料,如电焊条、铁钉、铁丝等。选项A、C和D均属于主要材料。

8. 答案:D

【解析】 混凝土抵抗压力水渗透的性质称为抗渗性。

9. 答案:D

【解析】 钢材表征抗拉性能的主要技术指标有屈服点、抗拉强度及伸长率。

10. 答案:C

【解析】 冷弯性能是指钢材在常温下承受弯曲变形的能力,它表征在恶劣变形条件下钢材的塑性,是钢材的一项重要工艺性能。

11. 答案:C

【解析】 公路工程对砂的质量要求如下:

(1)颗粒坚硬洁净;(2)黏土、泥灰、粉末等含量不得超过3%;(3)云母含量不得超过2%;(4)轻物质含量不得超过1%;(5)三氧化硫(SO_3)含量不得超过1%。

12. 答案:A

【解析】 作为箍筋使用时,冷拔低碳钢丝的直径不宜小于5mm,间距不应大于200mm,构造应符合国家现行相关标准的有关规定。

13. 答案:A

【解析】 改性沥青的加工温度不宜超过180℃。

14. 答案:C

【解析】 水泥强度是指胶砂的强度,而不是净浆的强度。

15. 答案:B

【解析】 沥青混合料应具备良好的施工和易性,在拌和、摊铺与碾压过程中,集料颗粒应保持分布均匀,表面被沥青膜完整裹覆,并能被压实到规定的密度,这是保证沥青路面使用质量的必要条件。

16. 答案:D

【解析】 缓凝剂是指延缓混凝土凝结时间,并对后期强度发展无不利影响的外加剂,主要用于大体积混凝土、炎热条件下施工的混凝土、长距离运输的混凝土和某些在施工操作中需要保持较长处理混凝土时间的项目。

17. 答案:B

【解析】 合金元素总含量小于5%的为低合金钢、5%～10%的为中合金钢、大于10%的为高合金钢。

18. 答案:B

【解析】 对砂的质量要求中,三氧化硫(SO_3)含量不得超过1%。

19. 答案:D

【解析】 混凝土搅拌过程中加入引气剂,能引入大量分布均匀的微小气泡,阻塞有害的毛细孔通道,从而减少拌合物的泌水离析,改善和易性,提高抗渗性、抗冻性和耐久性。

20. 答案:C

【解析】 机制砂是指由碎石及砾石经制砂机反复破碎加工至粒径小于2.36mm的人工砂,也称破碎砂。

二、多项选择题

1. **答案:**BDE

【解析】 缓凝剂是指延缓混凝土凝结时间,并对后期强度发展无不利影响的外加剂,主要用于大体积混凝土、炎热条件下施工的混凝土、长距离运输的混凝土和某些在施工操作上需要混凝土处理时间保持较长的项目。引气剂是指在混凝土搅拌过程中加入的外加剂,其能引入大量分布均匀的微小气泡,阻塞有害的毛细孔通道,从而减少拌合物的泌水离析,改善和易性,提高抗渗性、抗冻性和耐久性。速凝剂主要用于冬季滑模施工及喷射混凝土等需要速凝的混凝土工程。

选项A早强剂多用于抢修工程和混凝土的冬季施工,选项C膨胀剂可用于防水工程。

2. **答案:**AC

【解析】 公路工程材料按其来源分为外购材料和自采加工材料两类。

3. **答案:**ABCE

【解析】 公路工程材料按其在设计和施工生产过程中所起的作用分为主要材料、次要材料、辅助材料、周转性材料、金属设备。

4. **答案:**AC

【解析】 钢材按化学成分分为碳素钢和合金钢。

5. **答案:**ABC

【解析】 钢材表征抗拉性能的主要技术指标有:屈服点、抗拉强度及伸长率。

6. **答案:**ACD

【解析】 从广义上分类,机制砂、矿渣砂和煅烧砂都属于人工砂。

7. **答案:**BD

【解析】 水泥在硬化过程中,体积变化的均匀性称为水泥的安定性。安定性不良会导致构件(制品)产生膨胀性裂纹或翘曲变形,造成质量事故。

8. **答案:**AC

【解析】 速凝剂主要用于冬季滑模施工及喷射混凝土等需要速凝的混凝土工程。

9. **答案:**AD

【解析】 膨胀剂是指与水泥、水拌和后经水化反应生成钙矾石、钙矾石和氢氧化钙或氢氧化钙,使混凝土产生膨胀的外加剂。主要用于补偿混凝土收缩,常与减水剂一起配制地脚螺栓灌浆料、设备安装时的座浆材料及混凝土接头等,还可用于防水工程,防止大体积混凝土的收缩裂缝,也可用于预应力混凝土,调整掺量以控制膨胀值。

10. **答案:**BCD

【解析】 道路石油沥青中A级沥青适用各个等级的公路,任何场合和层次;B级沥青用作改性沥青、乳化沥青、改性乳化沥青、稀释沥青的基质沥青,适用于高速公路、一级公路沥青下面层及以下的层次,二级及二级以下公路的各个层次;C级沥青适用于三级及三级以下公路的各个层次。

11. **答案**：BCDE

【解析】 水泥加水后，发生水化作用逐渐凝结硬化放出的热量，称为水泥的水化热。对大型基础、桥墩等大体积混凝土工程，由于水化热积聚在内部不易发散，使内部温度上升到60℃以上，内外温差引起的应力使混凝土可能产生裂缝，因此水化热对大体积混凝土工程是不利的。

12. **答案**：ABDE

【解析】 机制砂是指由碎石及砾石经制砂机反复破碎加工至粒径小于2.36mm的人工砂，也称破碎砂。

13. **答案**：ABC

【解析】 水泥按用途及性能分为通用水泥、专用水泥和特性水泥。

14. **答案**：BCDE

【解析】 沥青混凝土的基本性能主要有高温稳定性、低温抗裂性、疲劳特性、耐久性、抗滑性和施工和易性。

15. **答案**：ABCE

【解析】 影响沥青混凝土强度的主要因素有沥青与矿料相互作用、沥青材料本身黏结力、沥青用量和矿料比、温度。

第四节　常用施工机械的分类和应用

本节知识架构

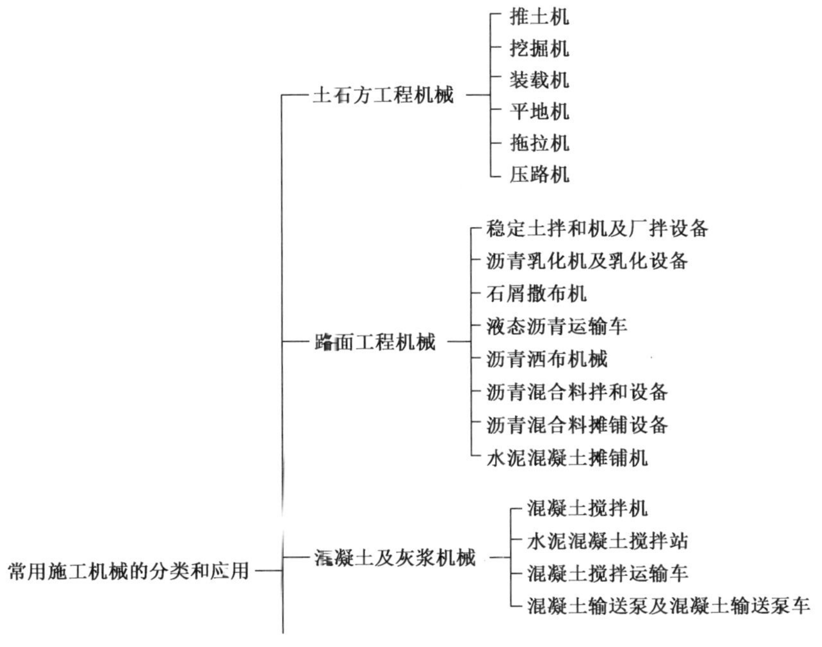

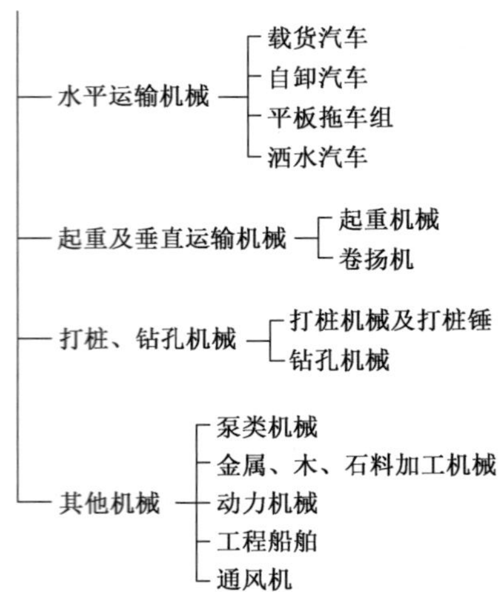

本节习题

一、单项选择题

1. 中型履带式推土机,主要适用于(　　)推土。

A. 50m 以内　　B. 50～100m

C. 150m 以上　　D. 200m 以上

2. 以下不属于平地机工作的内容是(　　)。

A. 修筑路基横断面　　B. 修刮路堤和路堑的边坡

C. 路基整平　　D. 碾压路基

3. 在公路路基施工中,拖拉机不适用于牵引拖式土方机械的是(　　)。

A. 松土机　　B. 平地机

C. 铲运机　　D. 装载机

4. (　　)单位线压力大,振动力影响深,因此压实深度较大,碾压遍数相应减少。

A. 振动压路机　　B. 光轮压路机

C. 轮胎压路机　　D. 夯实机械

5. 轨道式水泥混凝土摊铺机靠固定在路基上的轨道、模板来控制摊铺(　　)和平整度。

A. 宽度　　B. 厚度

C. 速度　　D. 坍落度

6. 既适合打桩又能拔桩的机械,宜选用(　　)。

A. 导杆式柴油打桩机　　B. 轨道式打桩机

C. 蒸汽打桩机　　D. 振动打桩机

7. 公路打桩机中,施工噪声最小的是(　　)。

A. 导杆式柴油打桩机　　B. 轨道式打桩机

C. 蒸汽打桩机　　D. 振动打拔桩机

8. 正铲挖掘机的挖土特点是(　　)。

A. 前进向上,强制切土　　B. 后退向下,强制切土

C. 后退向下,自重切土　　D. 直上直下,自重切土

9. 推土机上坡推土时采用最(　　)经济运距,下坡推土时则采用最(　　)经济运距。正常情况下,推土机在运距(　　)m 以内生产率较高。

A. 大,小,100　　B. 小,大,100

C. 大,小,200　　D. 小,大,200

10. 混凝土输送泵配有特殊管道,可以将混凝土输送到一定距离,沿水平方向能达(　　)m,沿垂直方向达(　　)m。

A. 200 ~ 700,200　　B. 200 ~ 700,115

C. 300 ~ 700,150　　D. 300 ~ 700,150

二、多项选择题

1. 装载机按行走装置可分为(　　)。

A. 履带式　　B. 轮胎式

C. 自行式　　D. 拖式

E. 动臂式

2. 推土机的主要作业方式有(　　)。

A. 上坡推土作业　　B. 下坡推土作业

C. 直铲作业　　D. 斜铲作业

E. 侧铲作业

3. 单斗挖掘机按行走装置的不同,可分为(　　)。

A. 履带式　　B. 轮胎式

C. 汽车式　　D. 坦克式

E. 牵引式

4. 单斗挖掘机按工作装置的不同,可分为(　　)。

A. 正铲挖掘机　　B. 反铲挖掘机

C. 拉铲挖掘机　　D. 振动挖掘机

E. 抓斗挖掘机

5. 装载机按工作装置作业形式的不同,可分为(　　)。

A. 单斗式　　B. 回转式

C. 挖掘装载式　　D. 斗轮式

E. 液压式

6. 装载机按动臂形式的不同,可分为(　　)。

A. 全回转式　　B. 半回转式

C. 非回转式　　D. 刚性式

E. 铰接式

7. 冲击钻机在(　　)地质条件下具有较明显的优势。

A. 黏土　　B. 硬质岩石
C. 卵石　　D. 漂石
E. 砂性土

8. 拖拉机按行走装置不同,可分为(　　)。

A. 电力传动　　B. 机械传动
C. 履带式　　D. 轮胎式
E. 盘式

9. 光轮振动碾适宜于压实(　　)。

A. 碎石　　B. 块石
C. 砂性土　　D. 黏性较强的土壤
E. 粉质土

10. 轻型和中型光轮压路机适用于压实(　　)

A. 土路基　　B. 砾石类基层
C. 碎石类基层　　D. 片石填筑的路基
E. 碎石结构层

本节习题答案与解析

一、单项选择题

1. 答案:B

【解析】 公路施工多采用大中型履带式推土机,主要进行 50~100m 短距离推运土方、石渣等作业。

2. 答案:D

【解析】 平地机主要用于路基、砂砾路面的整平,及土方工程中场地整形和平地作业,还可用于修整路基的横断面、修刮路堤和路堑的边坡、开挖边沟和路槽等。此外还可用来在路基上拌和稳定土或其他路面材料、摊铺材料,修整和养护土路、松土、回填、清除杂草和积雪等。

3. 答案:D

【解析】 拖拉机可牵引拖式土方机械,如松土机、平地机、铲运机、碾压机械等,进行土方施工作业。选项 D 装载机有自己的行走装置,分为轮胎式和履带式两种,不需要拖拉机牵引。

4. 答案:A

【解析】 振动压路机单位线压力大,振动力影响深,因此压实深度较大,碾压遍数相应减少。

5. 答案:B

【解析】 轨道式水泥混凝土摊铺机是靠固定在路基上的轨道、模板来控制摊铺厚度和平整度的。

6. 答案:D

【解析】 振动打桩机也叫振动打拔桩机,可同时进行打桩和拔桩作业。

7. 答案:D

【解析】 公路建设中多用机械振动打拔桩机,它具有施工速度快、使用方便、施工费用低、施工噪声小、没有其他公害污染的特点。

8. 答案:A

【解析】 正铲挖掘机的挖土特点是:前进向上,强制切土。选项 B、C 和 D 分别是反铲挖掘机、拉铲挖掘机和抓斗挖掘机的挖土特点。

9. 答案:B

【解析】 推土机上坡推土时采用最小经济运距,下坡推土时则采用最大经济运距。推土机的经济运距选择合适,才能发挥推土机的最大效能。正常情况下,推土机在运距 100m 以内生产率较高,超过 100m 生产率将大幅度下降。

10. 答案:B

【解析】 混凝土输送泵是输送混凝土的专用设备,它配有特殊管道,可以将混凝土输送到一定距离,沿水平方向能达 200 ~ 700m,沿垂直方向达 115m。

二、多项选择题

1. 答案:AB

【解析】 装载机按行走装置的不同可分为履带式和轮胎式两大类。

2. 答案:CDE

【解析】 推土机的主要作业方式有直铲作业、斜铲作业、侧铲作业和松土器的劈松作业。

3. 答案:ABC

【解析】 单斗挖掘机按行走装置的不同,可分为履带式、轮胎式、汽车式三种。

4. 答案:ABCE

【解析】 单斗挖掘机按工作装置的不同,可分为正铲挖掘机、反铲挖掘机、拉铲挖掘机、抓斗挖掘机四种。

5. 答案:ACD

【解析】 装载机按工作装置作业形式的不同,可分为单斗式、挖掘装载式及斗轮式三种。

6. 答案:ABC

【解析】 装载机按动臂形式的不同,可分为全回转式、半回转式和非回转式三种。

7. 答案:BCD

【解析】 冲击钻机适合各种土层和岩层的施工,尤其在卵石、漂石及硬质岩石地质条件下具有较明显的优势。

8. 答案:CD

【解析】 拖拉机按行走装置不同,可分为履带式拖拉机和轮胎式拖拉机两大类。

9. 答案:ABC

【解析】 光轮振动压路机适宜于压实非黏性土壤(砂土、砂砾石)、碎石、块石,其效果远非其他压路机机所能相比。但对黏土和黏性较强的土壤压实效果不好。

10. **答案**:ABC

【解析】 轻型和中型光轮压路机适用于压实一般的土路基、砾石、碎石类基层,重型和特重型光轮压路机可压实块石填筑的路基和碎石结构层。

第五节　施工组织设计的编制原理和内容

本节知识架构

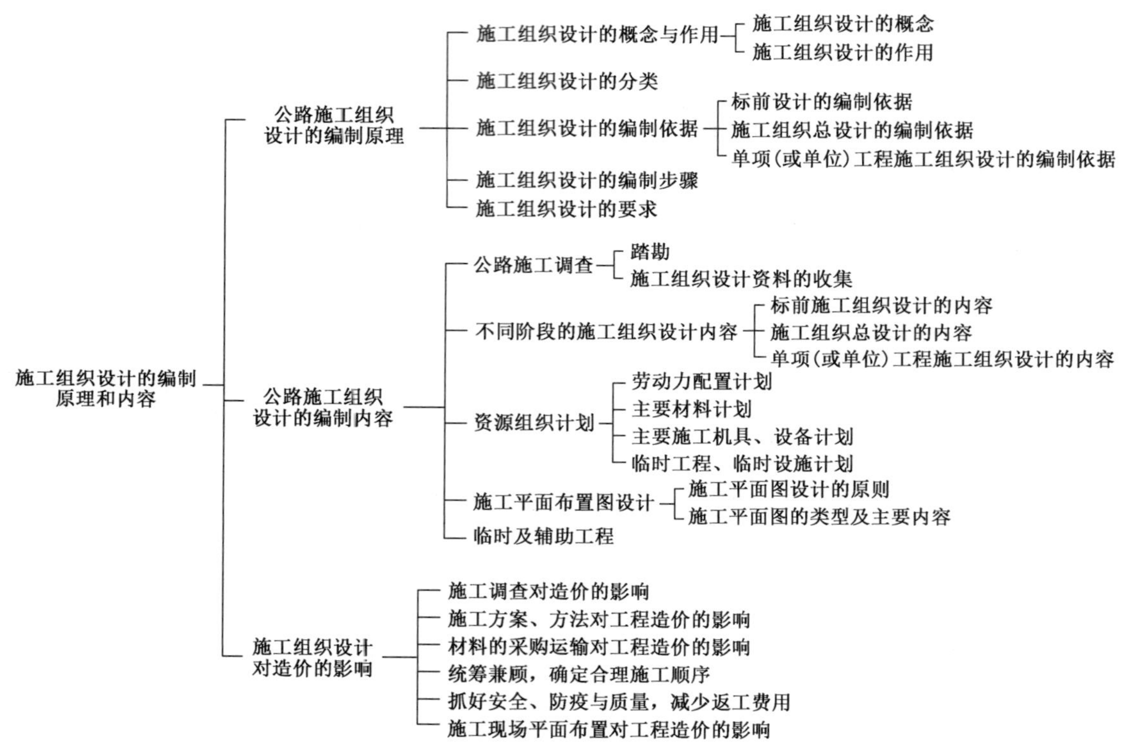

本节习题

一、单项选择题

1.(　　)是指导工程投标、签订承包合同、施工准备和施工全过程的全局性的技术经济文件。

A. 施工组织设计　　　　B. 概算文件

C. 预算文件　　　　D. 项目建议书

2. 施工组织设计是根据(　　)的需要编制的技术经济文件。

A. 计算工程造价　　B. 工程承包组织

C. 计算工程量　　D. 计算施工工期

3. 关于标前设计,以下叙述正确的是(　　)。

A. 标前设计追求的主要目标是提高施工效率

B. 标前设计的编制时间是签订合同之后开始的

C. 标前设计的服务范围是投标与签约

D. 标前设计的编制者是项目管理层

4. 以下不属于施工组织总设计的编制依据的是(　　)。

A. 招标文件和工程量清单

B. 可行性研究报告

C. 施工单位与建设单位签订的工程承包合同

D. 建设地区的调查资料,例如气象、地形、地质等资料

5. 以下关于施工组织设计要求,叙述错误的是(　　)。

A. 严格执行基本建设程序和施工顺序

B. 必须采用最先进的施工技术和设备

C. 应用科学的计划方法制订最合理的施工组织方案

D. 落实季节性施工的措施,确保全年连续施工

6. 关于增加全年连续施工日数的措施,以下叙述正确的是(　　)。

A. 把确有必要而又不因冬、雨季施工而带来技术复杂和造价提高的工程列入冬、雨季施工

B. 采用流水作业施工方法,组织连续、均衡的施工

C. 合理布置施工平面图,尽量利用当地资源

D. 按照工程施工的客观规律安排施工顺序

7. 以下属于标前施工组织总设计的编制依据的是(　　)。

A. 计划文件

B. 建设地区的调查资料,例如气象、地形、地质等资料

C. 施工单位与建设单位签订的工程承包合同

D. 招标文件

8. 以下关于施工平面图设计的叙述,错误的是(　　)。

A. 平面布置科学合理,不需考虑施工场地占用面积大小

B. 施工区域的划分和场地的临时占用应符合总体施工部署和施工流程的要求,减少相互干扰

C. 合理组织运输,减少二次搬运

D. 临时工程和临时设施应方便生产和生活,办公区、生活区和生产区宜分离设置

9. (　　)是以整个工程项目为对象的施工平面布置方案。

A. 施工总平面图　　B. 单项工程施工平面图

C. 分部分项工程施工平面图　　D. 施工场地布置图

10. 以下关于公路工程施工总平面图包含内容的叙述,错误的是(　　)。
A. 原有河流、居民点、交通路线、车站、码头、通信、运输点及工地附近与施工有关的建筑物
B. 施工用地范围和工程主要项目,沿线构筑物的位置
C. 临时供水、供电、供热基地及管线分布平面图
D. 地质不良地段、国家测量标志、安全设施等

11. 施工中应该建立和完善安全、(　　)、质量保证体系。
A. 防疫　　B. 环保
C. 紧急救援　　D. 绿化

12. 防疫管控方面:必须(　　)、编制防疫工作实施方案以及防疫应急预案。
A. 成立防疫小组　　B. 建立防疫保证体系
C. 打防疫疫苗　　D. 量体温

13. 以下关于公路工程施工组织设计的叙述,说法错误的是(　　)。
A. 施工组织设计是编制各阶段工程造价的重要依据
B. 施工组织设计可以指导工程施工的全过程
C. 施工组织设计提出工程施工中进度控制、质量控制、成本控制等的目标及技术组织措施,可提高综合效益
D. 对于施工难度大或者施工技术复杂的工程项目,编制单项工程施工组织设计即可

14. 关于施工组织设计的编制步骤,以下叙述正确的是(　　)。
A. 标前设计的编制步骤应为:进行调查研究,获得编制依据→确定施工部署→拟定施工方案→编制施工进度计划→编制各种资源需要量计划及运输计划→编制供水、供热、供电计划→编制施工准备工作计划→设计施工平面图→计算技术经济指标
B. 标后设计的编制步骤应为:进行调查研究,获得编制依据→确定施工部署→拟定施工方案→编制施工进度计划→编制各种资源需要量计划及运输计划→编制供水、供热、供电计划→编制施工准备工作计划→设计施工平面图→计算技术经济指标
C. 标前设计的编制步骤应为:编制施工进度计划→编制各种资源需要量计划及运输计划→进行调查研究,获得编制依据→确定施工部署→拟定施工方案→编制供水、供热、供电计划→编制施工准备工作计划→设计施工平面图→计算技术经济指标
D. 标后设计的编制步骤应为:学习招标文件→进行调查研究→编制施工方案并选用主要施工机械→编制施工进度计划(确定开工日期、竣工日期、分期分批开工与竣工日期、总工期)→绘制施工平面图→确定标价及钢材、水泥等主要材料用量→设计保证质量和工期的技术组织措施→提出合同谈判方案,包括谈判组织、目标、准备和策略等

15. 资源组织计划不包括(　　)。
A. 劳动力配置计划　　B. 主要材料计划
C. 主要施工机具、设备计划　　D. 资金计划

二、多项选择题

1. 根据公路施工组织设计阶段的不同，施工组织设计可以划分为(　　)。
   A. 标前设计　　B. 施工组织总设计
   C. 单项工程施工组织设计　　D. 标后设计
   E. 分项工程施工组织设计
2. 施工组织设计的基本内容有(　　)。
   A. 施工方案确定　　B. 施工经费确定
   C. 施工进度计划　　D. 资源计划
   E. 施工现场平面设置
3. 以下属于标前设计和施工组织总设计的编制依据的是(　　)。
   A. 招标文件　　B. 可行性研究报告
   C. 设计文件　　D. 工程承包合同
   E. 建设地区调查资料
4. 施工组织设计对造价的影响包括(　　)。
   A. 施工调查对造价的影响
   B. 施工方案、方法对工程造价的影响
   C. 材料的采购运输对工程造价的影响
   D. 气候对工程造价的影响
   E. 施工现场平面布置对工程造价的影响
5. 公路施工组织设计是(　　)和施工全过程的全局性的技术经济文件。
   A. 指导工程投标　　B. 签订承包合同
   C. 施工准备　　D. 工程结算
   E. 工程决算
6. 施工组织设计是项目管理的规划性文件，提出工程施工中(　　)、现场管理、各项生产要素管理的目标及技术组织措施，提高综合效益。
   A. 进度控制　　B. 质量控制
   C. 全过程造价控制　　D. 成本控制
   E. 安全控制
7. 防疫管控方面，必须(　　)等。
   A. 建立防疫保证体系　　B. 成立防疫小组
   C. 编制防疫工作实施方案　　D. 编制防疫应急预案
   E. 防疫应急演练
8. 施工组织设计的资源组织计划包括(　　)内容。
   A. 劳动力配置计划　　B. 主要材料计划
   C. 主要施工机具、设备计划　　D. 临时工程、临时设施计划
   E. 冬季、雨季施工计划
9. 以下属于适用于技术评分最低标价法和综合评分法，投标人应按下列(　　)要点编制

标前施工组织设计。

A. 施工总体组织布置及规划

B. 主要工程项目的施工方案、施工方法与技术措施

C. 工期关键线路图及保证措施

D. 项目风险预测与防范,事故应急预案

E. 工程质量管理体系及保证措施

10. 施工组织设计的要求,下列说明正确的是(　　)。

A. 施工顺序按照施工准备→附属结构物工程→基础工程→主体结构工程→路面工程等

B. 采用先进的施工技术和设备,减轻劳动强度,提高劳动生产率

C. 节约基建费用,降低工程成本

D. 确保工程质量和施工及防疫安全

E. 落实季节性施工的措施,确保全年连续施工

本节习题答案与解析

一、单项选择题

1. **答案:**A

【解析】 本题考查施工组织设计概念,公路施工组织设计是指对拟建工程(包括新建、改建、扩建工程项目)在人力、物力(材料、机械、资金)、时间、空间、技术(施工方法)组织管理等方面所作的全面安排和部署,是对工程投标、签订承包合同、施工准备和施工全过程的指导性技术经济文件。

2. **答案:**B

【解析】 本题考查施工组织设计的概念和含义,施工组织设计的含义包括:

(1)施工组织设计是根据工程承包组织的需要编制的技术经济文件。它是一种管理文件,具有组织、规划(计划)和据以指挥、协调、控制的作用。

(2)施工组织设计是全局性的文件。“全局性”是指工程对象是整体的,文件内容是全面的,发挥作用是全方位的(指管理职能的全面性)。

3. **答案:**C

【解析】 本题考查施工组织设计的分类,以及标前设计和标后设计的区别。

两类施工组织设计的区别见下表。

种类	服务范围	编制时间	编制者	主要特征	追求主要目标
标前设计	投标与签约	投标书编制前	经营管理层	规划性	中标和经济效益
标后设计	施工准备至验收	签约后开工前	项目管理层	作业性	施工效率和效益

选项 A、B 和 D 均属于标后设计。

4. **答案**:A

【解析】 本题考查标前设计、施工组织总设计以及单项(单位)工程施工组织设计的编制依据区分。招标文件和工程量清单是标前设计的编制依据。施工组织总设计的编制依据有:

(1)计划文件,包括国家批准的基本建设计划文件、单位工程项目一览表、分期分批投产的要求、投资指标和设备材料订货指标、建设地点所在地主管部门的批件、施工单位主管上级下达的施工任务等。

(2)设计文件,包括批准的初步设计或技术设计、设计说明书、总概算或修正总概算、可行性研究报告、施工图设计文件等。

(3)合同文件,即施工单位与建设单位签订的工程承包合同。

(4)建设地区的调查资料,包括气象、地形、地质、进出场道路情况和其他地区性条件等。

(5)定额、规范、建设政策法令、类似工程项目建设的经验资料等。

(6)企业现有可投入本工程的施工技术力量和机械设备。

5. **答案**:B

【解析】 本题考查施工组织设计要求,正确表述应为:在条件允许的情况下,尽可能采用先进的施工技术。

6. **答案**:A

【解析】 恰当地安排冬、雨季施工项目,增加全年连续施工日数,应把那些确有必要而又不因冬、雨季施工而带来技术复杂和造价提高的工程列入冬、雨季施工,全面平衡人工、材料的需用量,提高施工的均衡性。其他措施说法是对的,但不是确保连续施工的措施。

7. **答案**:D

【解析】 本题考查标前设计的编制依据。标前设计的编制依据有:①招标文件;②施工现场踏勘情况;③社会、市场和技术经济调查的资料;④可行性研究报告、设计文件和各种参考资料;⑤企业所拥有的技术力量、机械设备状况、管理水平、工法及科技成果和多年类似工程的施工经验。选项A、B和C均属于施工组织总设计的编制依据。

8. **答案**:A

【解析】 本题考查施工平面图设计的原则。施工平面布置是一项综合性的规划课题,在很大程度上取决于施工现场的具体条件。平面图规划设计应遵循下列原则:①平面布置科学合理,施工场地占用面积少;②合理组织运输,减少二次搬运;③施工区域的划分和场地的临时占用应符合总体施工部署和施工流程的要求,减少相互干扰;④充分利用既有建(构)筑物和既有设施为项目施工服务降低临时设施的建造费用;⑤临时工程和临时设施应方便生产和生活,办公区、生活区和生产区宜分离设置;⑥符合节能、环保、安全和消防等要求;⑦遵守当地主管部门和建设单位关于施工现场安全文明施工的相关规定。

9. **答案**:A

【解析】 施工总平面图是以整个工程项目为对象的施工平面布置方案。

10. **答案**:C

【解析】 本题考查施工总平面图包含的内容,其包括以下内容:

(1)原有河流、居民点、交通路线(公路、铁路、大车道等)、车站、码头、通信、运输点及工地附近与施工有关的建筑物。

(2)施工用地范围和工程主要项目,沿线大中桥、隧道、渡口、交叉口、集中土石方等的位置;道班房、加油站等运输管理服务建筑物位置。

(3)将施工组织设计的成果,如采料场、附属工厂和基地、仓库、临时动力站(如抽水站、发电所、供热站等)、临时便道、便桥、电源线路、变压器位置,以及大型机械设备的停放、维修场地直接标在图上。

(4)施工管理机构,如工程局、工程处、施工队及工程指挥系统的驻地。

(5)其他与施工有关的内容,如地质不良地段、国家测量标志、气象台、水文站、防洪、防风、防火、安全设施等需要标示的内容。

选项C临时供水、供电、供热基地及管线分布平面图属于其他单项局部平面布置图。

11. 答案:A

【解析】 施工中应该建立和完善安全、防疫、质量保证体系。

12. 答案:A

【解析】 防疫管控方面:必须成立防疫小组、编制防疫工作实施方案以及防疫应急预案。

13. 答案:D

【解析】 本题主要考查施工组织设计的作用,施工组织设计的作用有:

(1)施工组织设计是确定工程施工方案、施工顺序、施工方法、工期计划,并进行劳动组织、技术组织、资源组织的技术经济文件。

(2)施工组织设计是编制各阶段工程造价的重要依据。

(3)施工组织设计是施工准备工作的一项重要内容,同时又是指导施工准备工作和施工全过程的依据。

(4)施工组织设计指导工程投标与签订工程承包合同,作为投标书的内容和合同文件的一部分。

(5)施工组织设计作为项目管理的规划性文件,提出工程施工中进度控制、质量控制、成本控制、安全控制、现场管理、各项生产要素管理的目标及技术组织措施,提高综合效益。

本题D选项错误,对于施工难度大或者施工技术复杂的工程项目,在编制单项(或单位)工程施工组织设计之后,还应编制主要分部工程的施工组织设计,用以指导各分部工程的施工。

14. 答案:B

【解析】 本题考查标前设计和标后设计的编制步骤。

标前设计的编制步骤:学习招标文件、招标图纸→进行调查研究→编制施工方案并选用主要施工机械→编制施工进度计划(确定开工日期、竣工日期、分期分批开工与竣工日期、总工期)→绘制施工平面图→确定标价及钢材、水泥等主要材料及机械、人工用量→设计保证质量和工期的技术组织措施→提出合同谈判方案,包括谈判组织、目标、准备和策略等。

标后设计的编制步骤:进行调查研究,获得编制依据→确定施工部署→拟定施工方案→编制施工进度计划→编制各种资源需要量计划及运输计划→编制供水、供热、供电计划→编制施工准备工作计划→设计施工平面图→计算技术经济指标。

本题可采用排除法,标前设计是投标前编制的施工组织设计,追求主要目标为中标和经济效益,编制时间是在投标书编制前,故会进行招标文件学习。而标后设计的编制时间是签约后开工前,服务范围为施工准备至验收,故无须进行招标文件学习。由此可排除其他答案。

15. **答案**:D

【解析】 资源组织计划包含劳动力配置计划、主要材料计划和主要施工机具、设备计划和临时工程、临时设施计划。

二、多项选择题

1. **答案**:AD

【解析】 本题考查施工组织设计分类,根据公路工程施工组织设计阶段的不同,施工组织设计可以划分为两类:一类是投标前编制的施工组织设计(简称“标前设计”),另一类是签订工程承包合同后编制的施工组织设计(简称“标后设计”)。

2. **答案**:ACDE

【解析】 施工方案确定、施工进度计划、资源计划、施工现场平面设置是施工组织设计的四大基本内容。

3. **答案**:BCE

【解析】 本题考查标前设计、施工组织总设计以及单项(单位)工程施工组织设计的编制依据区分。

标前设计的编制依据有:①招标文件;②施工现场踏勘情况;③社会、市场和技术经济调查的资料;④可行性研究报告、设计文件和各种参考资料;⑤企业所拥有的技术力量、机械设备状况、管理水平、工法及科技成果和多年类似工程的施工经验。

施工组织总设计的编制依据有:①计划文件,包括国家批准的基本建设计划文件、单位工程项目一览表、分期分批投产的要求、投资指标和设备材料订货指标、建设地点所在地主管部门的批件、施工单位主管上级下达的施工任务等;②设计文件,包括批准的初步设计或技术设计、设计说明书、总概算或修正总概算、可行性研究报告、施工图设计文件等;③合同文件,即施工单位与建设单位签订的工程承包合同;④建设地区的调查资料,包括气象、地形、地质、进出场道路情况和其他地区性条件等;⑤定额、规范、建设政策法令、类似工程项目建设的经验资料等;⑥企业现有可投入本工程的施工技术力量和机械设备。

选项A招标文件是标前设计的编制依据。选项D工程承包合同是单项(单位)工程施工组织设计的编制依据。选项B可行性研究报告、选项C设计文件和选项E建设地区调查资料是标前设计和施工组织总设计都有的编制依据。

4. **答案**:ABCE

【解析】 施工组织设计对造价的影响包含:①施工调查对造价的影响;②施工方案、方法对工程造价的影响;③材料的采购运输对工程造价的影响;④统筹兼顾,确定合理施工顺序;⑤抓好安全、防疫与质量,减少返工费用;⑥施工现场平面布置对工程造价的影响。

5. **答案**:ABC

【解析】 公路施工组织设计是指对拟建工程(包括新建、改建、扩建工程项目)在人力、物力(材料、机械、资金)、时间、空间、技术(施工方法)组织管理等方面所作的全面安排和部署,是对工程投标、签订承包合同、施工准备和施工全过程的指导性技术经济文件。

6. **答案**:ABDE

【解析】 施工组织设计作为项目管理的规划性文件,提出工程施工中进度控制、质量控制、成本控制、安全控制、现场管理、各项生产要素管理的目标及技术组织措施,提高综合效益。

7. **答案**:BCD

【解析】 防疫管控方面:必须成立防疫小组、编制防疫工作实施方案以及防疫应急预案。

8. **答案**:ABCD

【解析】 施工组织设计的资源组织计划包括:劳动力配置计划;主要材料计划;主要施工机具、设备计划;和临时工程、临时设施计划。选项E是特殊季节施工措施的内容。

9. **答案**:ABDE

【解析】 适用于技术评分最低标价法和综合评分法,投标人应按下列要点编制标前施工组织设计:①施工总体组织布置及规划;②主要工程项目的施工方案、施工方法与技术措施(尤其对重点、关键和难点工程的施工方案、方法及其措施);③工期保证体系及保证措施;④工程质量管理体系及保证措施;⑤安全生产管理体系及保证措施;⑥环境保护、水土保持保证体系及保证措施;⑦文明施工、文物保护保证体系及保证措施;⑧项目风险预测与防范,事故应急预案;⑨其他应说明的事项。

10. **答案**:BCDE

【解析】 施工组织设计的要求:①严格执行基本建设程序和施工程序,遵守合同签订的或上级下达的施工期限,按照基建程序和施工程序的要求,保质保量完成施工任务;②科学安排施工顺序,将整个项目划分为几个阶段,例如施工准备、基础工程、主体结构工程、路面工程、附属结构物工程等;③采用先进的施工技术和设备,提高施工机械化、预制装配化程度,减轻劳动强度,提高劳动生产率;④应用科学的计划方法制订最合理的施工组织方案;⑤落实季节性施工的措施,确保全年连续施工;⑥确保工程质量和施工及防疫安全;⑦节约基建费用,降低工程成本。选项A项目施工顺序错误。

第六节　公路养护工程的基本组成

本节知识架构

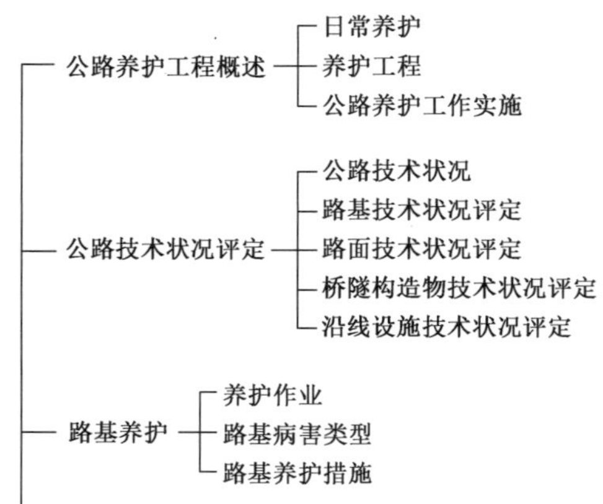

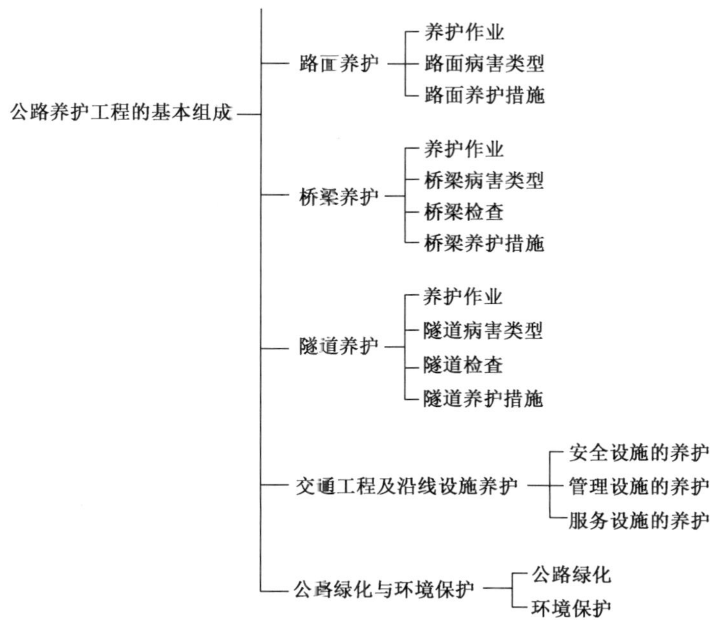

本节习题

一、单项选择题

1. 属于冲刷防护的是(　　)。

A. 挡土墙　　B. 抛石防护

C. 植物防护　　D. 坡面处治

2. 以下边坡养护处治技术中，在边坡坡脚设置一系列挡土结构物，增强边坡抗滑力，并对坡脚起到压重作用，能够保证边坡稳定的是(　　)。

A. 挡土墙　　B. 格构梁

C. 支撑墙　　D. 抗滑桩

3. 通过创造植物生长环境，恢复受损边坡的生态系统，保护生态环境，提高水土保持能力的技术称为(　　)。

A. 生态防护技术　　B. 工程防护技术

C. 冲刷防护技术　　D. 锚固防护技术

4. 以下不属于沥青路面病害的是(　　)。

A. 露骨　　B. 坑槽

C. 横向裂缝　　D. 波浪拥包

5. 对于水泥路面出现严重唧泥段可采用(　　)的方法进行处理。

A. 压乳化沥青　　B. 填补法

C. 换板　　D. 灌浆加固

6. 以下关于路面养护的叙述,错误的是(　　)。

A. 水泥混凝土路面整条路段出现较大面积的磨损、露骨,应铺设沥青磨耗层以恢复路面的平整度

B. 超薄罩面适用于预防或部分修复病害、需要改善抗滑等使用性能的沥青路面

C. 稀浆封层适用于二级及二级以上公路沥青路面

D. 对于沥青路面裂缝处治,可采用灌缝、贴缝、带状挖补方式,或进行组合使用

7. (　　)是公路养护工作的中心环节,是养护质量考核的首要对象。

A. 路基养护　　B. 路面养护

C. 桥梁养护　　D. 隧道养护

8. 以下关于梁桥主要病害的叙述,错误的是(　　)。

A. 预应力混凝土梁桥的主要病害包括预应力钢束应力损失造成的病害、预应力梁出现裂缝等

B. 全预应力构件正常使用条件下不允许出现裂缝,只有部分预应力构件允许出现裂缝

C. 钢筋混凝土梁桥的梁体混凝土易出现空洞、蜂窝、麻面、表面风化、剥落等病害

D. 钢筋混凝土梁桥的横、纵向联结件易出现开裂、断裂、开焊等现象

9. 在梁桥加固方法中,(　　)主要用于提高构件抗弯承载力,使用此法加固几乎不增加原结构自重。

A. 粘贴钢板加固法　　B. 粘贴碳纤维、特种玻璃纤维加固法

C. 增加钢筋加固法　　D. 八字支撑加固法

10. 下列不属于轻型桥台主要病害的是(　　)。

A. 桥台倾斜、水平变位以及不均匀沉降等导致桥台变位

B. 台身竖向裂缝

C. 墩柱顶部的水平力作用导致墩柱环向裂缝

D. 混凝土的结构收缩裂缝以及桥台基础不均匀沉降引起的帽梁开裂

11. 下列不属于重力式桥墩主要病害的是(　　)。

A. 墩身及墩帽竖向裂缝

B. 墩柱环向水平裂缝

C. 混凝土表面龟裂形成的墩身网状裂缝

D. 墩身水平裂缝

12. 以下关于梁桥养护的叙述,错误的是(　　)。

A. 梁体若发现露筋或保护层剥落,应先将松动的保护层凿去,并清除钢筋锈迹,然后修复保护层

B. 梁(板)体的横、纵向联结件开裂、断裂、开焊,可采取更换、补焊、帮焊等措施修补

C. 钢筋混凝土梁桥的裂缝处理:当裂缝的宽度大于限值及裂缝分布超出正常范围时,应作处理

D. 浇筑钢筋混凝土加大截面加固法适用于在原梁体外受拉区域设置预应力筋,通过张拉时梁体产生偏心预压力,以此来减小荷载挠度,改善结构受力状态,对于提高构件强度、控制裂缝和变形的作用较好

13. 为恢复、保持或提升公路隧道服务功能而集中实施的完善增设、加固改造、拆除重建、灾后恢复等工程是(　　)。

A. 预防养护　　B. 修复养护

C. 专项养护　　D. 应急养护

14. 下列关于隧道主洞日常巡查频率说法错误的是(　　)。

A. 隧道养护等级为一级时,宜不少于1次/日

B. 隧道养护等级为二级时,宜不少于1次/3日

C. 隧道养护等级为三级时,宜不少于1次/周

D. 辅助洞室日常巡查频率,宜不少于1次/月

15. 下列属于公路隧道养护一级的是(　　)。

A. 高速公路隧道长度3500m,单车道同期平均日交通量11000[pcu/(d·ln)]

B. 一级公路隧道长度2500m,单车道同期平均日交通量5000[pcu/(d·ln)]

C. 二级公路隧道长度2000m,同期平均日交通量8000pcu/d

D. 三级公路隧道长度1000m,同期平均日交通量5000pcu/d

16. 下列不属于公路沿线设施日常养护主要工作内容的是(　　)。

A. 清洁　　B. 紧固

C. 维修　　D. 增设减速带

17. 以下关于绿化养护的叙述,错误的是(　　)。

A. 小半径平曲线内侧不得栽植影响视线的乔木或灌木,其外侧可栽植成行的乔木

B. 防治绿化植物病虫害应以预防为主,开展生物、化学防治与营林措施相结合

C. 平原区应栽植单行或多行的防护林带

D. 二级及二级以上公路,宜采用乔木与灌木相结合的方式,并充分体现当地特色

18. 沿线设施技术状况采用沿线设施技术状况指数(　　)评定。沿线设施技术状况评定包括防护设施缺损、隔离栅损坏、标志缺损、标线缺损、绿化管养不善五个方面。

A. SCI　　B. PQI　　C. BCI　　D. TCI

19. 下列关于沥青路面局部加宽说法错误的是(　　)。

A. 单侧或双侧局部加宽方式应根据原公路等级、线形、局部加宽路段类型、交通量等因素,通过对原路面调查分析确定。当因线形约束仅一侧具备空余用地,或需增设弯道路段和爬坡车道、避险车道、停车港湾时,宜采用单侧局部加宽方式;两侧都具备空余用地的,也采用单侧局部加宽方式

B. 单侧局部加宽应调整原路面的路拱横坡,并保证路拱横坡调整层的最小厚度;局部加宽处于路线平曲线处时,应按现行《公路工程技术标准》(JTG B01)的有关规定设置超高和加宽。对于不能采取两侧相等加宽的,两侧局部加宽的宽度差不大于1m时,可不调整原路面的路拱横坡;两侧局部加宽的宽度差大于1m时,宜调整原路面的路拱横坡

C. 局部加宽路面结构层应与原路面相应的结构层一致,局部加宽与原路面功能性罩面或结构性补强同步实施时,其结构层宜一致,并同步施工。局部加宽路面结构层与原路面纵向搭接应与路中线平行,横向搭接应采取台阶式搭接、土工合成材料加

筋等措施，上、下结构层搭接错开距离为30cm，保证搭接处不出现纵向裂缝

D. 原路面功能性罩面或结构性补强和局部加宽的结构层间应采取封层、黏层等处理措施，保证路面各结构层间有效的黏结防水和整体的使用功能

20. 沥青路面绿色养护有沥青路面再生利用、降噪沥青路面应用、(　　)和钢渣等工业废料应用。

A. 直接加铺补强　　B. 温拌沥青路面应用

C. 铣刨加铺补强　　D. 局部加宽

二、多项选择题

1. 按照养护目的和养护对象，养护工程可分为(　　)。

A. 日常养护　　B. 专项养护

C. 预防养护　　D. 修复养护

E. 应急养护

2. 修复养护是指公路出现明显病害或部分丧失服务功能，为恢复技术状况而进行的功能性、结构性修复或定期更换，包括(　　)。

A. 大修　　B. 中修

C. 小修　　D. 保养

E. 修护

3. 属于支挡结构物养护处治方法的是(　　)。

A. 锚固法　　B. 削方减载

C. 增设支撑墙　　D. 抗滑桩加固法

E. 加大截面法

4. 路基日常巡查可分为(　　)。

A. 专项巡查　　B. 应急巡查

C. 重点巡查　　D. 一般巡查

E. 日常巡查

5. 路面技术状况评定以路面技术状况指数 PQI 作为评价指标，其中沥青路面使用性能评价包含下列哪些内容(　　)。

A. 平整度　　B. 龟裂

C. 车辙　　D. 断面高程

E. 结构强度

6. 水泥路面道板块脱空的处治方法有(　　)。

A. 磨平　　B. 填补法

C. 换板　　D. 灌浆加固

E. 铣刨补强

7. 下列属于沥青路面病害处治技术的是(　　)。

A. 表面起皮　　B. 拱起处理

C. 车辙处治　　D. 松散处治

E. 坑槽处治

8. 以下关于路面养护的叙述,正确的是(　　)。

A. 路面保洁遵循以机械作业为主、人工为辅的原则

B. 高速公路、一级及二级公路路面采用沥青面层或半刚性基层与沥青面层共同结构性补强措施

C. 对于沥青面层严重破损、基层较完好,铣刨处治全部沥青面层的,采用加铺沥青面层、柔性基层或半刚性基层与沥青面层共同结构性补强措施

D. 对于钢桥面环氧沥青铺装纵横向裂缝处治,宜采用与铺装层胶结料相同的环氧沥青进行灌缝,坑槽处治宜采用与环氧沥青铺装相同的材料进行修补

E. 对于环氧沥青铺装鼓包成因及不同发展阶段,采取不同的鼓包处治、材料灌注与回填方法

9. 桥梁检查可分为(　　)。

A. 经常检查　　B. 专项检查

C. 定期检查　　D. 特殊检查

E. 一般检查

10. 以下关于桥梁下部结构养护措施的叙述,正确的是(　　)。

A. 当石砌圬工出现通缝和错缝时,可拆除部分石料,不需要重新砌筑

B. 支座失灵造成墩台拉裂,应修复或更换支座

C. 当墩台裂缝超过规范表限值时,应查明原因并采取措施进行加固

D. 当墩、台、柱由于混凝土温度收缩等原因产生的裂缝宽大于规定限值时,可凿槽并采用喷浆封闭裂缝的方法

E. 裂缝宽小于规定限值时,可采用压力灌浆法灌注水泥砂浆、环氧砂浆等灌浆材料修补方法

11. 当桥梁需要抬高支座时,根据抬高量的大小可采用(　　)等方法进行。

A. 更换为板式橡胶支座　　B. 就地浇筑钢筋混凝土支座垫石

C. 垫入钢板　　D. 更换为盆式橡胶支座

E. 垫石高度随意设置

12. 公路隧道检查主要指土建结构的结构检查工作,可分为(　　)。

A. 特殊检查　　B. 应急检查

C. 定期检查　　D. 经常检查

E. 专项检查

13. 公路隧道经常检查以定性判断为主,破损状况判定为(　　)。

A. 情况正常　　B. 一般异常

C. 中等异常　　D. 严重异常

E. 特殊异常

14. 下列属于交通工程及沿线设施养护工程作业内容的是(　　)。

A. 通信、监控、收费、供配电设施的更新或整路段增设

B. 清洁、紧固、维修沿线设施等

C. 集中更换或新设标志标牌、防眩板、隔声屏、隔离栅等
D. 整段路面标线的施划，集中维修、更换或新设公路护栏、警示桩、道口桩、减速带等
E. 集中更新大数据系统等

15. 公路桥梁技术状况评定包括以下哪些内容(　　)。
A. 基础　　B. 桥梁构件
C. 桥面系　　D. 下部结构
E. 全桥评定

本节习题答案与解析

一、单项选择题

1. **答案**：B

【解析】 本题考查边坡养护处治知识点。边坡养护技术按病害类型及严重程度可划分为坡面防护、沿河路基冲刷防护、挡土墙、锚固、抗滑桩、削方减载等。冲刷防护指通过设置砌石护坡、抛石、石笼、浸水挡土墙等，对受水流直接冲刷的边坡进行防护。植物防护是属于坡面防护。

2. **答案**：A

【解析】 挡土墙指在边坡坡脚设置一系列挡土结构物，增强边坡抗滑力，并对坡脚起到压重作用，保证边坡稳定。

3. **答案**：A

【解析】 通过创造植物生长环境，恢复受损边坡的生态系统，保护生态环境，提高水土保持能力的技术是生态防护技术。

4. **答案**：A

【解析】 沥青路面病害共有11类，包括龟裂、块状裂缝、纵向裂缝、横向裂缝、沉陷、车辙、波浪拥包、坑槽、松散、泛油、修补。水泥路面病害共有11类，包括破碎板、裂缝、板角断裂、错台、拱起、边角剥落、接缝料损坏、坑洞、唧泥、露骨、修补。

A选项露骨属于水泥路面的病害类型。

5. **答案**：D

【解析】 对于严重唧泥段可采用灌浆加固的方法进行处理。

6. **答案**：C

【解析】 稀浆封层适用于二级及二级以下公路沥青路面。

7. **答案**：B

【解析】 路面养护是公路养护工作的中心环节，是养护质量考核的首要对象。

8. **答案**：B

【解析】 对于预应力混凝土梁出现裂缝现象，全预应力及部分预应力A类构件正常使用条件下不允许出现裂缝，只有B类构件允许出现裂缝。裂缝的类型除了与钢筋混凝土梁桥相同外，还有沿预应力钢束的纵向裂缝，锚固区局部承压的劈裂缝。

9. **答案**:B

【解析】 在梁桥加固方法中,粘贴碳纤维、特种玻璃纤维加固法主要用于提高构件抗弯承载力,使用此法加固几乎不增加原结构自重。

10. **答案**:A

【解析】 轻型桥台主要病害有:①基础的不均匀沉降和冲刷导致的基础承载力不足等引起桥台变形。②基础的不均匀沉降引起的台身附加作用或宽幅台身混凝土收缩裂缝,导致形成台身竖向裂缝。③墩柱顶部的水平力作用导致墩柱环向裂缝。④混凝土的结构收缩裂缝以及桥台基础不均匀沉降引起的帽梁开裂。

选项A为重力式桥台主要病害之一。

11. **答案**:B

【解析】 重力式桥墩主要病害有:①基础的不均匀沉降和宽幅台身混凝土收缩裂缝导致墩身及墩帽竖向裂缝。②墩身水平裂缝。③混凝土干缩裂缝以及大体积混凝土温度应力导致混凝土表面龟裂形成墩身网状裂缝。④流水冲刷造成的基础底部局部掏空。

选项B为轻型桥墩主要病害之一。

12. **答案**:D

【解析】 浇筑钢筋混凝土加大截面加固法适用于加强构件,应注意在加大截面时自重也相应增加了。

预应力加固法适用于在原梁体外受拉区域设置预应力筋,通过张拉时梁体产生偏心预压力,以此来减小荷载挠度,改善结构受力状态,对于提高构件强度、控制裂缝和变形的作用较好。

13. **答案**:C

【解析】 预防养护:在公路隧道整体性能良好但出现轻微病害及隐患时,为延缓性能过快衰减、延长使用寿命而预先实施的主动防护工程。修复养护:在公路隧道出现明显病害或部分丧失服务功能时,为恢复技术状况而实施的功能性、结构性修复或定期更换。专项养护:为恢复、保持或提升公路隧道服务功能而集中实施的完善增设、加固改造、拆除重建、灾后恢复等工程。应急养护:因突发事件造成公路隧道损毁、中断或产生重大安全隐患时,为较快恢复隧道安全通行能力而实施的应急性抢通、保通、抢修等工程。

14. **答案**:D

【解析】 辅助洞室日常巡查频率,宜不少于1次/周。

15. **答案**:A

【解析】 选项A属于隧道养护一级;选项B属于隧道养护二级;选项C属于隧道养护二级;选项D属于隧道养护三级。

高速公路、一级公路隧道养护等级分级表

单车道年平均日交通量[pcu/(d·ln)]	隧道长度(m)			
	$L>3000$	$1000<L\leqslant3000$	$500<L\leqslant1000$	$L\leqslant500$
≥10001	一级	一级	一级	二级
5001~10000	一级	一级	二级	二级
≤5000	一级	二级	二级	三级

二级及二级以下公路隧道养护等级分级表

同期平均日交通量 (pcu/d)	隧道长度(m)			
	$L>3000$	$1000<L\leqslant 3000$	$500<L\leqslant 1000$	$L\leqslant 500$
≥10001	一级	二级	二级	三级
5001 ~ 10000	二级	二级	三级	三级
≤5000	二级	三级	三级	三级

16. 答案:D

【解析】 公路沿线设施日常养护主要是以清洁、紧固、维修为主;D 属于公路沿线设施的养护工程。

17. 答案:D

【解析】 高速公路、一级公路的中央分隔带宜种植灌木、花卉或草皮。二级及二级以下公路,宜采用乔木与灌木相结合的方式,并充分体现当地特色。

18. 答案:D

【解析】 路基技术状况采用路基技术状况指数 SCI 评价。路面技术状况评定采用路面技术状况指数 PQI 评价。桥隧构造物技术状况采用桥隧构造物技术状况指数 BCI 评定。沿线设施技术状况采用沿线设施技术状况指数 TCI 评定。

19. 答案:A

【解析】 单侧或双侧局部加宽方式应根据原公路等级、线形、局部加宽路段类型、交通量等因素,通过对原路面调查分析确定。因线形约束仅一侧具备空余用地,以及弯道路段和爬坡车道、避险车道、停车港湾增设的情况,宜采用单侧局部加宽方式;两侧都具备空余用地的,可采用双侧局部加宽方式。

20. 答案:B

【解析】 沥青路面绿色养护有沥青路面再生利用、降噪沥青路面应用、温拌沥青路面应用和钢渣等工业废料应用。

二、多项选择题

1. 答案:BCDE

【解析】 公路养护可分为日常养护和养护工程。养护工程按照养护目的和养护对象,分为预防养护、修复养护、专项养护和应急养护。

2. 答案:ABC

【解析】 修复养护包括大修、中修、小修。

3. 答案:ACDE

【解析】 支挡结构物养护处治方法有锚固法、抗滑桩加固法、加大截面法、加肋法(增建支撑墙和设置格构梁)等。而 B 选项削方减载属于边坡养护处治。

4. 答案:AD

【解析】　路基日常巡查可分为一般巡查和专项巡查。

5. 答案:ACE

【解析】　路面技术状况评定以路面技术状况指数 PQI 作为评价指标。其中,沥青路面使用性能评价包含路面损坏、路面平整度、路面车辙、路面跳车、路面磨耗、路面抗滑性能和路面结构强度 7 项技术内容。水泥混凝土路面技术状况评定包含路面损坏、路面平整度、路面跳车、路面磨耗和路面抗滑性能 5 项技术内容。

6. 答案:CD

【解析】　目前对道板块脱空的处治主要有换板和灌浆加固两种方法。灌浆加固是指在混凝土板下灌浆,通过灌浆压力可把浆液渗透到相邻混凝土板下,起到灌浆一块板、加固几块板的作用。

7. 答案:CDE

【解析】　沥青路面病害处治技术有裂缝处治、坑槽处治、车辙处治、沉陷处治、波浪拥包处治、松散处治、泛油处治。而选项 A 表面起皮和选项 B 拱起处理属于水泥路面破损处理技术。

8. 答案:ACDE

【解析】　高速公路、一级及二级公路路面采用直接加铺沥青面层或柔性基层与沥青面层共同结构性补强措施,故选项 B 错误。

9. 答案:ACD

【解析】　桥梁检查分为经常检查、定期检查和特殊检查。

10. 答案:BC

【解析】　当墩、台、柱由于混凝土温度收缩、施工质量不良及基础不均匀沉降等原因产生裂缝时,应视裂缝大小及损坏原因采取不同措施进行维修。裂缝宽小于规定限值时,可凿槽并采用喷浆封闭裂缝方法;裂缝宽大于规定限值时,可采用压力灌浆法灌注水泥砂浆、环氧砂浆等灌浆材料修补方法。当墩台裂缝超过本规范表限值时,应查明原因并采取措施进行加固;当石砌圬工出现通缝和错缝时,应拆除部分石料,重新砌筑。

11. 答案:ABC

【解析】　桥梁需要抬高支座时,可根据抬高量的大小选用下列几种方法:垫入钢板(50mm 以内)或铸钢板(50 ~ 100mm);更换为板式橡胶支座;就地浇筑钢筋混凝土支座垫石,垫石高度按需要设置,一般应大于 100mm。

12. 答案:BCDE

【解析】　公路隧道检查主要指土建结构的结构检查工作,分为经常检查、定期检查、应急检查和专项检查四类。

13. 答案:ABD

【解析】　公路隧道经常检查以定性判断为主,破损状况判定分三种情况:情况正常、一般异常、严重异常。

14. 答案:ACD

【解析】　交通工程及沿线设施日常养护主要是以清洁、紧固、维修为主。养护工程作业内容主要包括通信、监控、收费、供配电设施的更新或整路段增设;集中更换或新设标志标牌、防眩板、隔声屏、隔离栅等;整段路面标线的施划,集中维修、更换或新设公路护栏、警示桩、道口桩、减速带等。选项B属于日常养护,选项E不属于养护工程作业。

15. **答案**:BCDE

【解析】 公路桥梁技术状况评定包括桥梁构件、部件、桥面系、上部结构、下部结构和全桥评定。

第二章　工程计量

考纲要求

1. 公路工程计量概述。
2. 清单工程量计算规则及应用。
3. 公路工程工程量清单的编制。

主要知识点

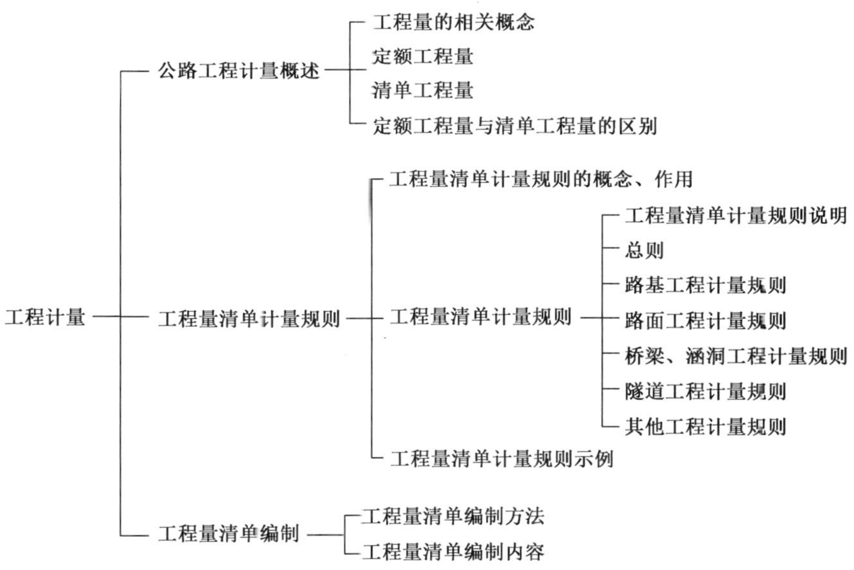

第一节　公路工程计量概述

本节知识架构

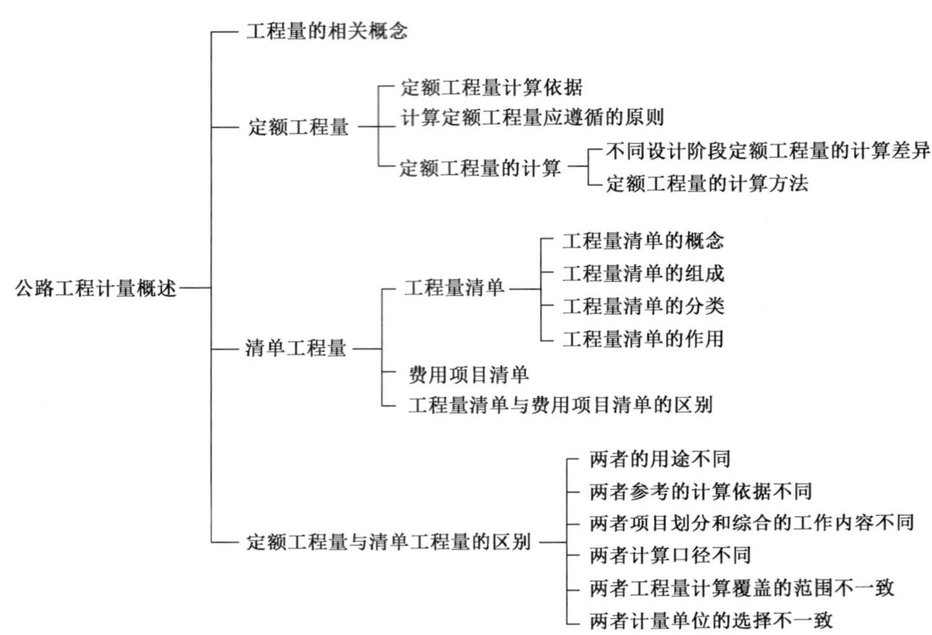

本节习题

一、单项选择题

1. 下列哪种定额的综合程度最高(　　)。

A. 施工定额　　B. 预算定额　　C. 概算定额　　D. 估算指标

2. 按照项目的实施过程,公路工程前期阶段的工程量是(　　)。

A. 计量工程量　　B. 定额工程量　　C. 清单工程量　　D. 合同工程量

3. (　　)一般是投标人投标报价的基准数量,是签订合同的组成部分。

A. 清单工程量　　B. 合同工程量　　C. 计量工程量　　D. 设计工程量

4. (　　)与清单工程量数量是一样的,只是二者单价取定的主体和确定原则不同而已。

A. 概算工程量　　B. 合同工程量　　C. 计量工程量　　D. 设计工程量

5. 概算定额是在(　　)基础上综合扩大而来的。

A. 施工定额　　B. 预算定额　　C. 估算指标　　D. 企业定额

6. 一个项目的(　　)之和即为工程项目的实际规模。

A. 定额工程量　　B. 清单工程量　　C. 计量工程量　　D. 设计工程量

7. 招标工程量清单的招标控制价或最高投标限价应以(　　)为基础确定。

A. 批准的设计概算　　B. 批准的施工图预算

C. 施工图预算　　D. 编制的工程量清单预算

8. 在公路工程发包与承包活动中,发包与承包双方根据法律法规、招(投)标文件及有关规定,以约定的工程量清单计价方式,签订工程承包合同时确定的工程量清单是(　　)。

A. 招标工程量清单　　B. 投标工程量清单

C. 合同工程量清单　　D. 结算工程量清单

9. (　　)是在公路工程实施阶段,对已完工程进行计量后,按合同约定确认进行支付的计量工程量。

A. 招标工程量　　B. 投标工程量　　C. 合同工程量　　D. 结算工程量

10. 就综合程度而言,清单工程量通常(　　)定额工程量。

A. 大于　　B. 等于　　C. 小于　　D. 大于或等于

11. 下列有关于定额工程量计算的说法错误的是(　　)。

A. 正确确定定额工程数量是建设项目合理计价的前提

B. 定额工程数量的计算规则和计算方法不是一成不变的,而是随着使用定额的不同而变化

C. 所有定额在不同计价阶段定额工程量的计算规则都不一样

D. 概算定额和估算指标均是在上一级定额的基础上进行综合扩大而来的

12. 下列关于定额工程量与清单工程量的说法错误的是(　　)。

A. 定额工程数量主要用于各阶段的工程计价

B. 计算定额工程量主要参考公路工程定额中的工程量计算规则

C. 清单工程量的计量单位一般采用扩大的物理计量单位或自然计量单位

D. 清单工程量在计算中主要计算工程实体的净量

13. 下列工程量中,体现实体及净量的工程量为(　　)。

A. 定额工程量　　B. 清单工程量　　C. 设计工程量　　D. 措施工程量

14. 桥台基坑开挖中,开挖土方的清单工程量为 $25m^3$,放坡开挖土方工程量为 $5m^3$,工作面开挖土方工程量为 $3m^3$,则定额工程量为(　　)。

A. $30m^3$　　B. $25m^3$　　C. $33m^3$　　D. $28m^3$

15. 后张法预应力钢材的费用项目清单数量计算规则是按照(　　)来计算的。

A. 净长度　　B. 设计长度　　C. 工作长度　　D. 锚固长度

二、多项选择题

1. 工程数量在不同阶段存在差异,公路工程实施阶段的工程量有(　　)等。

A. 设计工程量　　B. 定额工程量　　C. 结算工程量　　D. 清单工程量

E. 合同工程量

2. 工程量清单根据在公路建设过程中编制时间、阶段的不同分为(　　)等类别。

A. 招标工程量清单　　B. 投标工程量清单
C. 合同工程量清单　　D. 竣工工程量清单
E. 结算工程量清单

3. 以下属于工程量清单作用的是(　　)。

A. 是投标人公平竞争投标报价的共同基础
B. 是评标的共同基础
C. 促进设计人员提高设计水平
D. 合同工程量清单是工程计量支付和工程结算的依据
E. 工程量清单为费用监理提供依据

4. 以下属于定额工程量计算依据的是(　　)。

A. 国家发布的各类消耗量定额
B. 经审定的设计图纸及说明
C. 经审定的施工组织设计
D. 经审定的施工技术方案
E. 经审定通过的其他有关技术经济文件及经济调查资料

5. 关于定额工程量计算,以下说法正确的是(　　)。

A. 估算指标与概算定额在工程量计算时,计算规则一致
B. 概算与预算的定额工程量的计算规则不一致
C. 定额工程量计算规则在工程定额的章节说明中列出,定额工程量计算时必须采用
D. 需注意没有列入工程量计算规则,但其内容对定额工程量的计算产生影响的定额说明
E. 定额中材料消耗数量与设计不一致时,不得调整定额中规定的材料消耗量

6. 关于定额工程量与清单工程量,下列说法正确的有(　　)。

A. 定额工程量与清单工程量并无联系
B. 定额工程数量主要用于各阶段的工程计价(组价),而清单工程量主要用于工程量清单的编制,以及工程计量、支付等方面
C. 清单工程量通常大于或等于定额工程量
D. 定额工程量的计算范围通常为工程的实体,而清单工程量除了涉及实体工程数量的计算,还需计算为修建实体而必须消耗的辅助工程的工程数量
E. 清单工程量和定额工程量的单位基本一致

7. 关于工程量清单,下列说法正确的是(　　)。

A. 投标人公平竞争投标报价的共同基础
B. 评标的共同基础
C. 合同工程量清单是工程计量支付和中期支付的依据
D. 工程量清单的计算依据为现行《公路工程预算定额》(JTG/T 3832)
E. 促进投标人提高技术水平和管理水平

8. 下列关于工程量清单与费用项目清单的说法正确的是(　　)。

A. 适用阶段不同　　B. 子目设置原则不同
C. 子目编码原则不同　　D. 清单子目数量的计算原则相同
E. 子目设置原则和编码原则都相同

9. 各阶段费用项目清单应结合相应建设阶段的工作深度和管理要求，确定相应建设阶段的(　　)。

A. 对应的费用项目清单　　B. 工程量清单子目
C. 扩展费用项目　　D. 设计工程量清单子目
E. 统计单位

10. 定额工程量与清单工程量在项目划分、工程量计算上既有区别又有联系，下列说法正确的是(　　)。

A. 两者参考的计算依据相司　　B. 两者计算口径相同
C. 两者项目划分和综合的工作内容不同　　D. 两者计量单位的选择不一致
E. 两者工程量计算覆盖的范围不一致

本节习题答案与解析

一、单项选择题

1. 答案：D

【解析】　概算定额与预算定额划分类似，但为了简化计算，概算定额综合程度更高。估算指标是一种比概算定额和预算定额更综合、更扩大的计价依据，适用于基本建设项目前期工作阶段估算工程投资。

2. 答案：B

【解析】　工程数量按照项目的实施过程，分为公路工程前期阶段的设计工程量、定额工程量和公路工程实施阶段的清单工程量、合同工程量、计量工程量、结算工程量。

3. 答案：A

【解析】　清单工程量是招标人编制工程量清单时，依据施工图纸、招标文件、计量规则确定的工程数量。清单工程量一般是投标人投标报价的基准数量，是签订合同的组成部分。

4. 答案：B

【解析】　合同工程量指在公路工程发包与承包活动中，发包与承包双方根据合同法、招(投)标文件及有关规定，以约定的工程量清单计价方式，签订工程承包合同时确定的工程量清单中填报的工程数量。合同工程量的实质是对项目实际需完成数量的预期。合同工程量与清单工程量数量是一样的，只是二者单价取定的主体和确定原则不同而已。

5. 答案：B

【解析】　定额在不同计价阶段定额工程量的计算规则可能会是一样的，因概算定额和估算指标均是在上一级定额的基础上综合扩大而来的。预算定额是在施工定额的基础上综合扩大的，概算定额是在预算定额的基础上综合扩大的，估算指标是在概算定额的基础上综合扩大的。

6. **答案**:C

【解析】 计量工程量对应工程实施阶段项目已完工程数量的计算和确定这一环节,一个项目计量工程量之和即为工程项目的实际规模。

7. **答案**:D

【解析】 招标工程量清单在项目的招投标阶段编制,通常由招标人提供,招标工程量清单的标底或最高投标限价应以编制的工程量清单预算为基础确定。

8. **答案**:C

【解析】 合同工程量清单是指在公路工程发包和承包活动中,发包和承包双方根据法律法规、招(投)标文件及有关规定,以约定的工程量清单计价方式,签订工程承包合同时确定的工程量清单。

9. **答案**:D

【解析】 结算工程量是在公路工程实施阶段,对已完工程进行计量后,按合同约定确认进行支付的计量工程量。

10. **答案**:D

【解析】 以预算定额为例,定额的项目划分通常以结构构件或分项工程为基础,包括的工作内容相对单一;而清单工程量基于清单计量规则,按照"实体、净量"的原则进行划分,体现功能单元,所包含的工作内容较为综合,往往不止一项(即一个清单项目的组价通常包括多个定额)。因此就综合程度而言,清单工程量通常大于或等于定额工程量。

11. **答案**:C

【解析】 部分定额在不同计价阶段定额工程量的计算规则可能会是一样的,并不是所有定额在不同计价阶段定额工程量的计算规则都不一样,因概算定额和估算指标均是在上一级定额的基础上进行综合扩大而来的,所以其不同阶段定额工程量的计算方法和计算规则有很多相通之处。

12. **答案**:C

【解析】 清单工程量的计量单位一般采用基本的物理计量单位或自然计量单位,定额工程量的计量单位一般为扩大的物理计量单位或自然计量单位。

13. **答案**:B

【解析】 清单工程量基于清单计量规则,按照"实体、净量"的原则进行划分。

14. **答案**:C

【解析】 定额工程量包含基坑开挖的净量外,还需包括放坡及工作面等的开挖量。故得:$25+5+3=33(m^3)$。

15. **答案**:B

【解析】 工程量清单与费用项目清单的清单子目数量的计算原则不同。后张法预应力钢材的清单数量按照锚具间的净长度计算(不含锚固长度和工作长度),而费用项目清单数量按照设计长度计算(包含锚固长度和工作长度)。

二、多项选择题

1. 答案:CDE

【解析】 工程数量按照项目的实施过程分为公路工程前期阶段的设计工程量、定额工程量和公路工程实施阶段的清单工程量、合同工程量、计量工程量、结算工程量。

2. 答案:ABCE

【解析】 工程量清单根据在公路建设过程中订立时间、阶段的不同分为招标工程量清单、投标工程量清单、合同工程量清单、结算工程量清单等。

3. 答案:ABDE

【解析】 工程量清单是投标人公平竞争投标报价的共同基础、评标的共同基础,能够促进投标人提高技术水平和管理水平,合同工程量清单是工程计量支付和工程结算的依据,为费用监理提供依据。选项 C 有误。

4. 答案:BCDE

【解析】 定额工程量计算依据:①国家、行业和地方发布的各类消耗量定额及对应的工程量计算规则;②经审定的设计图纸及说明;③经审定的或常规施工组织设计或施工技术方案;④经审定的其他有关技术经济文件及经济调查资料。工程量清单计量规则是清单工程量的计算依据。所以 A 选项错误。

5. 答案:BCDE

【解析】 定额工程量计算的目的是配合定额的使用,因不同的设计阶段对工程造价准确性的要求不同,所以不同设计阶段定额的综合程度也就不同,进而使得在造价编制的不同阶段,定额工程量的计算方法、计算规则也不尽相同。用定额时需分析定额中具体工、料、机的内容和它们的具体消耗数量,通过这些来判断该定额对应的工作内容,进而确定定额工程数量。所以 A 选项错误。

6. 答案:BC

【解析】 消耗量定额和工程量清单在项目划分、工程量计算上既有区别又有联系。在章节划分上,定额的章节划分与工程量清单的章节划分基本是一致的,同时定额工程数量也是计量工程量计算的重要依据之一,在对清单细目组价的过程中,正确计算清单工程数量和定额工程量是编制招标控制价和投标报价文件的重要工作,所以 A 选项错误。

两者工程量计算覆盖的范围不一致,清单工程量的计算范围通常为工程的实体,而定额工程量除了涉及实体工程数量的计算外,还需计算为修建实体而必须消耗的辅助工程的工程数量,所以 D 选项错误。

7. 答案:ABCE

【解析】 工程量清单的计算依据主要为《公路工程标准施工招标文件》(2018 年版),其对工程量清单的工程子目、工程量计量规则与技术规范的相应内容进行了解释说明。所以 D 选项错误。

8. 答案:ABC

【解析】 工程量清单与费用项目清单有着本质上的区别,主要体现在以下几个方面:①工程量清单与费用项目清单在公路工程各阶段造价文件体系中适用阶段不同。②工程量清单与费用项目清单的清单子目设置原则不一致。③工程量清单与费用项目清单的清单子目数量的计算原则不同。④工程量清单与费用项目清单子目的编码原则不同。

9. **答案**:AC

【解析】 各阶段费用项目清单的编制应执行《公路工程建设项目造价文件管理导则》(JTG 3810—2017),并结合相应建设阶段的工作深度和管理要求,确定相应建设阶段的扩展费用项目和对应的费用项目清单。

10. **答案**:CDE

【解析】 预算定额是工程量清单计价的重要依据,预算定额和工程量清单在项目划分、工程量计算上既有区别又有联系。但是定额工程量与清单工程量有着本质上的区别,主要体现在:①两者的用途不同;②两者参考的计算依据不同;③两者项目划分和综合的工作内容不同;④两者计算口径不同;⑤两者工程量计算覆盖的范围不一致;⑥两者计量单位的选择不一致。

第二节　工程量清单计量规则

本节知识架构

- 工程量清单计量规则
  - 工程量清单计量规则的概念、作用
    - 工程量清单计量规则的概念
    - 工程量清单计量规则的作用
  - 工程量清单计量规则
    - 工程量清单计量规则说明
      - 一般要求
      - 质量
      - 面积
      - 结构物
      - 土方
      - 运输车辆体积
      - 质量与体积换算
      - 沥青和水泥
      - 成套的结构单元
      - 标准制品项目
    - 总则
      - 通则
      - 工程管理
      - 临时工程与设施
      - 承包人驻地建设/施工标准化
    - 路基工程计量规则
      - 场地清理
      - 挖方路基
      - 填方路基
      - 特殊地区路基处理
      - 路基整修
      - 坡面排水
      - 护坡、护面墙
      - 挡土墙、锚杆、锚定板挡土墙、加筋土挡土墙
      - 喷射混凝土和喷浆边坡防护
      - 预应力锚索边坡加固
      - 抗滑桩
      - 河道防护
    - 路面工程计量规则
      - 垫层
      - 底基层、基层
      - 透层和黏层
      - 面层
      - 路面工程其他结构物
      - 其他路面

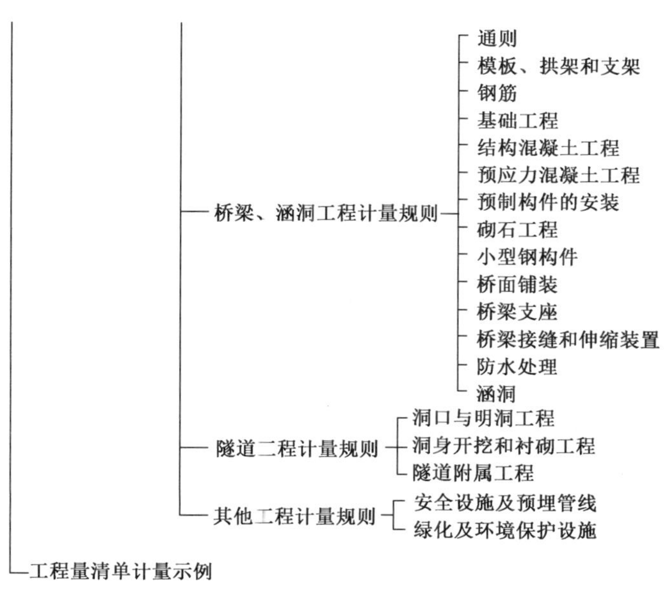

本节习题

一、单项选择题

1. 钢筋、钢板或型钢计量时，其搭接、接头套筒和固定、定位、架立钢筋的计量规则是(　　)。

A. 单独计量　　B. 不予计量

C. 一并计算并计量　　D. 由工程师指示是否计量

2. 计算面积时，对于面积在(　　)m^2以下的固体物(如检查井等)所占面积不应扣除。

A. 0.5　　B. 1　　C. 1.5　　D. 2

3. 结构物中，水泥混凝土的计量应按监理人认可的并已完工工程的净尺寸计算，钢筋的体积不扣除，倒角不超过(　　)时不扣除。

A. 0.10m×0.10m　　B. 0.10m×0.15m

C. 0.15m×0.15m　　D. 0.20m×0.20m

4. 水泥混凝土结构物计量时体积不超过(　　)m^3的开孔及开口不扣除。

A. 0.01　　B. 0.02　　C. 0.03　　D. 0.04

5. 土方体积宜采用平均断面面积法计算，但与似棱体公式计算结果比较，如果误差超过(　　)时，可采用似棱体公式计算。

A. ±2%　　B. ±3%　　C. ±5%　　D. ±6%

6. 安全生产费按投标价的(　　)以总额为单位计量。

A. 1.0%　　B. 1.5%　　C. 2.0%　　D. 2.5%

7. 不属于临时占地的是(　　)。

A. 承包人驻地的办公室用地　　B. 钢筋加工车间用地

C. 预制场(厂)用地　　D. 施工主便道

8. 关于路基挖方工程的计量,以下说法错误的是(　　)。

A. 路基挖方应区分土壤类别和岩石类别,按天然密实体积计算,以立方米(m^3)为单位计量

B. 超过图纸所示的面积或体积,不予计量

C. 土方断面挖松300mm深再压实,不另行计量

D. 石方断面的人工凿平或填平压实,不另行计量

9. 关于路基边沟、排水沟、截水沟的土石方计量,下列说法正确的是(　　)。

A. 工程数量包含在路基土石方中,同路基土石方一并计量

B. 作为边沟、排水沟、截水沟的附属工作,不另行计量

C. 单独计量

D. 按监理工程师的指示进行

10. 利用土方填筑路基,其体积应按(　　)计算。

A. 天然密实体积　B. 堆方体积　C. 压实体积　D. 松方体积

11. 路基工程中,地面下沉增加的路基填方量应(　　)。

A. 不单独计量　　B. 作为路基土石方工程的附属工作

C. 在第204节相关清单子目计量　　D. 在304节相关清单子目计量

12. 下列工程中,以平方米为单位进行计量的是(　　)。

A. 清理现场　B. 路基挖方　C. 填方路基　D. EPS路堤

13. 路基工程中软土路基处理中各类垫层的工程量应按(　　)计算,以(　　)为单位计量。

A. 天然体积,立方米(m^3)　　B. 体积,立方米(m^3)

C. 顶面面积,平方米(m^2)　　D. 面积,平方米(m^2)

14. 路面工程中各类垫层的工程量应按(　　)计算,以(　　)为单位计量。

A. 天然体积,立方米(m^3)　　B. 密实体积,立方米(m^3)

C. 顶面面积,平方米(m^2)　　D. 平均断面积,平方米(m^2)

15. 按面积计量的路面结构层,其面积计算是按铺筑结构层的(　　)。

A. 顶面面积　B. 底面面积　C. 中间层面积　D. 填后面积

16. 除监理人另有指示外,沥青稳定碎石混合料超过图纸所示的面积均(　　)。

A. 不予计量　　B. 按实际发生计量

C. 按合同约定计量　　D. 按主管部门意见计量

17. 拦水带应按长度以(　　)为单位计量。

A. 立方米(m^3)　B. 米(m)　C. 千克(kg)　D. 平方米(m^2)

18. 401-3 地质钻探及取样试验属于(　　)。

A. 暂估价　B. 暂列金额　C. 暂定金额　D. 暂定工程量

19. 属于下部结构钢筋的是(　　)。

A. 桩系梁钢筋　　B. 耳背墙钢筋

C. 支座垫块钢筋　　D. 伸缩缝预埋钢筋

20. 基坑开挖清单工程量的计算，取用原地面到基础底面间的平均高度并以超过基础地面周边(　　)的竖直面为界的棱柱体体积为计量规则。

A. 0.5m　　B. 0.8m　　C. 1m　　D. 1.5m

21. 施工图设计水深(　　)的为水中钻孔灌注桩。

A. 大于 1.5m　　B. 大于 2m　　C. 大于 2.5m　　D. 大于 3m

22. 后张法预应力钢绞线、预应力钢筋的计量质量按钢材(　　)计算。

A. 两端锚具间的理论长度

B. 两端锚具间的理论长度 + 锚固长度

C. 两端锚具间的理论长度 + 锚固长度 + 工作长度

D. 两端锚具间的理论长度 + 工作长度

23. 沥青混凝土桥面铺装按(　　)计量。

A. 铺筑的顶面面积以平方米为单位　　B. 铺筑的底面面积以平方米为单位

C. 铺筑体积以立方米为单位　　D. 铺筑体积以平方米为单位

24. 不以个为单位计量的支座是(　　)。

A. 盆式支座　　B. 球型支座

C. 隔震橡胶支座　　D. 板式橡胶支座

25. 隧道洞口坡面防护工程应在(　　)相关清单子目中计量。

A. 第 208 节　　B. 第 305 节　　C. 第 407 节　　D. 第 502 节

26. 隧道洞身支护工程中，中空注浆锚杆的计量规则是(　　)。

A. 按锚杆体积以立方米为单位计量

B. 按锚杆设计长度和规格计算，质量以千克为单位计量

C. 按锚杆长度分不同直径以米为单位计量

D. 按锚杆钻孔深度分不同直径以米为单位计量

27. 隧道洞内防火涂料和装饰工程中，吊顶的计量规则是(　　)。

A. 按图示长度以米为单位计量

B. 按图示面积以平方米为单位计量

C. 按图示体积以立方米为单位计量

D. 按图示质量以千克为单位计量

28. 安全设施及预埋管线工程中，关于护栏计量规则的说法正确的是(　　)。

A. 石砌护墙按照沿线布设长度以米为单位计量

B. 波形梁钢护栏端头按图示型号数量以个为单位计量

C. 混凝土护栏钢筋作为护栏混凝土的附属工作，不另行计量

D. 桥上现浇混凝土护栏(防撞墙)在 602-1 混凝土护栏子目中计量

29. 关于道路交通标志计量规则的说法正确的是(　　)。

A. 交通标志基础在 602-1-c 现浇混凝土基础子目中计量

B. 交通标志立柱按图示质量以千克为单位计量

C. 按安装就位的标志数量以个为单位计量

D. 按安装就位的标志板数量以块为单位计量

30. 关于绿化及环境保护设施计量规则的说法正确的是(　　)。

A. 撒播草种(含喷播)工程量不扣除密栽灌木所占面积

B. 客土喷播按照喷播面积以平方米为单位计量

C. 铺植草皮工程量应扣除散栽苗木所占面积

D. 三维土工网植草工程量不应扣除结构工程面积

31. 下列工程中需要计量的有(　　)。

A. 路基填筑填前压实、地面下沉增加的填方量

B. 满足施工需要,预留路基宽度宽填的填方量

C. 隧道洞身支护钢架纵向连接钢筋的工程量

D. 路床顶面以下挖松 300mm 深再压实的工程量

32. 按《公路工程标准施工招标文件》(2018 年版)规定,下列说法中错误的是(　　)。

A. 结构物台背回填应按压实体积,以立方米(m^3)为单位计量

B. 借土填方按压实体积,以立方米(m^3)为单位计量

C. 工作平台搭设与拆除应包含在相关清单子目的计价内容中

D. 后张法预应力钢筋的长度为两端锚具间的理论长度与实际工作长度之和

33. 关于下列工程中的钢筋,不单独计量是(　　)。

A. 抗滑桩的护壁钢筋　　B. 锚定板挡土墙的钢筋

C. 混凝土挡土墙的钢筋　　D. 水泥混凝土路面的传力杆钢筋

34. (　　)的砂砾垫层,单独计量。

A. 混凝土挡土墙　　B. 边沟、排水沟、截水沟

C. 圆管涵基础垫层　　D. 涵洞上下游改沟、改渠铺砌

35. 依据"工程量清单计量规则"的清单项目分项表,工程内容明确包含在清单子目中的内容采取的计量方式是(　　)。

A. 按比例计量　　B. 不予计量　　C. 单独计量　　D. 合并计量

36. 灌注桩的设计桩底高程 -18m,承台底高程 -2m,计算灌注桩的工程量清单计量长度为(　　)。

A. 20m　　B. 18m　　C. 16m　　D. 14m

37. 与桩连为一体(无承台或系梁)的柱式墩台,计算自桩系梁底面至桩顶面高程的混凝土和钢筋的工程量清单计价方式为(　　)。

A. 按比例计量　　B. 不予计量　　C. 另行计量　　D. 混凝土计、钢筋不计

38. 工程量清单计量规则确定了清单子目所包含的工作内容,其计算依据是由(　　)的计量规则决定。

A. 部颁定额　　B. 编制办法　　C. 设计图纸　　D. 合同文件

39. 工程量清单计量计算面积时,对于面积在(　　)以下的固定物不予扣除。

A. $0.5m^2$　　B. $1m^2$　　C. $1.5m^2$　　D. $2m^2$

40. 工程量清单计量规则中明确了安全生产费按投标价的(　　)以总额为单位计量。

A. 0.5%　　B. 1%　　C. 1.5%　　D. 2%

二、多项选择题

1. 工程量清单计量规则由（　　）组成。

A. 子目号　　B. 子目名称　　C. 单位　　D. 工程量计量规则

E. 单价

2. 依据《公路工程标准施工招标文件》（2018 年版），以下关于清单第 100 章各子目的说法正确的有（　　）。

A. 建筑工程一切险和第三者责任险由投标人自主报价，以总额为单位计量

B. 竣工文件由投标人自主报价，以总额为单位计量

C. 安全生产费按投标价的 1.5%（若招标人公布了最高投标限价时，按最高投标限价的 1.5%）以总额为单位计量

D. 临时工程与设施由投标人自主报价，以总额为单位计量

E. 承包人驻地建设与施工标准化属选择性工程子目，由发包人根据工程项目管理实际情况选择使用或同时使用

3. 工程量清单计量规则的工程管理子目包括（　　）。

A. 竣工文件　　B. 施工环保费

C. 安全生产费　　D. 工程管理费

E. 信息化系统（暂估价）

4. 工程量清单计量规则的承包人驻地建设子目包括办公生活驻地建设、工地试验室建设和（　　）等。

A. 拌和站建设　　B. 钢筋加工场（厂）建设

C. 供电设施架设　　D. 预制场（厂）建设

E. 建筑材料仓储建设

5. 工程量计量规则中关于土方的计量要求说法正确的是（　　）。

A. 土方体积可采用平均断面面积法计算，但与似棱体公式计算结果比较，如果误差超过 ±5% 时，监理人可指示采用似棱体公式计算

B. 路基挖方包含列入设计路基土石方中的坡面排水沟过水断面挖方，不包含清理现场、坡面排水沟砌体或混凝土截面及扩挖的挖方

C. 改河、改路工程中的挖土方应与路基挖土方一起计入第 203-1 子目

D. 弃土场绿化、防护工程、排水设施作为路基开挖土石方工程的附属工作，不另行计量

E. 当填料中石料含量小于 30% 时，应按填土方处理；当填料中石料含量大于 70% 时，应按填石方处理；当填料中石料含量大于 30%、小于 70% 时，应按利用土石混填处理

6. 关于工程计量规则，下列说法错误的是（　　）。

A. 水泥混凝土的计量倒角不超过 0.25m × 0.25m 时不扣除

B. 灌注桩泥浆和桩渣的运输作为灌注桩清单子目计价内容，不单独计算工程量

C. 承包人驻地建设和施工标准化等主要工程内容的计量特点是均以总额为单位计量

D. 路基填筑的填料中石料含量为 40% 时，应按利用土方算

E. 水泥可以以袋作为计量的依据，一袋的标准应为 50kg

7. 下列关于桥梁工程量的计量规则，下列说法错误的是(　　)。

A. 基坑挖方按底、顶面间平均高度的棱柱体体积，以立方米(m^3)为单位计量

B. 挖孔灌注桩依据图纸所示桩长及混凝土强度等级，按不同桩径的桩长以米为单位计量

C. 结构混凝土工程直径小于300mm的管子、泄水孔或桩所占混凝土体积不予扣除

D. 基坑开挖侧面：按顶面到底面，以超出基底周边0.7m的竖直面为界

E. 模板、拱架和支架的设计制作、安装、拆卸等施工作业作为有关工程的附属工作，不单独计量

8. 路面及中央分隔带排水以米计量的是(　　)。

A. 纵向雨水沟(管)　　B. 混凝土路肩排水沟

C. 集水井　　D. 拦水带

E. 沥青油毡防水层

9. 下列工程中以平方米(m^2)计量的是(　　)。

A. 沥青表面处治　　B. 石灰稳定土底基层

C. 沥青封层　　D. 培土路肩

E. 中央分隔带回填土

10. 下列工程中以立方米(m^3)计量的有(　　)。

A. 桥梁扩大基础　　B. 盖板涵混凝土八字墙

C. 钢筋混凝土盖板涵　　D. 现浇预应力混凝土上部结构

E. 人工挖孔灌注桩

11. 在填筑路堤的土石方数量计量中，对下列工作内容处理方法正确的有(　　)。

A. 零填挖路段的翻松、压实不另计量

B. 借土填方按压实体积以立方米(m^3)计量

C. 施工期间临时排水、临时防护设施不另计量

D. 设计图纸所示取弃土场的绿化工程不另计量

E. 满足施工需要，预留路基宽度宽填的填方量以立方米(m^3)计量

12. 关于路面工程的计量，以下说法正确是(　　)。

A. 水泥混凝土路面所需的外掺剂，不另行计量

B. 水泥混凝土路面的补强钢筋，不另行计量

C. 因搭接而增加的路面钢筋，不另行计量

D. 沥青路面的黏层，不另行计量

E. 沥青路面的透层，不另行计量

13. 下列关于隧道工程计量规则的说法中，正确的有(　　)。

A. 隧道施工测量、工程材料质量抽检、工程质量自检等，不另行计量

B. 隧道工程结构混凝土内预埋的所有小型钢构件，不另行计量

C. 隧道通风、消防设施和设备应在第800章相关清单子目中计量

D. 盾构机掉头和转场运输，不另行计量

E. 止水带和止水条，按照铺设的不同材质、型号，以米(m)为单位计量

14. 下列交通安全设施工程中，按长度计算，以米(m)为单位计量的有(　　)。

A. 波形梁钢护栏　　B. 现浇混凝土护栏

C. 缆索护栏　　D. 石砌护墙

E. 中央分隔带活动护栏

15. 关于绿化及环境保护工程计量规则的说法中，错误的有(　　)。

A. 胸径指距地坪 1.3m 高处的树干直径

B. 植生袋应依据图示位置及尺寸，按图示种植的数量以袋为单位计量

C. 人工种植竹类按不同类型的竹寻种植面积，以平方米(m^2)为单位计量

D. 声屏障基础作为声屏障的附属工作，不另行计量

E. 铺设表土应依据图纸所示位置和断面尺寸，以立方米(m^3)为单位计量

16. 在桥涵工程中，以下工程，不单独计量(　　)。

A. 抹面、勾缝　　B. 桥面伸缩缝　　C. 基坑回填　　D. 圆管涵洞口端墙

E. 预制梁定位架立钢筋

17. 下列工程内容应在第 600 章计量的有(　　)。

A. 砖墙声屏障　　B. 收费亭　　C. 立面标记　　D. 坡面柔性防护系统

E. 混凝土现浇护栏

18. 桥梁灌注桩的钻孔灌注柱和挖孔灌注桩的子目均包括(　　)内容。

A. 桩的垂直静荷载试验　　B. 沉桩

C. 灌注桩(钻孔、挖孔)　　D. 钻取混凝土芯样检测

E. 破坏荷载试验用桩

19. 第 400 章中桥梁支座包括(　　)子目。

A. 板式橡胶支座　　B. 钢筋混凝土支座　　C. 隔震橡胶支座　　D. 球型支座

E. 盆式支座

20. 第 500 章中隧道工程的洞门建筑包括现浇混凝土(现浇、预制安装)和(　　)。

A. 浆砌片粗料石(块石)　　B. 洞门墙装修

C. 钢筋　　D. 隧道铭牌

E. 遮光棚(板)

本节习题答案与解析

一、单项选择题

1. **答案**：B

【解析】《公路工程标准施工招标文件》(2018 年版)第三册说明：钢筋、钢板或型钢计量时，应按图纸或其他资料标示的尺寸和净长计算。搭接、接头套筒、焊接材料、下脚料和固定、定位架立钢筋等，不另行计量。

2. **答案**：B

【解析】《公路工程标准施工招标文件》(2018 年版)第三册说明：除非另有规定，计算面

积时，其长、宽应按图纸所示尺寸线或按监理人指示计量。对于面积在 $1m^2$ 以下的固定物(如检查井等)不予扣除。

3. **答案**:C

【解析】 《公路工程标准施工招标文件》(2018 年版)第三册说明:水泥混凝土的计量应按监理人认可的并已完工工程的净尺寸计算，钢筋的体积不扣除，倒角不超过 $0.15m\times0.15m$ 时不扣除，体积不超过 $0.03m^3$ 的开孔及开口不扣除，面积不超过 $0.15m\times0.15m$ 的填角部分也不增加。

4. **答案**:C

【解析】 《公路工程标准施工招标文件》(2018 年版)第三册说明:水泥混凝土的计量应按监理人认可的并已完工工程的净尺寸计算，钢筋的体积不扣除，倒角不超过 $0.15m\times0.15m$ 时不扣除，体积不超过 $0.03m^3$ 的开孔及开口不扣除，面积不超过 $0.15m\times0.15m$ 的填角部分也不增加。

5. **答案**:C

【解析】 《公路工程标准施工招标文件》(2018 年版)第三册说明:土方体积可采用平均断面面积法计算，但与似棱体公式计算结果比较，如果误差超过 ±5% 时，监理人可指示采用似棱体公式。

6. **答案**:B

【解析】 安全生产费按投标价的 1.5%(若招标人公布了最高投标限价时，按最高投标限价的 1.5%)以总额为单位计量。

7. **答案**:D

【解析】 施工主便道设置于公路永久征地红线范围内，不属于临时占地范围。

8. **答案**:A

【解析】 路基挖方和改河、改渠、改路挖方工程中，挖土方、挖石方子目的均应依据图示位置及尺寸，按照天然密实体积以立方米(m^3)为单位计量。所以，A 选项错误，其他均正确。

9. **答案**:A

【解析】 《公路工程标准施工招标文件》(2018 年版)第三册第 200 章:203-1-a 挖土方，包括边沟、排水沟、截水沟的土方，按照天然密实体积以立方米为单位计量。

10. **答案**:C

【解析】 路基填筑或改河、改渠、改路填筑工程中，利用土方、利用石方、借土填方、锥坡及台前溜坡填土等工程量应依据图示位置及尺寸，按填料压实体积计算，以立方米(m^3)为单位计量。

11. **答案**:C

【解析】 《公路工程标准施工招标文件》(2018 年版)第三册第 200 章第 204 节:地面下沉增加的填方量按填料来源参照本条计量。

12. **答案**:A

【解析】 清理现场的工程量应依据图示位置及尺寸，按路基开挖线或填筑边线之间的水平投影面积计算，以平方米(m^2)为单位计量，不含路基范围以外临时工程等用地清场面积。

13. **答案**:B

【**解析**】 各类垫层,如砂垫层、碎石垫层等工程量应依据图纸所示处理面积和厚度,按各类垫层的体积计算,以立方米(m^3)为单位计量。

14. **答案**:C

【**解析**】 路面垫层包括碎石垫层、砂砾垫层、水泥稳定土垫层和石灰稳定土垫层,均应依据图示压实厚度,按照铺筑的顶面面积以平方米(m^2)为单位计量。

15. **答案**:A

【**解析**】《公路工程标准施工招标文件》(2018 年版)第三册第 300 章,按面积计量的路面结构层,其面积应按铺筑结构层的顶面面积计算。

16. **答案**:A

【**解析**】 超过图纸所示的长度、面积、体积、质量等,均不应计算工程数量。

17. **答案**:B

【**解析**】 拦水带应依据图示位置及断面尺寸,分不同类型,按照拦水带长度以米(m)为单位计量。

18. **答案**:D

【**解析**】《公路工程标准施工招标文件》(2018 年版)第三册第 400 章,401-3 地质钻探及取样试验属于暂定工程量。

19. **答案**:B

【**解析**】《公路工程标准施工招标文件》(2018 年版)第三册第 403 节,桩系梁钢筋属于基础钢筋;支座垫块钢筋和伸缩缝预埋钢筋属于附属结构钢筋。

20. **答案**:A

【**解析**】《公路工程标准施工招标文件》(2018 年版)第三册第 400 章,404 节计量规则:基坑开挖侧面按顶面到底面,以超出基底周边 0.5m 的竖直面为界。

21. **答案**:B

【**解析**】《公路工程标准施工招标文件》(2018 年版)第三册第 400 章,405 节计量规则:施工图设计水深大于 2m 的为水中钻孔灌注桩。

22. **答案**:A

【**解析**】 后张法预应力钢丝、钢绞丝、钢筋均应按图示位置及尺寸,按钢材两端锚具间的设计理论长度乘以钢材的单位理论质量计算的预应力钢材质量,以千克(kg)为单位计量。除上述计算长度以外的锚固长度及工作长度的预应力钢材计入相应预应力钢材报价之中,不另行计量。

23. **答案**:C

【**解析**】《公路工程标准施工招标文件》(2018 年版)第三册第 400 章,415 节计量规则:沥青混凝土桥面铺装依据图纸所示位置、尺寸,按照铺筑体积以立方米为单位计量。

24. **答案**:D

【**解析**】《公路工程标准施工招标文件》(2018 年版)第三册第 400 章,416 节计量规则:板式橡胶支座分不同的材质及形状以立方分米为单位计量;盆式支座、球型支座、隔震橡胶支座分不同型号、支座反力以个为单位计量。

25. **答案**:D

【解析】 洞口坡面防护工程在第500章隧道工程第502节洞口与明洞子目计量。

26. **答案**:C

【解析】 《公路工程标准施工招标文件》(2018年版)第三册第500章,503节锚杆支护计量规则:依据设计图纸所示位置及尺寸,按锚杆长度分不同直径以米为单位计量。

27. **答案**:B

【解析】 《公路工程标准施工招标文件》(2018年版)第三册第500章,506节洞口装饰工程计量规则:依据设计图纸所示位置及尺寸,按图示面积分不同材质以平方米为单位计量。

28. **答案**:B

【解析】 《公路工程标准施工招标文件》(2018年版)第三册第600章,602节护栏计量规则:石砌护墙按图示各类石砌体积以立方米为单位计量;混凝土护栏钢筋在602-1-d子目中计量;桥上现浇混凝土护栏(防撞墙)在410-6子目中计量。

29. **答案**:C

【解析】 《公路工程标准施工招标文件》(2018年版)第三册第600章,604节道路交通标志计量规则:交通标志子目工程内容栏明确交通标志子目计价内容包括基础施工、立柱、标志板及各种匹配件制作与安装;且按安装就位的标志数量以个为单位计量。

30. **答案**:B

【解析】 《公路工程标准施工招标文件》(2018年版)第三册第700章,703节撒播草种和铺植草皮计量规则:依据图纸所示位置,按图示种植面积以平方米为单位计量,扣除结构工程防护和密栽灌木所占面积,不扣除散栽苗木所占面积。

31. **答案**:A

【解析】 路基工程中填前压实、地面下沉增加的填方量按填料来源计量。

32. **答案**:D

【解析】 《公路工程标准施工招标文件》(2018年版)规定:预应力钢材按图纸所示或预应力钢材表所列数量以千克(kg)计量。后张法预应力的长度按两端锚具间的理论长度计算;先张法预应力钢材的长度按构件的长度计算。所以D选项错误,其他选项正确。

33. **答案**:A

【解析】 抗滑桩工程包括现浇混凝土桩、桩板式抗滑挡土墙和微型钢管抗滑桩。其中,现浇混凝土桩、桩板式抗滑挡土墙包括混凝土桩身、挡土板、挡土墙锚杆、钢筋等子目,工程量计量规则与前所述类似子目相同。需要注意的是,混凝土桩的护壁、孔(锁)口混凝土和钢筋作为抗滑桩附属工作,不单独计量。所以,A选项正确。其他选项中钢筋都需要单独计量。

34. **答案**:A

【解析】 砌体挡土墙、干砌挡土墙和混凝土挡土墙工程应以图纸所示或监理人的指示为依据,按实际完成并经验收的数量,按砂浆强度等级及混凝土强度等级分别以立方米(m^3)计量。砂砾或碎石垫层按完成数量以立方米(m^3)计量。所以,A选项正确。其他选项中砂砾垫层都不需要单独计量。

35. **答案**:B

【解析】 依据"工程量清单计量规则"的清单项目分项表,工程内容明确包含在清单子目中的内容则不再单独计量。

36. **答案**:C

【解析】 核对灌注桩的施工设计图纸中的桩长、桩径、桩顶/底高程及地质剖面图,确认计量起止点(桩长为桩底高程至承台底面)。计算有效桩长:计量长度 = 设计桩底高程 − 设计桩顶高程(通常为承台底高程)。答题:设计桩底高程 −18m,承台底高程 −2m,则计量长度为16m。

37. **答案**:B

【解析】 对于与桩连为一体的柱式墩台,当无承台或系梁时,则以桩位处原始地面线为分界线,地面线以下部分为灌注桩桩长。若图纸有标示的,按图纸标示为准。当桩长计算到桩系梁底面时,自桩系梁底面至桩顶面高程的混凝土和钢筋应另行计量。

38. **答案**:D

【解析】 工程量清单计量规则确定了清单子目所包含的工作内容。清单子目的工作内容包括什么,计价时要计算哪些工作内容对应的费用,其计算依据不是由子目名称所确定或编制人员自行理解,而是由合同文件的计量规则决定,计量规则中所描述的工作内容是承包人是否完成清单子目工作内容的确定标准,规定了承包人应予以完成的该子目的主要工作。

39. **答案**:B

【解析】 除非另有规定,工程量清单计量计算面积时,其长、宽应按图纸所示尺寸线或按监理人指示计量。对于面积在 $1m^2$ 以下的固定物(检查井等)不予扣除。

40. **答案**:C

【解析】 工程量清单计量规则中明确了安全生产费按投标价的1.5%(若招标人公布了最高投标限价时,按最高投标限价的1.5%)以总额为单位计量。

二、多项选择题

1. **答案**:ABCD

【解析】 工程量清单计量规则由子目号、子目名称、单位、工程量计量规则、工程内容五大要素组成。

2. **答案**:BCDE

【解析】 工程保险费子目包括建筑工程一切险、第三者责任险,投标报价应以合同约定的保险费率及保费计算办法计算,根据保险公司的保单金额以总额为单位计量和结算。

3. **答案**:ABCE

【解析】

工程量清单计量规则的工程管理子目包括竣工文件、施工环保费、安全生产费和信息化系统(暂估价)。

4. **答案**:ABDE

【解析】 工程量清单计量规则的承包人驻地建设子目包括办公生活驻地建设、工地试验室建设、拌和站建设、钢筋加工场(厂)建设、预制场(厂)建设和建筑材料仓储建设等。选项C供电设施架设属于临时工程与设施子目。

5. **答案**:ABE

【解析】 改河、改路工程中的挖土石方应计入第203-2子目,土石方填筑应计入第204-2子目。所以选项C是错误的。弃土场绿化、防护工程、排水设施在相应章节内计量,所以选项D是错误的。

6. 答案:AD

【解析】 倒角扣除标准是0.15m×0.15m。当填料中石料含量大于30%小于70%时,应按利用土石混填算。

7. 答案:CD

【解析】 结构混凝土工程均依据图纸所示体积分不同强度等级以立方米(m^3)为单位计量;直径小于200mm的管子、钢筋、锚固件、管道、泄水孔或桩所占混凝土体积不予扣除,基坑开挖侧面:按顶面到底面,以超出基底周边0.5m的竖直面为界。所以选项C、D是错误的。

8. 答案:ABD

【解析】 集水井按数量以座为单位计量,沥青油毡防水层以平方米为单位计量,故选项C、E是错误的。

9. 答案:ABC

【解析】 路肩培土和中央分隔带回填土应依据图示位置及尺寸,按压实体积计算,以立方米(m^3)为单位计量。

10. 答案:ABD

【解析】 《公路工程标准施工招标文件》(2018年版)规定:钢筋混凝土盖板涵依据图纸所示,按不同跨径的盖板涵长度以米为单位计量,灌注桩应依据图纸所示桩长及混凝土强度等级,按照不同桩径的桩长,以米为单位计量。所以,C、E选项错误。

11. 答案:ABC

【解析】 设计图纸所示取弃土场的绿化应在第700章相关清单子目计量;满足施工需要,预留路基宽度宽填的填方量作为路基填筑的附属工作,不另行计量。所以D、E选项错误。其他选项正确。

12. 答案:AC

【解析】 沥青混凝土路面和水泥混凝土路面所需的外掺剂不另行计量,所以,A选项正确。水泥混凝土路面的补强钢筋及拉杆、传力杆等路面钢筋应按质量计算,以千克(kg)为单位计量。因搭接而增加的路面钢筋作为附属工作,不另行计量。所以,B选项错误,C选项正确。透层和黏层应按喷洒面积计算,以平方米(m^2)计量。所以,D选项错误。

13. 答案:ACDE

【解析】 510-1预埋件子目用于隧道洞内机电设施预埋件的计量。所以,B选项是错误的。A、C、D选项正确。

14. 答案:ACE

【解析】 现浇混凝土护栏或预制安装混凝土护栏及现浇混凝土基础,应依据图示位置及尺寸,区分混凝土强度等级,按图示浇筑或预制与安装的混凝土体积计算,以立方米(m^3)为单位计量。石砌护墙应依据图示位置及尺寸,区分砌石种类,按图示各类石砌体积计算,以立方米(m^3)为单位计量。所以,B、D选项是错误的,A、C选项正确。

15. 答案:BC

【解析】　三维土工网植草、土工格室植草、植生袋应依据图示位置及尺寸，按图示种植的面积计算，以平方米(m^2)为单位计量。所以，选项 B 是错误的。人工种植竹类按图示种植的不同类型的竹母数量以棵为单位计量。选项 C 是错误的。

16. 答案：ACDE

【解析】　桥梁伸缩装置(含伸缩装置更换)均应依据图示位置及尺寸，区分伸缩装置规格及伸缩量，按设计伸缩装置长度计算，以米(m)为单位计量。所以，B 选项是错误的。

17. 答案：BCE

【解析】　砖墙声屏障应在第 700 章计量；坡面柔性防护系统应在第 200 章或第 500 章计量。所以，B、D 选项是错误的。

18. 答案：CDE

【解析】　桥梁灌注桩的钻孔灌注桩和挖孔灌注桩的子目均包括灌注桩(钻孔、挖孔)、钻取混凝土芯样检测和破坏荷载试验用桩。选项 A、B 是分项单独计量子目，不属于灌注桩的分子目。

19. 答案：ACDE

【解析】　桥梁支座包括板式橡胶支座、盆式支座、隔震橡胶支座和球型支座。B 选项是错误的。

20. 答案：ABCD

【解析】　隧道洞门建筑包括现浇混凝土(现浇、预制安装)、浆砌片粗料石(块石)、洞门墙装修、钢筋和隧道铭牌。选项 E 遮光棚(板)分项单独计量子目，不属于洞门建筑的分子目。

第三节　工程量清单编制

本节知识架构

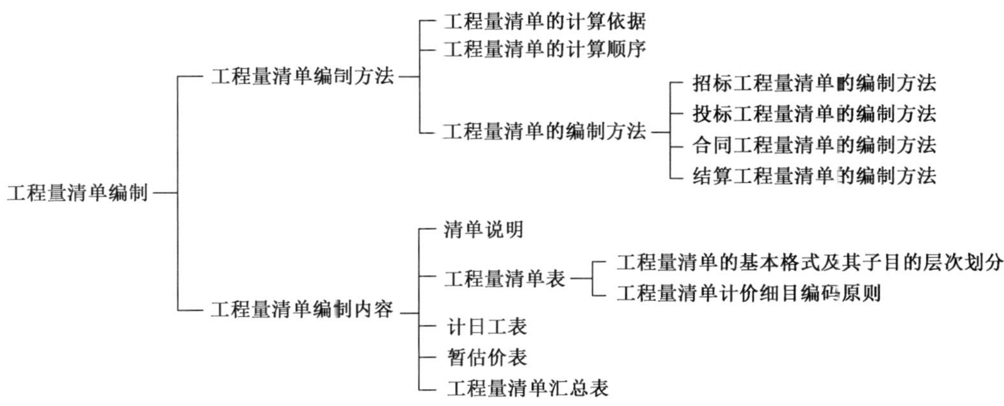

本节习题

一、单项选择题

1.(　　)实际就是按计量规则计算的实体项目的预估工程数量汇总表。

A. 合同工程量清单　　B. 标价的工程量清单

C. 未标价的工程量清单　　D. 结算工程量清单

2. 工程量清单是在工程(　　)用于表述公路工程的工程量及对应价款的组成和内容的明细清单,包括完成公路建设活动所需的实物工程、措施项目以及费用项目等。

A. 设计阶段　　B. 招标阶段　　C. 投标阶段　　D. 实施阶段

3. 按施工顺序计算工程量清单,即由(　　)算起,直到全部施工内容结束止。

A. 预制场　　B. 驻地建设　　C. 场地清理　　D. 挖除旧路面

4. 工程量清单的组成中,(　　)是对清单子目中不能具体表述的内容进行进一步的明确。

A. 工程量清单汇总表　　B. 投标报价说明

C. 计日工说明　　D. 工程量清单说明

5. 依据(　　)的有关规定,工程量清单子目编码采用阿拉伯数字表示,各级编号之间使用短横线分隔逐级扩展,其中第四级编号采用英文字母。

A.《公路工程建设项目造价文件管理导则》(JTG 3810—2017)

B.《公路工程建设项目投资估算编制办法》(JTG 3820—2018)

C.《公路工程建设项目概算预算编制办法》(JTG 3830—2018)

D.《公路工程标准施工招标文件》(2018 年版)

6.(　　)一般有数量,无单价和合价(暂估价除外)。

A. 招标工程量清单　　B. 投标工程量清单

C. 合同工程量清单　　D. 结算工程量清单

7.(　　)是编制招标工程量清单的主要依据。

A.《公路工程建设项目造价文件管理导则》(JTG 3810—2017)

B.《公路工程建设项目投资估算编制办法》(JTG 3820—2018)

C.《公路工程建设项目概算预算编制办法》(JTG 3830—2018)

D.《公路工程标准施工招标文件》(2018 年版)

8. 结算工程量清单应以(　　)为基础,结合计量支付文件、变更费用文件、经签认的计日工、确定的暂估价、仲裁决议或诉讼判决文件等资料进行编制。

A. 招标工程量清单　　B. 投标工程量清单

C. 合同工程量清单　　D. 最高投标限价

9. 不属于招标工程量清单的编制依据的是(　　)。

A.《公路工程工程量清单计量规范》

B. 人工、材料和设备等信息价格

C. 招标文件
D. 施工现场地质水文气象资料

10. 投标工程量清单编制的核心是(　　)。
A. 投标工程量清单计量规则的编制　B. 投标工程数量的计算
C. 投标报价的确定　D. 工程量清单算术性修正

11. 下列关于合同工程量清单的说法中,错误的是(　　)。
A. 实行招标的工程,承包人的投标工程量清单经算术性修正以及根据需要进行的其他调整后即成为合同工程量清单
B. 不实行招标的工程,应按《公路工程标准施工招标文件》(2018 年版)的有关规定编制合同工程量清单
C. 不实行招标的工程,合同工程量清单的子目编码、子目名称、单位、数量和计量规则的编制可参照招标工程量清单的编制方法
D. 实行招标的工程,合同工程量清单应依据结算工程量清单确定

12. 合同工程量清单是(　　)和工程结算的依据。
A. 招标　B. 投标　C. 评标　D. 工程计量支付

13. 下列说法有误的是(　　)。
A. 计日工的使用需得到监理人的书面指令,计日工不调价
B. 计日工工资的工时应从工人到达施工现场,并开始从事指定工作算起,到返回原出发地点为止,含用餐和休息时间
C. 工程量清单应与招标文件中的投标人须知、通用合同条款、专用合同条款、工程量清单计量规则、技术规范及图纸一起阅读和理解
D. 工程量清单说明强调的主要内容包括工程量清单与其他招标文件的关系、投标人填报工程量清单时的要求、工程量清单单价和总价的含义、计日工单价的含义等

14. 依据《公路工程建设项目造价文件管理导则》(JTG 3810—2017),子目编码为 002,该子目名称是(　　)。
A. 各章合计　B. 计日工合计
C. 暂列金额(不含计日工合计金额)　D. 总价(001 + 002 + 003) = 004

15. 投标工程量清单标明的子目单价应为(　　)。
A. 工料单价　B. 综合单价　C. 扩大单价　D. 预算单价

二、多项选择题

1. 下列一级子目名称正确的是(　　)。
A. 200 章　路基工程　B. 400 章　桥涵、涵洞工程
C. 800 章　房屋工程　D. 900 章　管理、养护工程
E. 700 章　绿化及环境保护工程

2. 工程量清单应由(　　)、单价、合价 6 个基本要素构成。
A. 子目编码　B. 定额编号　C. 子目名称　D. 单位
E. 数量

3. 按照公路工程项目的基本组成划分,公路工程工程量清单可以分为(　　)。

A. 交通土建工程工程量清单　　B. 交通机电工程工程量清单

C. 房屋建筑工程工程量清单　　D. 隧道工程工程量清单

E. 绿化工程工程量清单

4.《公路工程标准施工招标文件》(2018 年版),计日工表包括(　　)。

A. 计日工劳务　　B. 计日工单价表

C. 计日工施工机械　　D. 计日工材料

E. 计日汇总表

5. 暂估价是发包人在工程量清单中给定的用于支付必然发生但暂时不能确定价格的(　　)和服务的金额。

A. 材料　　B. 工程设备　　C. 专业工程　　D. 机械

E. 人员

6. 依据《公路工程建设项目造价文件管理导则》(JTG 3810—2017),工程量清单表 - 总表是将(　　)汇总相加而得出该项目的总报价。

A. 各章的工程细目表　　B. 计日工明细表

C. 暂列金额　　D. 材料暂估价

E. 工程设备暂估价

7. 招标工程量清单应依据(　　)等以合同段为单位进行编制。

A. 技术资料　　B. 招标文件

C. 施工现场地质水文气象资料　　D. 机械工程特点及施工方案

E. 工程设计文件

8. 以下关于招标工程量清单编制的说法正确的有(　　)。

A. 计算清单子目工程量不需要参考招标项目专用的工程量清单计量规则

B. 结合招标项目设计图纸,计算并填写招标工程量清单子目工程量

C. 结合常规施工组织设计方案及工程管理需要,确定清单第 100 章总则各清单子目

D. 根据工程实际情况确定计日工项目和暂列金额计算公式

E. 确定招标工程量清单中的暂估价子目,并填写暂估价金额

9. 投标工程量清单中的综合单价包含公路工程中为完成一个规定的合格的清单子目所需的(　　)、企业管理费、规费、利润及税金。

A. 人工费、材料费、施工机械使用费　　B. 设备购置费

C. 暂估价　　D. 合同约定范围内的风险费用

E. 措施费

10. 工程量清单表中可根据工程管理需要选用的有(　　)。

A. 工程量清单说明　　B. 工程量清单表

C. 计日工表　　D. 暂估价表

E. 工程量清单汇总表

11. 工程量清单中的清单说明部分包括:工程量清单说明和(　　)。

A. 工程量清单说明　　B. 材料价格说明

C. 投标报价说明　　D. 其他说明
E. 计日工说明

12. 暂估价包括(　　)。

A. 材料暂估价　　B. 工程设备暂估价
C. 专业工程暂估价　　D. 机械设备暂估价
E. 信息暂估价

13.《公路工程标准施工招标文件》(2018 年版)中未做出详细规定的公路工程工程量清单有(　　)。

A. 交通土建工程工程量清单　　B. 交通机电工程工程量清单
C. 房屋建筑工程工程量清单　　D. 航道疏浚工程工程量清单
E. 航道工程工程量清单

14.《公路工程标准施工招标文件》(2018 年版)中示列出的永久工程项目的工程量清单内容有(　　)等。

A. 安全设施及预埋管线　　B. 绿化及环境保护工程
C. 桥梁、涵洞工程　　D. 管理、养护及服务房屋
E. 路基

15. 依据《公路工程标准施工招标文件》(2018 年版),投标工程量清单总表中的投标报价总额应包括各章合计、(　　)三项之和。

A. 计日工　　B. 暂估价
C. 暂列金额(不含计日工合计金额)　　D. 施工措施费
E. 暂列金额(含计日工合计金额)

本节习题答案与解析

一、单项选择题

1. 答案:C

【解析】 未标价的工程量清单实际就是按计量规则计算的实体项目的预估工程数量汇总表。

2. 答案:D

【解析】 工程量清单是在工程实施阶段用于表述公路工程的工程量及对应价款的组成和内容的明细清单,包括完成公路建设活动所需的实物工程、措施项目以及费用项目等。

3. 答案:C

【解析】 按施工顺序计算,即由场地清理算起,直到全部施工内容结束止。

4. 答案:D

【解析】 工程量清单说明是对清单子目中不能具体表述的内容进行进一步的明确。

5. 答案:D

【解析】 《公路工程标准施工招标文件》(2018 年版)中工程量清单子目编码采用阿拉伯

数字表示,各级编号之间使用短横线分隔逐级扩展,其中第四级编号采用英文字母。《公路工程建设项目造价文件管理导则》(JTG 3810—2017)仅规定第一、二级编码。

6. **答案**:A

【解析】 招标工程量清单由招标人或招标人委托的代理人编制,作为投标报价的共同基础并用于计算和确定最高投标限价。招标工程量清单一般有数量、无单价和合价(暂估价除外)。

7. **答案**:D

【解析】 《公路工程标准施工招标文件》(2018 年版)是目前编制招标工程量清单的最主要的依据。

8. **答案**:C

【解析】 结算工程量清单应以合同工程量清单为基础,结合计量支付文件、变更费用文件、经签认的计日工、确定的暂估价、仲裁决议或诉讼判决文件等资料进行编制。

9. **答案**:B

【解析】 招标工程量清单应依据《公路工程工程量清单计量规范》、招标文件、其他公路工程造价依据,以及与公路工程有关的标准规范及技术资料、经批准的公路工程设计文件及相关资料、施工现场地质水文气象资料、工程特点及施工方案等,以合同段为单位进行编制。所以,A、C、D 选项是编制招标工程量清单的依据。因为招标工程量清单一般是没有单价和合价的(暂估价除外),所以人工和材料价格信息不是编制招标工程量清单的依据。

10. **答案**:C

【解析】 投标工程量清单编制的核心是投标报价的确定。所以,C 选项是正确的。

11. **答案**:D

【解析】 实行招标的工程,中标人的投标工程量清单经算术性修正并根据需要进行其他调整后即成为合同工程量清单,即合同工程量清单应以中标人的投标工程量清单为基础确定,所以 D 选项是错误的。

12. **答案**:D

【解析】 合同工程量清单是工程计量支付和工程结算的依据。

13. **答案**:B

【解析】 计日工工资的工时应从工人到达施工现场,并开始从事指定工作算起,到返回原出发地点为止,扣去用餐和休息时间。

14. **答案**:B

【解析】 依据《公路工程建设项目造价文件管理导则》(JTG 3810—2017),编码是 002 的一级子目是计日工合计。

15. **答案**:B

【解析】 投标工程量清单一般有数量、有单价、有合价、有总价。工程量清单标明的子目单价应为综合单价。

二、多项选择题

1. **答案**:ABE

【解析】 依据《公路工程标准施工招标文件》(2018 年版)第八章"工程量清单计价规

则”，共有100～700章一级子目名称，无800章房建工程，也无900章管理、养护工程。所以，本题中C、D选项是错误的。

2. 答案：ACDE

【解析】 依据《公路工程标准施工招标文件》(2018年版)第八章“工程量清单计价规则”，工程量清单应由子目编码、子目名称、单位、数量、单价、合价六项构成。

3. 答案：ABC

【解析】 按照公路工程项目的基本组成划分，公路工程工程量清单可以分为三大类，分别是交通土建工程工程量清单、交通机电工程工程量清单、房屋建筑工程工程量清单。

4. 答案：ACDE

【解析】 依据《公路工程标准施工招标文件》(2018年版)第八章“工程量清单计价规则”，计日工表包括计日工劳务、计日工材料、计日工施工机械和计日工汇总表。

5. 答案：ABC

【解析】 暂估价是发包人在工程量清单中给定的用于支付必然发生但暂时不能确定价格的材料、工程设备和专业工程和服务的金额。

6. 答案：ABC

【解析】 工程量清单汇总表是将各章的工程细目表及计日工明细表进行汇总，加上暂列金额而得出该项目的总报价。材料、工程设备、专业工程暂估价已包括在清单合计中，不应重复计入投标报价。

7. 答案：BCD

【解析】 招标工程量清单应依据招标文件、其他公路工程造价依据，以及与公路工程有关的标准规范及技术资料、经批准的公路工程设计文件及相关资料、施工现场地质水文气象资料、工程特点及施工方案等，以合同段为单位进行编制。选项A、E表述不详，故错误。

8. 答案：BCDE

【解析】 编制招标工程量清单的方法：①以《公路工程标准施工招标文件》(2018年版)、其他公路工程造价依据，以及与公路工程有关的标准规范及技术资料、经批准的公路工程设计文件及相关资料、施工现场地质水文气象资料、工程特点及施工方案等依据为基础，编制招标项目专用的工程量清单计量规则。②以招标项目专用的工程量清单计量规则为依据，结合招标项目设计图纸，计算并填写招标工程量清单子目工程量。③结合常规施工组织设计方案及工程管理需要，编制和确定清单第100章总则各清单子目。④确定招标工程量清单中的暂估价子目，并填写暂估价金额。⑤根据工程实际情况确定计日工项目和暂列金额计算公式。所以，本题中B、C、D、E选项均是正确答案，选项A有误。

9. 答案：ABDE

【解析】 投标工程量清单中的综合单价包含公路工程中为完成一个规定的合格的清单子目所需的人工费、材料费、施工机械使用费、设备购置费、措施费、企业管理费、规费、利润、税金以及合同约定范围内的风险费用。

10. 答案：CD

【解析】 工程量清单应以合同段为单位编制。工程量清单表应由总表、一级子目工程量清单表组成，可根据工程管理需要选用计日工表和暂估价表。所以，C、D选项是正确答案。

11. **答案**:ACDE

【解析】　工程量清单中的清单说明部分包括:工程量清单说明、投标报价说明、计日工说明和其他说明。

12. **答案**:ABC

【解析】　暂估价是发包人在工程量清单中给定的用于支付必然发生但暂时不能确定价格的材料、工程设备、专业工程和服务的金额。暂估价表包括材料暂估价、工程设备暂估价和专业工程暂估价。

13. **答案**:BCDE

【解析】　按照公路工程项目的基本组成,公路工程工程量清单可以分为三大类,分别是交通土建工程工程量清单、交通机电工程工程量清单、房屋建筑工程工程量清单。《公路工程标准施工招标文件》(2018 年版)中未包含房屋建筑工程工程量清单和交通机电工程工程量清单。而选项 D 航道疏浚工程和选项 E 航道工程不是公路工程内容。

14. **答案**:ABCE

【解析】　《公路工程标准施工招标文件》(2018 年版)工程量清单共示列 7 章:一类是 100 章总则,特点是该章子目有关款项包干支付按总额计算;另一类是永久工程项目的工程量清单,包括 200 章路基,300 章路面,400 章桥梁、涵洞,500 章隧道,600 章安全设施及预埋管线,700 章绿化及环境保护工程。所以,A、B、C 和 E 选项是正确的。D 选项是房屋建筑工程,《公路工程标准施工招标文件》(2018 年版)中没有示列详细清单子目,所以 D 选项是错误的。

15. **答案**:AC

【解析】　依据《公路工程标准施工招标文件》(2018 年版),投标工程量清单汇总表中的投标报价总额应为各章清单合计、计日工合计、暂列金额(不含计日工合计金额)三项的和。所以,A、C 选项是正确的,E 选项不正确。

暂估价已包含在各章清单合计中,所以 B 选项不是正确答案。施工措施费已包含在各清单子目的综合单价中,也已汇总在清单各章合计中,所以 D 选项也不是正确答案。

第三章　工程计价

考纲要求

1. 投资估算及设计概算、预算编制。
2. 工程量清单计价。

主要知识点

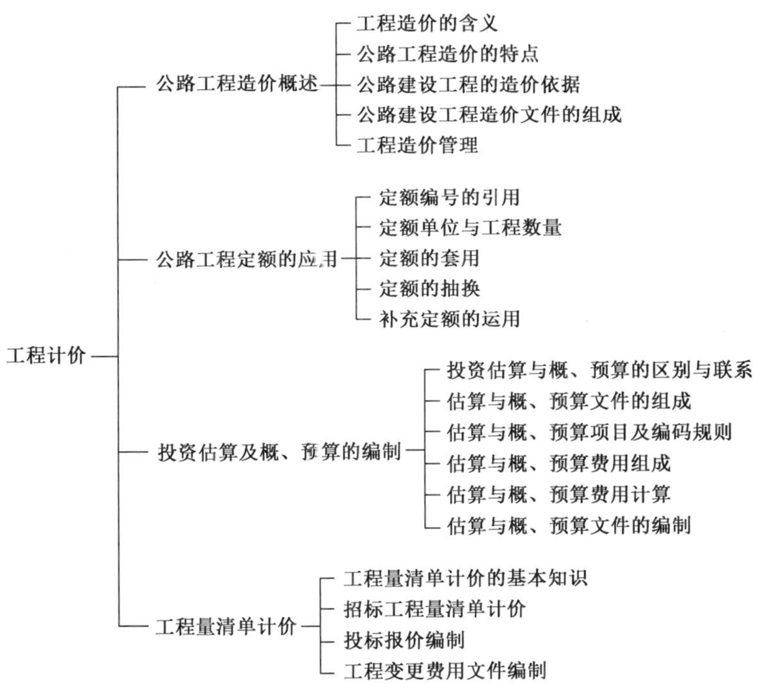

第一节　公路工程造价概述

本节知识架构

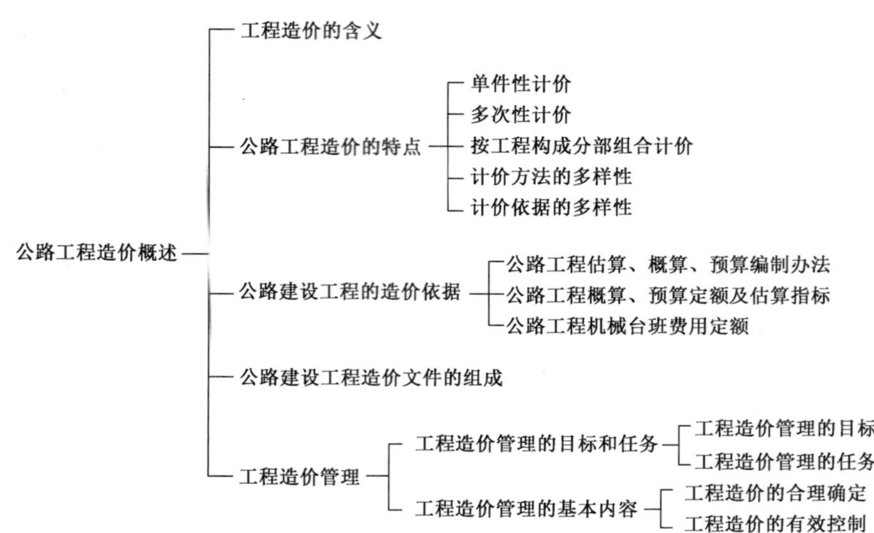

本节习题

一、单项选择题

1. 下列说法不正确的是(　　)。

A. 概算定额是在预算定额的基础上加以综合扩大而形成的

B. 预算定额水平是社会平均水平,它比施工定额的定额水平低

C. 部颁的统一定额有施工定额、预算定额、概算定额、估算指标,这四种定额水平均是社会平均水平

D. 公路工程反映消耗量数量标准的定额分为施工定额、预算定额、概算定额、估算指标四种

2. 拟建项目作出投资决策后,控制工程造价的关键是(　　)。

A. 合同　　B. 设计　　C. 施工　　D. 招标

3. 不属于公路工程造价计价特点的是(　　)。

A. 单件性　　B. 多次性

C. 系统性和独立性　　D. 计价依据多样性

4. 项目建议书阶段和可行性研究阶段需要编制的造价文件是(　　)。

A. 投资估算　　B. 设计概算　　C. 修正概算　　D. 施工图预算

5.(　　)经批准后是确定建设项目投资的最高限额。

A.投资估算　B.设计(修正)概算

C.清单预算　D.施工图预算

6.施工图预算编制最重要的依据是(　　)。

A.《公路工程建设项目投资估算编制办法》

B.《公路工程建设项目概算预算编制办法》

C.《公路工程标准施工招标文件》

D.《公路工程工程量清单计价规范》

7.(　　)是整个公路工程的最终造价,是作为建设单位财务部门汇总固定资产的主要依据。

A.投资估算　B.施工图预算

C.最高投标限价(标底)　D.工程竣工决算

8.正确反映建设项目的分解图是(　　)。

A.建设项目—单位工程—单项工程—分部工程—分项工程

B.建设项目—单项工程—单位工程—分部工程—分项工程

C.建设项目—单位工程—单项工程—分项工程—分部工程

D.建设项目—单项工程—单位工程—分项工程—分部工程

9.可以作为单项工程的是(　　)。

A.独立的桥梁工程、隧道工程　B.200m 路基试验段

C.500m 路面工程　D.1km 交通安全设施

10.设计(修正)概算的静态投资部分不得超过经审批或者核准的投资估算的静态投资部分的(　　)。

A.105%　B.110%　C.115%　D.120%

E.125%

二、多项选择题

1.工程造价的计价特点有(　　)。

A.单件性计价　B.连续性计价

C.按工程构成分部组合计价　D.多次性计价

E.计价方法的多样性

2.工程造价管理的基本内容是(　　)。

A.对工程造价实行全过程管理　B.降低工程造价

C.有效地控制工程造价　D.合理确定工程造价

E.加强工程造价的动态管理

3.属于公路工程造价文件的有(　　)。

A.设计概算　B.施工图预算　C.前期阶段　D.实施阶段

E.工程量清单预算

4.设计阶段应编制的工程造价文件包括(　　)。

A. 工程量清单预算　B. 设计概算　C. 修正概算　D. 施工图预算
E. 招标工程量清单

5. 需要编制投资估算的有(　　)。
A. 项目建议书阶段　B. 设计阶段
C. 可行性研究阶段　D. 施工阶段
E. 招标阶段

6. 投资估算的计价方法有(　　)等。
A. 估算指标法　B. 类似工程比较法
C. 生产能力系数法　D. 工程量清单计价法
E. 概算定额法

7. 实施阶段应编制的工程造价文件包括(　　)。
A. 施工图预算　B. 招标工程量清单
C. 工程变更费用文件　D. 工程结算
E. 投资估算

8. 有效地控制工程造价的要点包括(　　)等。
A. 以设计阶段为重点　B. 主动控制
C. 技术与经济相结合　D. 以人为本
E. 建设工程造价控制目标的设置

9. 初步设计概算的计价方法一般采用(　　)等方法进行编制。
A. 概算指标法　B. 概算定额法
C. 类似工程预算法　D. 工程量清单计价法
E. 估算指标法

10. 下列说法正确的是(　　)。
A. 修正概算经批准后是建设项目投资的最高限额,是签订建设项目总承包合同的依据
B. 三阶段设计的建设项目,项目施工图预算经批准后是确定建设项目投资的最高限额,是签订建设项目总承包合同的依据
C. 工程竣工决算是整个公路工程的最终造价,是作为建设单位财务部门汇总固定资产的主要依据
D. 工程造价控制的关键在于施工前的投资决策和设计阶段,而在项目做出投资决策后,控制工程造价的关键就在于设计
E. 造价控制目标是有机联系的整体,各阶段目标相互制约、相互补充,前者控制后者,后者补充前者,共同组成工程造价控制的目标系统

本节习题答案与解析

一、单项选择题

1. **答案**:C

【解析】　施工定额是在建筑安装工人的正常施工条件下，完成单位合格产品的劳动力、材料、机械消耗的数量标准。施工定额因本身具有企业定额的特点，所以不是部颁的统一定额。各个企业的施工定额不一定相同，施工定额水平不是社会平均水平。选项C说法不正确。

2. **答案：**B

【解析】　工程造价控制贯穿项目建设全过程，但是必须突出重点。工程造价控制的关键在于施工前的投资决策和设计阶段，而在项目做出投资决策后，控制工程造价的关键就在于设计。

3. **答案：**C

【解析】　工程造价计价作为建设工程这一特殊商品的价值表现形式，除具有与其他商品价格计价的共同特点外，还有其自身的特点和模式。计价特点包括：①单件性计价；②多次性计价；③按工程构成组合计价；④计价方法的多样性；⑤计价依据的多样性。所以，只有选项C不是公路工程造价计价的特点，是正确答案。

4. **答案：**A

【解析】　投资估算是指在公路工程项目建议、工程可行性研究阶段，按照规定的造价依据、方法和程序，以项目建议书、工程可行性研究报告、设计文件为依据，对工程建设所需的总投资及其构成进行预测和估计所确定的造价预估值。投资估算是公路工程项目决策的重要依据。

5. **答案：**B

【解析】　按两阶段设计的建设项目，在初步设计阶段编制初步设计概算，设计概算经批准后是确定建设项目投资的最高限额。按三阶段设计的建设项目，在技术设计阶段编制技术设计修正概算，修正概算经批准后是建设项目投资的最高限额。所以，B选项设计概算是正确答案。

6. **答案：**B

【解析】　施工图预算文件是公路工程施工图设计文件的重要组成部分。施工图预算的编制、审查、审批、备案应符合交通运输部颁发的《公路工程建设项目概算预算编制办法》(JTG 3830—2018)、《公路工程预算定额》(JTG/T 3832—2018)、《公路工程机械台班费用定额》(JTG/T 3833—2018)和各省(自治区、直辖市)交通运输主管部门有关补充计价依据的规定。施工图预算不得超过经批准的初步设计(修正)概算。

7. **答案：**D

【解析】　工程竣工决算是整个公路工程的最终造价，是作为建设单位财务部门汇总固定资产的主要依据。经审定的竣工决算是公路工程的最终造价，是确定公路工程新增固定资产投资额的依据。

8. **答案：**B

【解析】　一个建设项目按工程特点可进一步分解，如下图所示。

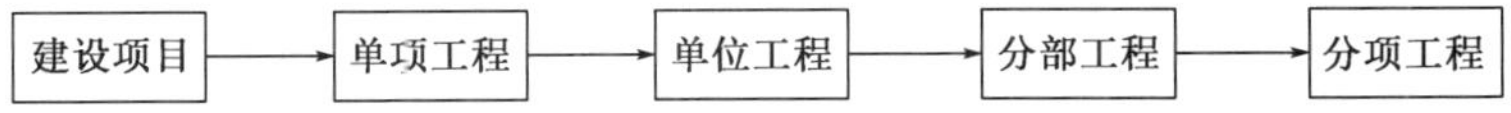

9. **答案**:A

【**解析**】　判断单项工程的标准是具有独立设计文件,竣工后能独立发挥设计规定的生产能力或效益的工程。本题目中只有A选项符合条件,B、C、D选项都不符合单项工程的判定标准。

10. **答案**:B

【**解析**】　设计(修正)概算的静态投资部分不得超过经审批或者核准的投资估算的静态投资部分的110%。

二、多项选择题

1. **答案**:ACDE

【**解析**】　工程计价的特点有:单件性计价、多次性计价、按工程构成分部组合计价、计价方法的多样性、计价依据的多样性。

2. **答案**:CD

【**解析**】　工程造价管理的基本内容就是合理确定工程造价和有效地控制工程造价。公路工程造价应当针对公路工程建设的不同阶段,根据项目的建设方案、工程规模、质量和安全等建设目标,结合建设条件等因素,按照相应的造价依据进行合理确定和有效控制。

3. **答案**:ABE

【**解析**】　公路工程造价文件泛指项目建议书、工程可行性研究、初步设计、施工图设计、招标、施工、交工、竣工等各阶段造价类文件的统称,包括投资估算、设计概算、施工图预算、工程量清单、工程量清单预算、合同工程量清单、计量支付、工程变更费用、造价管理台账、工程结算、工程竣工决算等文件。所以,A、B和E选项是正确答案,C和D选项是工程阶段不是造价文件。

4. **答案**:BCD

【**解析**】　设计阶段包括初步设计阶段、技术设计阶段和施工图设计阶段,分别对应设计概算、修正概算和施工图预算。所以B、C、D选项是正确答案。选项A工程量清单预算和选项E招标工程量清单是招标阶段的造价文件。

5. **答案**:AC

【**解析**】　项目建议书阶段编制的项目建议书投资估算文件,作为项目建议书阶段可行性研究进行经济评价的依据。项目建议书经批准后,可进入可行性研究报告阶段。

可行性研究报告阶段编制的可行性研究报告投资估算,作为可行性研究进行经济评价的依据。

选项B,设计阶段需编制设计概算和施工图预算。选项D,施工阶段需要编制的是合同工程量清单、工程变更费用文件、造价管理台账等。选项E,招标阶段需要编制的是招(投)标工程量清单、工程量清单预算,所以B、D和E选项有误。

6. **答案**:ABC

【**解析**】　投资估算一般采取估算指标法、类似工程比较法、生产能力系数法等方法进行编制。

7. **答案**:BC

【**解析**】　实施阶段应编制的工程造价文件包括招(投)标工程量清单、工程量清单预算文

件、合同工程量清单、计量与支付文件、工程变更费用文件、造价管理台账等。

选项A施工图预算和选项E投资估算属于前期阶段需要编制的造价文件；选项D工程结算属于竣(交)工阶段需要编制的造价文件。所以选项A、D、E不正确。

8. **答案**：ABCE

【解析】　工程造价的有效控制就是在优化建设方案、设计方案的基础上，在投资决策阶段、设计阶段、建设项目发包阶段和建设实施阶段，采用一定的方法和措施把建设工程造价控制在合理的范围和批准的造价限额以内，随时纠正发生的偏差，以保证项目管理目标的实现，以求在各个建设环节能合理使用人力、物力、财力，取得较好的投资效益和社会效益。其要点包括：①建设工程造价控制目标的设置。②以设计阶段为重点的建设全过程造价控制。③主动控制以取得令人满意的结果。④技术与经济相结合是控制工程造价最有效的手段。所以，A、B、C和E选项均是正确答案。

9. **答案**：ABC

【解析】　初步设计概算的计价方法一般采用概算定额法、概算指标法、类似工程预算法等方法进行编制。

10. **答案**：ACDE

【解析】　选项B有误，按三阶段设计的建设项目，在技术设计阶段编制技术设计修正概算，修正概算经批准后是建设项目投资的最高限额，是签订建设项目总承包合同的依据。

第二节　公路工程定额的应用

本节知识架构

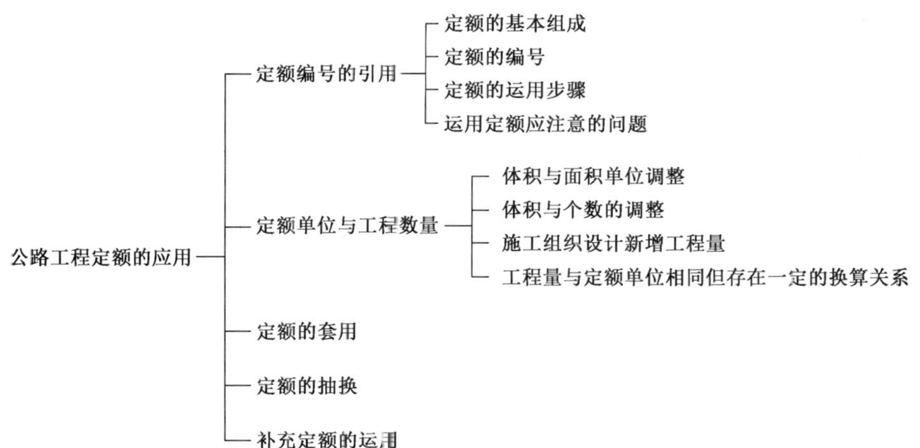

本节习题

一、单项选择题

1. 编制公路工程施工图预算时，对于周转性材料，如确因施工安排达不到规定的周转次数时，可根据具体情况进行换算并按规定计算回收，主要是指(　　)。

A. 就地浇筑钢筋混凝土梁、板桥上部构造用的支架及拱圈用的拱盔、支架

B. 模板(木模或组合钢模)

C. 定型钢模板

D. 隧道临时支撑

2. 公路工程概算定额和预算定额中路基土方的计量单位 $1000m^3$ 指(　　)。

A. 设计断面方体积加一定百分数

B. 设计断面方体积

C. 挖方天然密实方和填方压实方体积分别计算

D. 计价方体积

3. 下列说法不正确的是(　　)。

A. 运用定额时，应注意计量单位要与项目单位一致

B. 正确选择子目，不重不漏

C. 钢筋工程中，当设计用 HPB300 钢筋和 HRB400 钢筋的比例与定额比例不同时，可进行换算

D. 土石方工程开挖、运输、填方等定额均按压(夯)实后的体积计算

4. 在编制圆管涵施工图预算时，其预制构件的定额工程量应(　　)。

A. 大于设计工程量　　B. 小于设计工程量

C. 等于设计工程量　　D. 与设计工程量无关

5. 在编制施工图预算时，当水泥砂浆、混凝土的强度等级与预算定额的规定不同时，根据规定，(　　)。

A. 允许对其调整　　B. 不允许调整

C. 仅允许对混凝土调整　　D. 仅允许调整水泥用量

6. 在编制概(预)算时，概(预)算定额中的工程量计量单位(　　)。

A. 允许改变　　B. 不允许改变

C. 可按设计文件中的计量单位采用　　D. 自行确定

7. 在编制公路工程概(预)算计算计价工程量时，挖方数量按(　　)计算。

A. 设计断面松方体积　　B. 设计断面压实体积

C. 设计断面天然密实体积　　D. 设计断面混合体积

8. 在编制公路工程概(预)算计算计价工程量时，填方数量按(　　)计算。

A. 设计断面松方体积　　B. 设计断面压实体积

C. 设计断面天然密实体积　　D. 设计断面混合体积

二、多项选择题

1. 关于定额的运用说法正确的是(　　)。

A. 详细阅读总说明、章节说明

B. 认真核对工程内容,防止漏列或重列

C. 正确选择子目,不重不漏

D. 设计工程量单位与所用的定额单位不一致,可调整定额单位

E. 定额表列中的“注”不影响定额的运用,可看可不看

2. 现行的《公路工程概算定额》(JTG 3831)和《公路工程预算定额》(JTG 3832)的组成部分均包括(　　)。

A. 定额表　　B. 章、节说明　　C. 附录　　D. 总说明

E. 目录

3. 路基填方工程土石方数量除设计地面高程断面范围内的数量外,尚应计算(　　)。

A. 清除表土或零填方地段的基底压实后,回填至原地面高程所需的土、石方数量

B. 耕地填前压夯(实)后,回填至原地面高程所需的土、石方数量

C. 排水、防护、桥涵等工程的开挖基坑土方的数量

D. 为保证路基边缘的压实度需加宽填筑时,所需的土、石方数量

E. 因路基沉陷需增加填筑的土、石方数量

4. 以下关于路基土石方数量的计算中,说法正确的是(　　)。

A. 路基挖方按设计断面天然密实体积计价

B. 路基填方按设计断面压实体积计价

C. 路基挖方按设计断面压实体积计价

D. 路基填方按设计断面天然密实体积计价

E. 路基土石方的装卸、运输是按天然密实体积计算

5. 以下说法正确的是(　　)。

A. 一个完整项目的概预算造价除包括施工图纸上的工程数量外,还应考虑与施工方案及施工组织措施有关的其他工程涉及的定额

B. 在编制概、预算文件时,若遇到设计文件单位和所用的定额单位不一致的情况,可调整定额单位,使其与设计单位一致

C. 现行《公路工程预算定额》(JTG 3832)、《公路工程概算定额》(JTG 3831)组成部分有颁发定额的文件号,目录,总说明,章、节说明,定额表和附录

D. 定额工程内容主要说明本定额表所包括的操作内容及对应详细工艺流程

E. 现行《公路工程预算定额》(JTG 3832)、《公路工程概算定额》(JTG 3831)中的附录是编制定额的基本数据,也是编制补充定额的依据

6. 在定额应用时,可以进行定额抽换的是(　　)。

A. 模板周转次数调整

B. 设计用光圆钢筋、带肋钢筋比例与定额比例不同时，可以进行换算

C. 就地浇筑钢筋混凝土梁用的支架达不到规定的周转次数时，可以进行换算

D. 在使用预算定额时，混凝土和水泥砂浆的强度等级与定额的规定不同，可以进行换算

E. 在使用预算定额时，路面基层材料的配比与定额不相符时，可以进行换算

7. 某高速公路路面基层设计为 30cm 厚的水泥稳定碎石，套用路面基层定额编制施工图预算时，需要加倍的施工机械是(　　)。

A. 稳定土拌和机　　B. 平地机

C. 压路机　　D. 自卸汽车

E. 拖拉机

8. 在编制公路工程概预算造价时，使用定额主要体现在(　　)。

A. 对概预算定额的结构形式与内容正确把握

B. 正确运用定额细目

C. 正确计算工程量

D. 正确选定费率

E. 正确计算材料预算单价

本节习题答案与解析

一、单项选择题

1. **答案**：A

【解析】 现行《公路工程预算定额》(JTG 3832)规定，对于周转性材料，如确因施工安排达不到规定的周转次数时，就地浇筑钢筋混凝土梁用的支架及拱圈用的拱盔、支架，可根据具体情况进行抽换并按规定计算回收。

2. **答案**：C

【解析】 路基土石方的开挖和运输定额均按天然密实体积(m^3)计算，填方定额则是按压(夯)实后的体积(m^3)计算。所以，选项 C 正确。

3. **答案**：D

【解析】 选项 D 有误，土石方工程中，路基土石方的开挖和运输定额均按天然密实体积(m^3)计算，填方定额则是按压实后的体积(m^3)计算。

4. **答案**：A

【解析】 公路工程预算定额规定：构件的预制数量应为安装定额中括号内构件的备制数量，就是说管节、帽石、缘石、栏杆、扶手及拱波等小型构件在施工时有损耗，所以，预制数量应大于设计数量。

5. **答案**：A

【解析】 公路工程预算定额规定：路面基层材料、混凝土、砂浆的配比与定额不相符时，

允许进行抽换。

6. **答案**:B

【解析】 定额是按照合理的施工组织和一般正常的施工条件编制的。定额中所使用的施工方法和工程质量标准,是根据国家现行的公路工程施工技术及验收规范、质量评定标准及安全操作规程取定的,除定额中允许换算者外,均不得因具体工程的施工组织、操作方法和材料消耗与定额的规定不同而变更定额。定额中的工程量计量单位更不允许改变。

7. **答案**:C

【解析】 土石方工程中,路基土石方的开挖和运输定额均按天然密实体积(m^3)计算,填方定额按压(夯)实后的体积(m^3)计算。所以,选项 C 正确。

8. **答案**:B

【解析】 土石方工程中,路基土石方的开挖和运输定额均按天然密实体积(m^3)计算,填方定额按压(夯)实后的体积(m^3)计算。所以,选项 B 正确。

二、多项选择题

1. **答案**:ABC

【解析】 设计工程量单位和所用的定额单位不一致,不能调整改变定额单位。此时应根据定额单位将设计数量进行换算。故选项 D 有误。

定额表列中的"注"是对本表的特别说明。使用定额时,应仔细阅读,以免发生错误。如编制预算,浆砌骨架护坡(坡高 10m 以内),套用预算定额[1-4-11-2]时,应根据该定额"注"内容(即当采用骨架护坡时,人工工日乘以 1.3 的系数),人工消耗量乘以 1.3 系数。故选项 E 有误。

2. **答案**:ABDE

【解析】 现行的《公路工程概算定额》(JTG 3831)和《公路工程预算定额》(JTG 3832)的组成部分均包括颁发定额的文件,目录,总说明,章、节说明,定额表。现行《公路工程预算定额》(JTG 3832)还包括附录,而现行《公路工程概算定额》(JTG 3831)中没有附录。

3. **答案**:ABDE

【解析】 编制设计概算和施工图预算时,下列工程数量由施工组织设计提出,并入路基填方数量内计算:①清除表土或零填方地段的基底压实、耕地填前夯(压)实后,回填至原地面高程所需的土、石方数量。②因路基沉陷需要增加填筑的土、石方数量。③为保证路基边缘的压实度须加宽填筑时,所需的土、石方数量。

4. **答案**:ABE

【解析】 路基土石方的开挖、装卸、运输定额均按天然密实体积(m^3)计算,填方定额按压(夯)实后的体积(m^3)计算。所以,选项 A、B 和 E 正确。

5. **答案**:AD

【解析】 选项 B 有误,在编制概、预算文件时,若遇到设计文件单位和所用的定额单位不一致,不能调整改变定额单位。此时应根据定额单位将设计数量进行换算。

选项 C 和 E 有误,现行《公路工程概算定额》(JTG 3831)没有附录。

6. **答案**:BCDE

【解析】 由于定额是按一般正常合理的施工组织和正常施工条件编制的,定额中所采用的施工方法和工程质量标准,主要是根据国家现行公路工程施工技术及验收规范、质量评定标准及安全操作规程取定的。因此,使用定额时不得因具体工程的施工组织、操作方法和材料消耗与定额的规定不同而调整定额。但在对定额中某些项目进行抽换,使定额的使用更符合实际情况时,允许以下情况按规定执行:①就地浇筑钢筋混凝土梁用的支架及拱圈用的拱盔、支架,如确因施工安排达不到规定的周转次数,可根据具体的情况换算并按规定计算回收。②使用预算定额时,路面基层材料、混凝土、砂浆的配合比与定额不相符时,以及水泥等级强度与定额中的水泥等级强度不同时,可按现行《公路工程预算定额》(JTG 3832)附录二的基本定额中的混凝土、砂浆配合比表进行换算。③钢筋工程中,当设计用 HPB300 钢筋和 HRB400 钢筋的比例与定额比例不同时,可进行换算。④如施工中必须使用特殊机械时,可按具体情况进行换算。

7. 答案:BCE

【解析】 根据预算定额的规定:各类垫层、级配碎石、级配砾石路面基层的压实厚度在 15cm 以内,填隙碎石一层的压实厚度在 12cm 以内,各类稳定土基层、其他种类的基层和底基层压实厚度在 20cm 以内,拖拉机、平地机和压路机台班按定额数量计算。如超过以上压实厚度进行分层拌和、碾压时,拖拉机、平地机、摊铺机和压路机台班按定额数量加倍,每 $1000m^2$ 增加 3.0 工日。

8. 答案:ABC

【解析】 使用定额要注意总说明,章、节说明,定额表及小注等内容;A、B、C 选项属于使用定额应注意的内容,选项 D 和 E 与使用定额无关,但直接影响概预算造价。

第三节 投资估算及概、预算的编制

本节知识架构

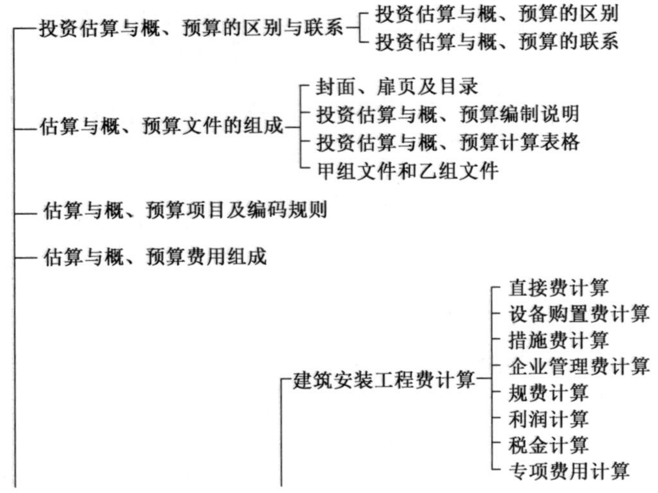

- 投资估算及概、预算的编制
  - 估算与概、预算费用计算
    - 土地使用及拆迁补偿费计算
      - 永久占地费
      - 临时占地费
      - 拆迁补偿费
      - 水土保持补偿费
      - 其他费用
      - 土地使用及拆迁补偿费计算方法
    - 工程建设其他费计算
      - 建设项目管理费计算
      - 研究试验费计算
      - 建设项目前期工作费计算
      - 专项评价(估)费计算
      - 联合试运转费计算
      - 生产准备费计算
      - 工程保通管理费计算
      - 工程保险费计算
      - 其他费用计算
    - 预备费计算
      - 基本预备费计算
      - 价差预备费计算
    - 建设期贷款利息计算
  - 估算与概、预算文件的编制
    - 编制步骤
      - 熟悉设计图纸和资料
      - 准备估、概、预算资料
      - 分析外业调查资料及施工方案
      - 分项
      - 计算工程量
      - 查指标、定额
      - 基础单价的计算
      - 计算建筑安装工程费
      - 实物指标计算
      - 计算其他有关费用
      - 编制总概、预算表并进行造价分析
      - 编制综合估、概、预算
      - 编制说明
    - 编制注意事项及各项费用计算程序
      - 编制注意事项
      - 费用计算程序
      - 概、预算表格计算

本节习题

一、单项选择题

1. 在施工图设计阶段,编制施工图预算时采用的是(　　)。

A. 预算定额　　B. 概算定额　　C. 概算指标　　D. 企业定额

2. 以下不属于施工图预算编制依据的是(　　)。

A. 工程量数据　　B. 计价办法

C. 各种经济法规、政策　　D. 概算定额

3. 以下属于编制施工图预算的依据是(　　)。

A. 概算定额　　B. 估算指标　　C. 施工定额　　D. 国家政策法规

4. 估、概、预算计算表格包括基本表格和辅助表格,基本表格包括(　　)。

A. 综合费率计算表　　B. 设备费计算表

C. 专项费用计算表　　D. 主要技术经济指标表

5. 公路建设项目初步设计概算,应以(　　)为依据来进行。

A. 已批准的项目建议书　　B. 项目建议书

C. 已批准的可行性研究报告　　D. 可行性研究

6. 施工图预算基本预备费是以建筑安装工程费、土地使用及拆迁补偿费、工程建设其他费之和为基数,按(　　)计算。

A. 11%　　B. 9%　　C. 5%　　D. 3%

7. (　　)是以各类工程的定额直接费为基数,乘以相应费率进行计算。

A. 施工辅助费　　B. 冬季施工增加费

C. 行车干扰工程施工增加费　　D. 工地转移费

8. 建筑安装工程直接费中的人工费是指(　　)。

A. 施工现场所有人员的工资性费用

B. 施工现场与建筑安装施工直接有关的人员的工资性费用

C. 直接从事建筑安装施工的生产人员开支的各项费用

D. 直接从事建筑安装施工的生产人员及机械操作人员开支的各项费用

9. (　　)应列入生产工人人工费内。

A. 生产工人探亲期间的工资　　B. 生产工人福利费

C. 生产工人的退休工资　　D. 生产工人劳动保护费

10. 下列说法正确的是(　　)。

A. 职工探亲路费是以直接费为基数,乘以相应费率进行计算

B. 辅助生产间接费按人工费的3%计

C. 安全生产费按建筑安装工程费(不含安全生产费本身)乘以安全生产费费率计算

D. 施工场地计费基数 = 定额直接费 + 定额设备购置费 + 措施费 + 企业管理费 + 规费 + 利润 + 税金

11. 施工企业6个月以上的病假人员工资应列入(　　)中。

A. 职工福利费　　B. 生产工人辅助工资

C. 劳动保险费　　D. 工资性补贴

12. 某公路建设项目采购的光圆钢筋供应价为2500元/t,运杂费为0.8元/(t·km),运输距离为50km,运输途中发生的路桥通行费为60元/t,采购及保管费率为2.5%,则该材料的预算价格为(　　)元/t。

A. 2665.0　　B. 2663.5　　C. 2662.5　　D. 2600.0

13. 下列与材料预算单价无关的是(　　)。

A. 材料原价　　B. 运杂费

C. 场内运输损耗率　　D. 采购及保管费率

14. 建筑安装工程费用中除(　　)外,其他均按“价税分离”计价规则计算。

A. 直接费　　B. 设备购置费　　C. 专项费用　　D. 规费

15. 某新建项目,建设期为2年,共向银行贷款1200万元,贷款时间为:第一年500万元,

第二年为700万元。年利率为10%，则建设期各年利息分别为(　　)万元。

A. 25、35　B. 25、87.5　C. 25、83.5　D. 25、90

16. 当工程竣工验收时，为了鉴定工程质量，对隐蔽工程进行必要的开挖和修复，费用应从(　　)中支付。

A. 预备费　B. 建设单位的管理费

C. 现场管理费　D. 施工单位的其他直接费

17. 对采购来的高等级强度水泥进行强度试验，以鉴定它的质量，检验过程支出的各种费用应计入(　　)。

A. 措施费　B. 研究试验费

C. 建安工程直接费　D. 企业管理费

18. 根据我国公路建设项目投资构成的规定，工程定位复测、工程点交费应计入(　　)。

A. 现场管理费　B. 建设单位管理费　C. 企业管理费　D. 措施费

19. 在建设项目总概算中，属于工程建设其他费用的是(　　)。

A. 措施费　B. 企业管理费

C. 工程造价预留费　D. 建设项目前期工作费

20. 按现行有关规定，在施工过程中，生产工人的劳动保护费属于(　　)。

A. 直接费　B. 措施费　C. 企业管理费　D. 现场管理费

21. 场地清理费用属于(　　)。

A. 建设单位管理费　B. 施工现场管理费

C. 施工企业管理费　D. 措施费

22. 工程排污费属于(　　)。

A. 规费　B. 其他工程费　C. 企业管理费　D. 措施费

23. 行车干扰工程施工增加费是以(　　)为基数，乘以相应费率计算而得。

A. 受行车影响部分的工程的定额人工费和定额机械使用费之和

B. 受行车影响部分的工程的定额直接费之和

C. 受行车影响部分的工程的直接费之和

D. 受行车影响部分的工程的人工费和机械使用费之和

24. 以下不属于直接费中材料费的是(　　)。

A. 混凝土工程的模板　B. 混凝土工程的添加剂

C. 修建试验室用的混凝土　D. 预制底座的混凝土

25. 下列不属于企业管理费中基本费用的是(　　)。

A. 工程排污费　B. 劳动保护费　C. 职工取暖补贴　D. 劳动保险费

26. 某公路工程需采购中(粗)砂1000m^3，材料的料场供应单价为50元/t(不含税价，单位质量1.5t/m^3)，料场距工地的平均运距为50km，运价为0.5元/(t·km)，装卸费单价为3元/t，场外运输损耗为1%，采购及保管费费率为2.06%，材料的预算价格是(　　)元/m^3。

A. 80.4　B. 106.2　C. 112.6　D. 120.6

27. 按我国现行标准规范规定，公路工程各项费用中的直接费由(　　)组成。

A. 人工费、施工管理费、施工机械使用费　B. 人工费、材料费、计划利润
C. 人工费、材料费、施工机械使用费　D. 人工费、材料费、施工管理费

28. 在设备订货时,由于规格、型号改变的价差,材料货源变更、运输距离或方式的改变以及因规格不同而代换使用等原因发生的价差应从(　　)中支付。

A. 基本预备费　B. 建设项目管理费　C. 现场管理费　D. 措施费

29. 定额建筑安装工程费用包括定额直接费、(　　)、措施费、企业管理费、规费、利润、税金、专项费用。

A. 定额设备购置费　B. 定额设备购置费的 40%
C. 设备购置费　D. 设备购置费的 40%

30. 下列关于施工场地建设费说法有误的是(　　)。

A. 施工场地建设费包括按照工地建设标准化要求进行承包人驻地、工地试验室建设,钢筋集中加工、混合料集中拌制、构件建筑预制等所需的办公、生活居住房屋(包括职工家属及探亲房屋),公用房屋和生产用房屋等费用
B. 施工场地建设费包括文明施工、职工健康生活的费用
C. 施工场地建设费包括施工扬尘污染防治措施费
D. 施工场地建设费计算基数 = 定额直接费 + 定额设备购置费 + 措施费 + 企业管理费 + 规费 + 利润 + 税金 + 专项费用

二、多项选择题

1. 概算、预算编制的主要依据包括(　　)。

A. 设计资料　B. 拟分包情况
C. 施工组织设计资料　D. 定额或补充定额
E. 征地、拆迁补偿等资料及标准、规定

2. 下列属于乙组文件的是(　　)。

A. 材料预算单价计算表　B. 施工机械台班单价计算表
C. 建设项目属性及技术经济信息表　D. 人工、主要材料、机械台班数量汇总表
E. 综合费率计算表

3. (　　)属于机械台班单价组成内容。

A. 折旧费　B. 台班租赁费　C. 维护费　D. 安装拆卸费
E. 检修费

4. 影响材料预算价格变动的主要因素有(　　)。

A. 材料生产成本　B. 材料采购及仓库保管费
C. 材料的消耗水平　D. 运输距离及方式
E. 场外运输损耗

5. 在计算材料预算单价时,材料的采购及保管费的计算基数包括(　　)。

A. 材料原价　B. 运费及装卸费
C. 场外运输损耗费　D. 场内运输损耗费

E. 包装品回收价值

6. 公路工程建设项目概预算中涉及的预备费指(　　)。

A. 设备增加费　　B. 施工机械增加费

C. 人工增加费　　D. 特殊季节使用费

E. 特殊地区施工增加费

7. 编制概预算时需计算直接费,下列费用属于直接费的有(　　)。

A. 现场管理费　　B. 材料费　　C. 施工机械费　　D. 税金

E. 规费

8. 属于建筑安装工程费用的有(　　)。

A. 直接费　　B. 设备购置费

C. 工程建设其他费用　　D. 预备费

E. 专项费用

9. 规费指法律、法规、规章、规程规定施工企业必须缴纳的费用,包括(　　)。

A. 养老保险费　　B. 失业保险费　　C. 劳动保险费　　D. 医疗保险费

E. 第三方责任险

10. 建设项目管理费包括(　　)。

A. 建设单位管理费　　B. 设计文件审查费

C. 工程监理费　　D. 工程质量监督费

E. 建设项目前期工作费

11. 下列费用中,属于建安工程措施费的有(　　)。

A. 现场材料二次搬运费　　B. 混凝土添加剂费

C. 场地清理费　　D. 冬季施工增加费

E. 工地转移费

12. 用实物法编制施工图预算时,直接费的计算与(　　)有关。

A. 人工、材料、机械台班的市场价格

B. 预算定额基价

C. 人工、材料、机械台班的预算定额消耗量

D. 措施费费率

E. 规费费率

13. 企业管理费中的其他单项费用是(　　)。

A. 现场管理人员工资　　B. 主副食运费补贴

C. 办公费　　D. 职工探亲路费

E. 夜间施工增加费

14. 公路工程建筑安装工程费中的财务费用包括(　　)。

A. 短期贷款利息净支出　　B. 汇兑净损失

C. 金融机构手续费　　D. 保险费

E. 建筑工程一切险

15. 下列各项中属于建筑安装工程企业管理费的基本费用有(　　)。

A. 劳动保护费　B. 职工教育经费　C. 劳动保险费　D. 财务费用

E. 工地转移费

16. 属于建筑安装工程施工机械使用费中不变费用的有(　　)。

A. 检修费　B. 维护费　C. 动力燃料费　D. 安拆辅助费

E. 车船税

17. 属于建筑安装工程施工机械使用费中可变费用的有(　　)。

A. 机上人员人工费　B. 维护费

C. 动力燃料费　D. 辅助设施费

E. 检修费

18. 工程直接费为1500万元,其中人工费为150万元,定额直接费为1100万元,定额人工费为120万元,设备购置费为50万元,措施费为5万元,企业管理费为80万元,规费费率为35%,利润为7.42%。下列费用计算正确的有(　　)。

A. 规费为42.0万元　B. 规费为52.5万元

C. 利润为87.93万元　D. 利润为117.61万元

E. 利润为91.82万元

19. 按现行《公路工程建设项目概算预算编制办法》(JTG/T 3830)规定,土地使用及拆迁补偿费包括(　　)。

A. 土地出让金　B. 土地补偿费

C. 拆迁补偿费　D. 临时占地费

E. 水土保持补偿费

20. 下列关于工程类别划分说法正确的有(　　)。

A. 估算中路面指路面所有结构层工程、路面零星工程及便道、被交道工程

B. 估算中构造物Ⅲ指监控、通信、收费、隧道机电、独立大桥等机电设备安装工程

C. 概、预算中路面指路面所有结构层工程、路面附属工程、便道以及特殊路基处理工程

D. 概、预算中构造物Ⅲ指商品水泥混凝土的浇筑、商品沥青混凝土和各类商品稳定土混合料的铺筑、外购混凝土构件、设备安装工程等

E. 概、预算中土方指人工及机械施工的土方工程、路基掺灰、路基换填及台背回填

本节习题答案与解析

一、单项选择题

1. **答案:**A

【解析】　施工图预算是根据施工设计图纸、预算定额、各项取费标准、建设地区的自然及技术经济条件等资料编制的造价文件。概算定额是编制设计概算的依据,企业定额是施工企

业投标报价的依据。

2. **答案**:D

【解析】 所谓计价依据是指用以计算工程造价的基础资料的总称,除包括定额、指标、费率、基础单价外,还包括工程量数据以及政府主管部门颁发的各种有关经济法规、政策、计价办法等。但概算定额是编制设计概算和修正概算的依据,不是施工图预算的编制依据。

3. **答案**:D

【解析】 施工图预算的编制依据包括设计图纸、预算定额、取费标准、单价资料,以及国家或有关部门颁发的各种政策、法规等。

选项A概算定额是编制设计概算和修正概算的依据,选项B估算指标是项目建议书投资估算与可行性研究报告投资估算的依据,选项C施工定额是施工企业投标报价及组织施工的依据,选项A、B和C均不是编制施工图预算的依据。

4. **答案**:D

【解析】 估、概、预算计算表格包括基本表格和辅助表格。基本表格包括主要技术经济指标表、要素费用项目前后阶段对比表、总估算表/总概算表/总预算表、人工/材料/设备/机械数量单价表;辅助表格包括建筑安装工程费计算表、综合费率计算表、综合费计算表、设备费计算表、专项费用计算表、土地使用及拆迁补偿费计算表、工程建设其他费计算表、分项工程估算/概(预)算计算数据表、分项工程估算/概(预)算表、材料预算单价计算表、自采材料料场价格计算表、材料自办运输单位运费计算表、施工机械台班单价计算表、辅助生产人工/材料/设施机械台班单位数量表等。选项A、B和C均属于辅助表格。

5. **答案**:C

【解析】 一般来说,在工程造价编制中,前一个阶段的造价文件是后一个阶段造价文件的编制依据,所以说设计概算的编制依据有经批准的可行性研究报告。

6. **答案**:D

【解析】 基本预备费以建筑安装工程费、土地使用及拆迁补偿费、工程建设其他费之和为基数,按下列费率计算:①项目建议书投资估算按11%计列。②工程可行性研究报告投资估算按9%计列。③设计概算按5%计列。④修正概算按4%计列。⑤施工图预算按3%计列。

7. **答案**:A

【解析】 施工辅助费以各类工程的定额直接费为基数,乘以相应费率进行计算。选项A、B和C均是以各类工程的定额人工费和定额施工机械使用费之和为基数,乘以相应费率进行计算。

8. **答案**:C

【解析】 按现行《公路工程建设项目概算预算编制办法》(JTG/T 3830)的规定,人工费是指列入估算指标、概预算定额的直接从事建筑安装工程施工的生产工人开支的各项费用。但材料采购及保管人员、驾驶施工机械、运输工具的工人,材料到达工地以前的搬运、装卸工人等人员的工资以及由企业管理费(施工管理)支付工资的人员的工资,不应计入人工费。

9. **答案**:A

【解析】 按现行《公路工程建设项目概算预算编制办法》(JTG/T 3830)的规定,人工费内容包括:①计时工资或计件工资,指按计时工资标准和工作时间或对已做工作按计件单价支付给个人的劳动报酬。②津贴、补贴,指为了补偿职工特殊或额外的劳动消耗和因其他特殊原因支付给个人的津贴,以及为了保证职工工资水平不受物价影响支付给个人的物价补贴,如流动工资津贴、特殊地区施工津贴、高温(寒)作业临时津贴、高空津贴等。③特殊情况下支付的工资,指根据国家法律、法规和政策规定,因病、工伤、产假、计划生育假、婚丧假、事假、探亲假、定期休假、停工学习、执行国家或社会义务等原因按计时工资标准或计件工资标准的一定比例支付的工资。选项 B、C、D 均属于企业管理费中开支的费用。

10. **答案**:C

【解析】 安全生产费按建筑安装工程费(不含安全生产费本身)乘以安全生产费费率计算,费率按不少于 1.5% 计取。

选项 A 有误,职工探亲路费是以各类工程的定额直接费为基数,乘以相应费率进行计算。

选项 B 有误,辅助生产间接费按定额人工费的 3% 计。

选项 D 有误,施工场地计费基数 = 定额直接费 + 定额设备购置费 ×40% + 措施费 + 企业管理费 + 规费 + 利润 + 税金。

11. **答案**:C

【解析】 劳动保险费系指企业支付离退休职工的异地安家补助费、职工退职金、6 个月以上的病假人员工资、职工死亡丧葬补助费、抚恤费、按规定支付离退休干部的各项经费。

12. **答案**:A

【解析】 材料预算价格的计算公式为:材料预算价格 = (材料原价 + 运杂费) × (1 + 场外运输损耗率) × (1 + 采购及保管费率) − 包装品回收价值。

本题中光圆钢筋预算价为(2500 + 0.8 × 50 + 60) × (1 + 2.5%) = 2665(元/t),选 A。

13. **答案**:C

【解析】 材料费是指施工过程中耗用的构成工程实体的原材料、辅助材料、构配件、零件、半成品或成品等,按工程所在地的材料价格计算的费用。材料预算价格由材料原价、运杂费、场外运输损耗、采购及仓库保管费组成,与场内运输及操作损耗率无关,故选 C。

14. **答案**:C

【解析】 建筑安装工程费用包括直接费、设备购置费、措施费、企业管理费、规费、利润、税金、专项费用。建筑安装工程费除专项费用外,其他均按“价税分离”计价规则计算。

15. **答案**:B

【解析】 建设期贷款利息系指建设项目中分年度使用国内贷款或国外贷款部分,在建设期内应归还的贷款利息。计算方法是根据不同的资金来源按需付息的分年度投资计算。即按照当年贷款折半计息的原则计算。

第 1 年贷款利息为:500 × 10% ÷ 2 = 25(万元)。

第 2 年贷款利息为:(500 + 25) × 10% + 700 × 10% ÷ 2 = 87.5(万元)。

16. **答案**:A

【解析】 基本预备费系指在初步设计和概算中难以预料的工程和费用,其主要用途包括:①在进行工程可行性研究、初步设计(技术设计)、施工图设计和施工过程中,在批准的项目建议书、工程可行性研究和投资估算、初步设计和概算范围内所增加的工程费用。②在设备订货时,由于规格、型号改变的价差,材料货源变更、运输距离或方式的改变以及因规格不同而代换使用等原因发生的价差。③在项目主管部门组织竣(交)工验收时,验收委员会(或小组)为鉴定工程质量必须开挖和修复隐蔽工程的费用。

17. **答案**:A

【解析】 施工辅助费属于建安工程措施费,施工辅助费包括生产工具用具使用费、检验试验费和工程定位复测、工程点交、场地清理等费用。检验试验费是指施工企业对建筑材料、构件和建筑安装工程进行一般鉴定、检查所发生的费用,包括自设试验室进行试验所耗用的材料和化学药品的费用,以及技术革新和研究试验费。

18. **答案**:D

【解析】 施工辅助费属于建安工程措施费,施工辅助费包括生产工具用具使用费、检验试验费和工程定位复测、工程点交、场地清理等费用。

19. **答案**:D

【解析】 工程建设其他费用包括:建设项目管理费、研究使用费、建设项目前期工作费、专项评价(估)费、联合试运转费、生产准备费、工器具购置费、办公和生活用家具购置费、生产人员培训费、应急保通设备购置费、工程保通管理费、工程保险费、其他相关费用。

20. **答案**:C

【解析】 企业管理费的基本费用中包含劳动保护费,劳动保护费是企业按国家有关部门规定发放的劳动保护用品的购置费及修理费、防暑降温费和在有碍身体健康环境中施工的保健费用等。

21. **答案**:D

【解析】 施工辅助费属于建安工程措施费,施工辅助费包括生产工具用具使用费、检验试验费和工程定位复测、工程点交、场地清理等费用。

22. **答案**:C

【解析】 按照现行《公路工程建设项目概算预算编制办法》(JTG/T 3830)规定,工程排污费属于企业管理费的基本费用之一。所以,C 选项正确。

23. **答案**:A

【解析】 行车干扰工程施工增加费系指由于边施工边维持通车,受行车干扰的影响,致使人工、机械效率降低而增加的费用。该费用以受行车影响部分的工程项目的定额人工费和定额机械使用费之和为基数计算。

24. **答案**:C

【解析】 材料费是指施工过程中耗用的构成工程实体的原材料、辅助材料、构配件、零件、半成品、成品等,按工程所在地的材料价格计算的费用。A 选项属于周转性材料,B 选项属于辅助材料,D 选项属于辅助工程的原材料。C 选项属于专项费用,不属于直接费。

25. **答案**:C

【**解析**】　企业管理费由基本费用、主副食运费补贴、职工探亲路费、职工取暖补贴和财务费用五项组成。其中基本费用指建筑安装企业组织施工生产和经营管理所需的费用,包括管理人员工资、办公费、差旅交通费、固定资产使用费、工具用具使用费、劳动保险费、职工福利费、劳动保护费、工会经费、职工教育经费、保险费、工程排污费、税金及其他(如技术转让费、招投标费、业务招待费……)等费用。

26. **答案**:D

【**解析**】　材料预算价格=(材料原价+运杂费)×(1+场外运输损耗率)×(1+场外运输损耗率)×(1+采购及保管率)-包装品回收价值=(50+50×0.5+3)×1.5×(1+1%)×(1+2.06%)=120.6(元/m^3)。

27. **答案**:C

【**解析**】　直接费是指施工过程中耗费的构成工程实体和有助于工程形成的各项费用,包括人工费、材料费、施工机械使用费。

28. **答案**:A

【**解析**】　基本预备费是指在初步设计和概算中难以预料的工程和费用,其主要用途包括:①在进行工程可行性研究、初步设计(技术设计)、施工图设计和施工过程中,在批准的项目建议书、工程可行性研究和投资估算、初步设计和概算范围内所增加的工程费用。②在设备订货时,由于规格、型号改变的价差,材料货源变更、运输距离或方式的改变以及因规格不同而代换使用等原因发生的价差。③在项目主管部门组织竣(交)工验收时,验收委员会(或小组)为鉴定工程质量必须开挖和修复隐蔽工程的费用。

29. **答案**:B

【**解析**】　定额建筑安装工程费用包括定额直接费、定额设备购置费的40%、措施费、企业管理费、规费、利润、税金、专项费用。

30. **答案**:D

【**解析**】　选项D有误,施工场地建设费计算基数应为定额建筑安装工程费减去专项费用,即施工场地建设费计算基数=定额直接费+定额设备购置费×40%+措施费+企业管理费+规费+利润+税金。

二、多项选择题

1. **答案**:ACDE

【**解析**】　概预算的编制依据主要包括:①设计图纸资料。②投资估算或概算。③定额或补充定额。④人工、材料、施工机械的价格资料。⑤施工方案或施工组织设计资料。⑥各项费率的取费标准、依据、规定。⑦征地、拆迁补偿等资料及标准、规定等。⑧工程量的计算规则。⑨有关的政策、方针及工程造价管理的有关规定等。

2. **答案**:AB

【**解析**】　估、概、预算文件可按不同的需要分为甲、乙组文件。甲组文件为各项费用计算表,乙组文件为建筑安装工程费各项基础数据计算表。甲、乙组文件包括的内容见下图。

甲组文件：
- 编制说明
- 项目前后阶段费用对比表
- 建设项目属性及技术经济信息表
- 总估、概、预算汇总表(01-1表)
- 总估、概、预算人工、主要材料、机械台班数量汇总表(02-1表)
- 总估、概、预算表(01表)
- 人工、主要材料、机械台班数量汇总表(02表)
- 建筑安装工程费计算表(03表)
- 综合费率计算表(04表)
- 综合费计算表(04-1表)
- 设备费计算表(05表)
- 专项费用计算表(06表)
- 土地使用及拆迁补偿费计算表(07表)
- 工程建设其他费计算表(08表)
- 人工、材料、施工机械台班单价汇总表(09表)

乙组文件：
- 分项工程估、概、预算计算数据表(21-1表)
- 分项工程估、概、预算表(21-2表)
- 材料预算单价计算表(22表)
- 自采材料料场价格计算表(23-1表)
- 材料自办运输单位运费计算表(23-2表)
- 施工机械台班单价计算表(24表)
- 辅助生产人工、材料、施工机械台班单位数量表(25表)

选项C、D和E均属于甲组文件。

3. **答案**：ACDE

【**解析**】　机械台班单价由不变费用和可变费用组成。不变费用包括折旧费、检修费、维护费、安拆辅助费等；可变费用包括机上人员人工费、动力燃料费、车船税。

4. **答案**：ABDE

【**解析**】　材料预算价格系指材料从来源地或交货地到达工地仓库或施工地点堆放材料的地点后的综合平均价格，所以材料预算价格由材料原价、运杂费、场外运输损耗、采购及仓库保管费组成。

5. **答案**：ABC

【**解析**】　在计算材料预算单价时，材料的采购及保管费是以材料原价、运杂费和场外运输损耗费的和为基数计算。

6. **答案**：ABC

【**解析**】　预备费由价差预备费及基本预备费两部分组成。基本预备费指在初步设计和概算、施工图设计和施工图预算中难以预料的工程和费用。基本预备费费用组成包含：①在进行工程可行性研究、初步设计（技术设计）、施工图设计和施工过程中，在批准的项目建议书、工程可行性研究和投资估算、初步设计和概算范围内所增加的工程费用。②在设备订货时，由于规格、型号改变的价差，材料货源变更、运输距离或方式的改变以及因规格不同而代换使用等原因发生的价差。③在项目主管部门组织竣（交）工验收时，验收委员会（或小组）为鉴定工程质量必须开挖和修复隐蔽工程的费用。

价差预备费是指设计文件编制年至工程交工年期间，建筑安装工程费中的人工费、材料费、设备费、机械使用费、措施费、企业管理费等由于政策、价格变化可能发生上浮而预留的费用，及外资贷款汇率变动部分的费用。选项D和E特殊季节使用费属于建筑安装工程费中的措施费。

7. **答案**:BC

【解析】　直接费是指施工过程中耗费的构成工程实体和有助于工程形成的各项费用,包括人工费、材料费、施工机械使用费。

8. **答案**:ABE

【解析】　公路工程概预算费用由建筑安装工程费、土地使用及拆迁补偿费、工程建设其他费用、预备费、建设期贷款利息共五大部分费用组成;建筑安装工程费用由直接费、设备购置费、措施费、企业管理费、规费、利润、税金、专项费用等组成。

9. **答案**:ABD

【解析】　规费是指法律、法规、规章、规程规定施工企业必须缴纳的费用(简称“规费”)。包括:养老保险费、失业保险费、医疗保险费、住房公积金、工伤保险费。

选项C劳动保险费属于企业管理费,包括企业支付的离退休职工的异地安家补助费、职工退职金、6个月以上的病假人员工资、职工死亡丧葬补助费、抚恤费、按规定支付离休干部的各项经费。选项E第三方责任险属于工程建设其他费中的工程保险费。

10. **答案**:ABC

【解析】　建设项目管理费包括建设单位(业主)管理费、建设项目信息化费、工程监理费、设计文件审查费和竣(交)工验收试验检测费。

11. **答案**:CDE

【解析】　措施费包括冬季施工增加费、雨季施工增加费、夜间施工增加费、特殊地区施工增加费、行车干扰工程施工增加费、施工辅助费、工地转移费等七项。其中施工辅助费包括生产工具用具使用费、检验试验费和工程定位复测、工程点交、场地清理等费用。选项C场地清理属于措施费中的施工辅助费。

选项A材料二次搬运、工地小搬运费等已包含在概、预算定额中,属于直接费。选项B混凝土添加剂费属于材料费,即属于直接费。

12. **答案**:AC

【解析】　直接费的多少取决于设计质量、施工方法、概预算定额、工程所在地的人工工日单价、材料预算价格、机械台班单价等因素。选项B预算定额基价与直接费的计算无关,但可以作为设计方案和施工方案初步比选的依据。选项D措施费和选项E规费不属于直接费。

13. **答案**:BD

【解析】　企业管理费由基本费用、主副食运费补贴、职工探亲路费、职工取暖补贴和财务费用五项组成。A、C选项属于企业管理费的基本费用。选项E夜间施工增加费属于措施费。

14. **答案**:ABC

【解析】　财务费用是指施工企业为筹集资金而发生的各项费用,包括企业经营期间发生的短期贷款利息净支出、汇兑净损失、调剂外汇手续费、金融机构手续费,以及企业筹集资金发生的其他财务费用。选项D保险费属于企业管理费。选项E建筑工程一切险属于工程建设

其他费中的工程保险费。

15. **答案**:ABC

【解析】 企业管理费由基本费用、主副食运费补贴、职工探亲路费、职工取暖补贴和财务费用五项组成。其中基本费用指建筑安装企业组织施工生产和经营管理所需的费用,包括管理人员工资、办公费、差旅交通费、固定资产使用费、工具用具使用费、劳动保险费、职工福利费、劳动保护费、工会经费、职工教育经费、保险费、工程排污费、税金及其他(如技术转让费、招投标费、业务招待费……)等费用。

选项A、B、C属于企业管理费的基本费用。选项D财务费用属于企业管理费的单项费用。选项E工地转移费属于措施费。

16. **答案**:ABD

【解析】 机械台班单价由不变费用和可变费用组成。不变费用包括折旧费、检修费、维护费、安装拆卸及辅助设施费等;可变费用包括机上人员人工费、动力燃料费及车船税。

17. **答案**:AC

【解析】 机械台班单价由不变费用和可变费用组成。不变费用包括折旧费、检修费、维护费、安装拆卸及辅助设施费等;可变费用包括机上人员人工费、动力燃料费及车船税。

18. **答案**:BC

【解析】 各项规费以各类工程的人工费之和为基数,按国家或工程所在地法律、法规、规章、规程规定的标准计算。

利润按定额直接费及措施费、企业管理费之和的7.42%计算。

$$规费=人工费\times规费费率=150\times35\%=52.5(万元)。$$

$$\begin{aligned}利润&=(定额直接费+措施费+企业管理费)\times7.42\%\\&=(1100-5+80)\times7.42\%=87.93(万元)。\end{aligned}$$

19. **答案**:BCDE

【解析】 土地使用及拆迁补偿费包含永久占地费、临时占地费、拆迁补偿费、水土保持补偿费、其他费用。永久占地费包括土地补偿费、征用耕地安置补助费、耕地开垦费、森林植被恢复费、失地农民养老保险费。

(1)永久占地费包括土地补偿费、征用耕地安置补助费、耕地开垦费、森林植被恢复费、失地农民养老保险费。

(2)临时占地费包括临时征地使用费、复耕费。

(3)拆迁补偿费指征用或占用土地地上、地下的房屋及附属构筑物,公用设施、文物等的拆除、发掘及迁建补偿费、拆迁管理费等。

(4)水土保持补偿费根据国家相关法律、法规规定缴纳。

(5)其他费用指国务院行政主管部门及省级人民政府规定的与征地拆迁相关的费用。

20. **答案**:ABDE

【解析】 选项C有误,概、预算中路面应指路面所有结构层工程、路面附属工程、便道以及特殊路基处理工程(不含特殊路基处理中的圬工构造物)。

第四节 工程量清单计价

本节知识架构

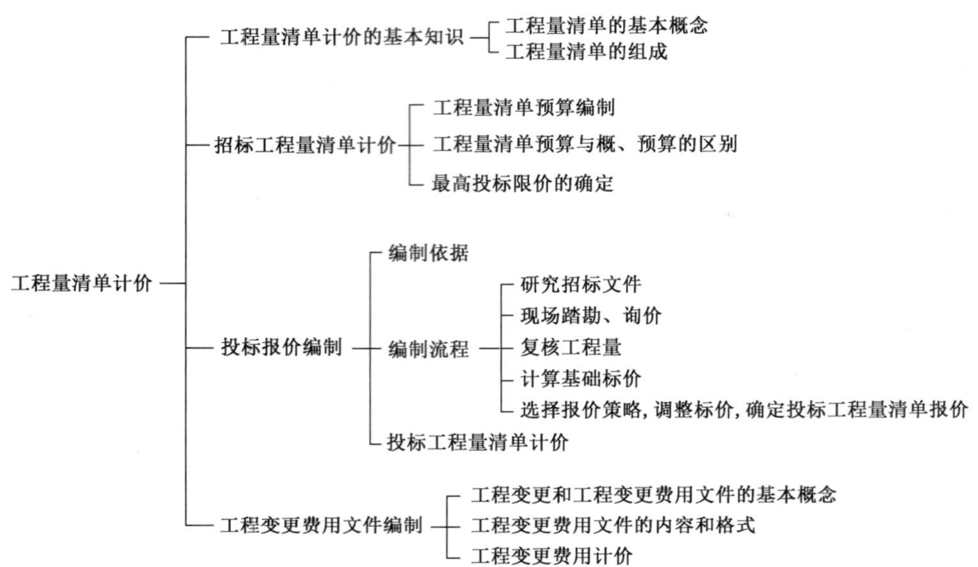

本节习题

一、单项选择题

1. 关于工程量清单预算的说法正确的是(　　)。
   A. 工程量清单预算与概、预算没有区别
   B. 工程量清单中的数量以设计工程数量计算规则为准
   C. 工程量清单预算应以招标合同段为单位编制
   D. 概、预算的项目划分与工程量清单预算的项目划分是一致的
2. 工程量清单预算应以(　　)为单位编制。
   A. 设计概算　　B. 施工图预算　　C. 招标合同段　　D. 项目全线
3. 公路工程建设项目最高投标限价是工程项目的(　　)。
   A. 合同价格　　B. 可接受的最高投标价格
   C. 结算价格　　D. 预算价格
4. 公路工程工程量清单计价应采用(　　)计价。
   A. 市场价　　B. 评估价　　C. 定额计价　　D. 全费用综合单价

5. 投标报价编制依据包含当地近几年来同类性质已完工程的造价分析，以及本企业历年来(　　)已完工程的成本分析。

A. 至少5年　　B. 至少4年　　C. 至少3年　　D. 至少2年

二、多项选择题

1. 下列说法正确的是(　　)。

A. 工程变更费用文件是评价工程变更经济合理性的依据

B. 工程变更费用文件是编制计量与支付文件、工程结算、工程竣工决算的基础性资料

C. 工程变更费用文件均采用工程量清单形式

D. 变更工程内容相似或属同一工程范围的多个工程变更可合并编制

E. 工程量清单形式的工程变更费用文件的基本表格包括工程变更项目清单对比表、工程变更工程量清单对比表、工程变更台账表、工程变更项目清单对比汇总表、工程变更工程量清单对比汇总表

2. 下列关于投标工程量清单说法正确的是(　　)。

A. 投标工程量清单每一个需要填写单价或合价的子目都应标明相应价格，可标明多个价格

B. 投标工程量清单各项价格应依据招标文件约定的计量计价规则，根据市场价格和投标企业经营状况等因素计算和确定

C. 投标工程量清单没有填入单价或合价的子目，其金额应视为已分摊在工程量清单中其他相关子目的价格之中

D. 投标工程量清单总价应为工程量清单各章合计金额、计日工合计金额和不含计日工合计金额的暂列金额之和

E. 投标报价可高于最高投标限价，低于工程成本

3. 公路工程建设项目(　　)等过程采用工程量清单方式计量计价。

A. 可行性研究　　B. 施工图设计

C. 招投标　　D. 合同管理

E. 工程结算

4. 下列属于投标报价编制的主要依据有(　　)。

A. 招标工程量清单　　B. 施工组织设计和施工方案

C. 招标单位提供的招标文件　　D. 当地劳动力的技术水平和供应数量

E. 当地地域范围和人口数量

5. 投标报价编制流程可包括(　　)。

A. 现场踏勘，询价　　B. 计算和确定项目基础标价

C. 调整标价并最终确定投标报价　　D. 编制招标工程量清单

E. 研究招标文件

6. 关于工程量清单预算与概、预算的区别，下列说法正确的是(　　)。

A. 概、预算反映的是建筑产品的市场价格

B. 概、预算根据设计文件及现行《公路工程建设项目概算预算编制办法》(JTG 3830)、

《公路工程概算定额》(JTG/T 3831)、《公路工程预算定额》(JTG/T 3832)来确定工程造价

C. 工程量清单预算除考虑价值规律的作用外,还应考虑供求规律的作用

D. 工程量清单预算应反映施工企业当前平均先进的劳动生产力水平

E. 概、预算和工程量清单预算编制均采用定额计价法

7. 下列说法正确的有(　　)。

A. 工程量清单预算编制应符合合同文件、现行《公路工程建设项目概算预算编制办法》(JTG/T 3830)和相关公路工程造价依据的有关规定

B. 工程量清单预算中措施费、企业管理费所属费用单独设置清单子目计价的,编制工程量清单预算时不得重复计算费用

C. 按概算编制工程量清单预算时,应在概算的基础上适当上浮

D. 对概、预算中未考虑到而根据合同约定承包人须发生的费用应在工程量清单预算中如实予以考虑

E. 对于概、预算中明显偏高或偏低的费用应如实予以调整

8. 工程量清单预算编制依据和投标报价计算依据相同的有(　　)。

A. 企业定额　　B. 招标工程量清单说明

C. 招标文件的合同条款　　D. 施工设计图纸及有关说明

E. 企业成本资料

9. 下列采用工程量清单计价的造价文件有(　　)。

A. 施工图预算　　B. 工程量清单预算　　C. 投标报价　　D. 计价与支付文件

E. 工程变更费用文件

10. 公路工程建设项目工程量清单计价活动包括(　　)等一系列活动。

A. 编制施工图预算　　B. 编制招标工程量清单

C. 编制招标工程量清单预算　　D. 投标报价

E. 确定合同价

本节习题答案与解析

一、单项选择题

1. **答案:**C

【解析】 实际上工程量清单预算与概、预算有本质的区别,所以选项A是错误的。工程量清单预算通常采用清单计价法,工程数量的计算以工程量清单计量规则为准。计算规则为准,所以选项B是错误的,选项C是正确的。由于概、预算的项目划分与招标文件中工程量清单的项目划分不一致,且各自对应的计量方法不相同,所以选项D是错误的。

2. **答案:**C

【解析】 工程量清单预算应以招标合同段为单位编制。

3. 答案:B

【解析】 最高投标限价是招标人根据招标工程量清单,结合有关规定、投资计划、市场要素价格水平以及合理可行的技术经济实施方案,通过科学测算并在招标文件中公布的可接受的最高投标价格。

4. 答案:D

【解析】 公路工程工程量清单计价应采用"全费用综合单价"计价。

5. 答案:A

【解析】 投标报价编制依据包含当地近几年来同类性质已完工程的造价分析,以及本企业历年来(至少5年)已完工程的成本分析。

二、多项选择题

1. 答案:ABDE

【解析】 工程变更费用文件应根据工程管理的实际,可采用施工图预算形式或工程量清单形式。选项C有误。

2. 答案:BCD

【解析】 选项A有误,投标工程量清单每一个需要填写单价或合价的子目都应标明相应价格,且应只标明一个价格。选项E有误。投标报价不得高于最高投标限价,不得低于工程成本。

3. 答案:CDE

【解析】 工程量清单计价活动涵盖施工招(投)标、合同管理以及交工结算全过程,主要包括编制招标工程量清单、工程量清单预算、投标报价、确定合同价,进行工程计量与价款支付、合同价款的调整以及工程变更等一系列活动。选项A可行性研究阶段编制的投资估算,选项B施工图设计编制的施工图预算均是定额计价,故选项A和B有误。

4. 答案:ABCD

【解析】 招标工程量清单是投标人编制投标工程量清单、进行投标报价的依据。招标单位提供的招标文件、施工组织设计和施工方案都是投标报价的依据;当地机械租赁、劳动力的技术水平和供应数量也是投标报价的依据。故选项ABCD均正确。当地地域范围和人口数量不作为投标报价编制的主要依据,故选项E错误。

5. 答案:ABCE

【解析】 为使投标工程量清单更加合理,投标工程量清单编制流程可包括:①研究招标文件。②现场踏勘、询价。③复核工程量。招标工程量清单中的工程数量,投标人不能擅自修改。④计算基础标价。⑤选择报价策略调整标价,确定投标工程量清单报价。所以,选项A、B、C和E均是正确的。选项D不是投标工程量清单的编制流程。

6. 答案:BCD

【解析】 工程量清单预算与概、预算有本质的区别,具体区别为:①概、预算反映的是建筑产品的计划价格,而工程量清单预算反映的是建筑产品的市场价格。故选项A错误。②概、预算根据设计文件及现行《公路工程建设项目概算预算编制办法》(JTG 3830)、《公路工程概算定额》(JTG/T 3831)、《公路工程预算定额》(JTG/T 3832)来确定工程造价,而工程量清单预算应根据招标文件(或合同)中明确的承包商的义务来编制,二者包含的费用范围不同。故选项 B 正确。③概、预算在编制中主要反映的是价值规律的作用和影响,而工程量清单预算除考虑价值规律的作用外,还应考虑供求规律的作用。故选项 C 正确。④概、预算反映的是施工企业过去平均先进的劳动生产力水平,而工程量清单预算应反映施工企业当前平均先进的劳动生产力水平。故选项 D 正确。⑤概、预算编制采用定额计价,工程量清单预算编制采用清单计价。故选项 E 错误。

7. **答案**:ABDE

【解析】 按概算编制工程量清单预算时,应在概算的基础上适当下浮,因为概算定额与预算定额综合程度不同,概算定额工、料、机消耗量通常在预算定额基础上考虑幅度差(一般为 3% ~5%)。选项 C 有误。

8. **答案**:BCD

【解析】 企业定额和成本资料是计算投标报价的主要依据之一,但不是最高投标限价的编制依据,所以选项 A、E 是错误的。招标工程量清单编制说明、招标文件的合同条款、施工设计图纸及有关说明是最高投标限价和投标报价的共同计算依据,所以选项 B、C、D 均是正确答案。

9. **答案**:BCDE

【解析】 工程量清单计价是属于项目实施阶段的造价文件编制的内容,根据交通运输部发布的《公路工程建设项目造价文件管理导则》(JTG 3810—2017),其包括招(投)标工程量清单、工程量清单预算、合同工程量清单、计价与支付文件、工程变更费用文件、造价管理台账。故选项 B、C、D 和 E 均正确。

选项 A 施工图预算是定额计价。

10. **答案**:BCDE

【解析】 工程量清单计价活动涵盖施工招(投)标、合同管理以及交工结算全过程,主要包括编制招标工程量清单、工程量清单预算、投标报价、确定合同价,进行工程计量与价款支付、合同价款的调整以及工程变更等一系列活动。故选项 B、C、D 和 E 均正确。

选项 A 施工图预算是定额计价,故选项 A 有误。

第四章　案例分析

考纲要求

1. 投资估算及设计概算、预算编制。
2. 工程量清单计价。
3. 工程合同价款及结算价款编制。

主要知识点

案例分析
- 公路工程计量与计价
- 公路工程合同管理

第一节　公路工程计量与计价

本节基本知识点

1. 定额应用的基础知识。
2. 单价与费率。
3. 路基工程定额应用。
4. 路面工程定额应用。
5. 隧道工程定额应用。
6. 桥涵工程定额应用。
7. 工程量计量规则。
8. 建筑安装工程费的计算。

知识点集成及代表题型

知识点1:定额应用的基础知识

定额的组成	总说明	总说明规定使用范围、使用条件、定额使用中的一般规定(如特殊符号、文字)等,对正确运用定额具有重要作用,在使用定额时应特别注意《公路工程概算定额》(JTG/T 3831—2018)和《公路工程预算定额》(JTG/T 3832—2018)在总说明中的规定。比较重要的规定如下: 总说明第4条:本定额是按照合理的施工组织和一般正常的施工条件编制的。定额中所采用的施工方法和工程质量标准,是根据国家现行的公路工程施工技术及验收规范、质量评定标准及安全操作规程取定的,除定额中规定允许换算者外,均不得因具体工程的施工组织、操作方法和材料消耗与定额的规定不同而调整定额。 总说明第7条:本定额中的材料消耗量系按现行材料标准的合格料和标准规格料计算的。定额内材料、成品、半成品均已包括场内运输及操作损耗,编制预算时,不得另行增加。其场外运输损耗、仓库保管损耗应在材料预算价格内考虑。 总说明第9条:定额中列有的混凝土、砂浆的强度等级和用量,其材料用量已按《公路工程预算定额》(JTG/T 3832—2018)附录二中配合比表规定的数量列入定额,不得重算。如设计采用的混凝土、砂浆强度等级或水泥强度等级与定额所列强度等级不同时,可按配合比表进行换算。但实际施工配合比材料用量与定额配合比表用量不同时,除配合比表说明中允许换算者外,均不得调整。 总说明第17条:定额表中注明"某某数以内"或"某某数以下"者,均包括某某数本身;而注明"某某数以外"或"某某数以上"者,则不包括某某数本身。定额内数量带"( )"者,则表示基价中未包括其价值
	章节说明	对每一章、节的具体使用要求及注意事项作出了说明,特别是工程量计算规则。章、节说明对于正确运用定额具有重要作用。要想准确而又熟练地运用定额,必须透彻地理解这些说明,而且争取记住章节的常用规定。章节说明中的常用内容在后面的知识点中作详细说明
	定额表	定额表是各类定额的最基本的组成部分,是定额指标数额的具体表示,其主要组成有:表号及定额表名称、工程内容、计量单位、细目及栏号、小注等。 表号及定额表名称特别重要,表达了一张定额表的基本属性或分类,也是编写定额代号的主要依据,不能出现错误。 工程内容,主要说明本定额表所包括的操作内容及对应详细工艺流程。查定额表时,将实际发生的操作内容与表中的工程内容进行比较,若不一致,应进行补充或采取其他措施。 工程细目及栏号,表征本定额表所包括的工程细目,栏号指工程细目编号。 小注,有些定额表列有"注",是对本表的特别说明。使用定额时,必须仔细阅读,以免发生错误
	附录	在预算定额中列有附录,如"路面材料计算基础数据表""基本定额""材料周转及摊销"和"定额人工、材料、设备单价表"。附录是编制定额的基本数据,也是编制补充定额的依据,同时还是定额抽换的依据
定额编号		定额编号一般采用[表号－栏号]的编写方法,如预算定额中浆砌片石基础的定额代号为[4-5-2-1],在造价考试中一般会有2个以上的题目要书写定额代号,熟练书写定额编号非常重要
定额运用要点		1. 正确选择子目,不重不漏。 2. 子目名称简练直观,尤其在修改子目名称时。 3. 看清工程量计量单位,特别在抽换、增量计算时更应注意。 4. 详细阅读总说明、章节说明及小注。 5. 检查设计图纸要求和定额子目或序号是否一致,否则可能要抽换。 6. 施工方法要根据施工组织设计及现场条件来确定。 7. 认真核对工程内容,防止漏列或重列,根据施工经验及对定额的了解确定。 8. 特别强调对附属工程定额的查找、补充

续上表

常用的定额调整方法	土石方运距、基层面层混合料运距、构件运输运距的调整；混凝土、砂浆的强度等级及基层混合料配合比的调整；钢筋种类的调整；水泥混凝土拌和与运输的系数调整；钻孔桩孔径不同的调整；工期不是4个月的设备摊销费调整；沥青玛蹄脂路面稳定剂的调整；沥青混合料中沥青材料的调整；小型预制构件损耗系数的调整；支架拱盔宽度不同时的系数调整；隧道工程用隧道外项目系数调整；工程量增量计算的调整。以上是常用的定额调整方法，需特别注意，只要涉及以上内容都需要对定额进行调整，具体调整方法见后面知识点的阐述及代表题型中的调整方法

知识点1代表题型

【案例】 某高速公路有一处ϕ150cm的钢筋混凝土圆管涵，涵管壁厚为15cm，涵长为32.5(13×2.5=32.5)m。涵管外壁涂沥青防水层，管节接头沉降缝处外包15cm宽沥青油毡2层。其施工图设计的工程量见表4.1.1。

工程数量表　　表4.1.1

涵身		涵身基础		洞口(一字墙洞口)					挖土方
HPB300钢筋	C30混凝土	C15混凝土	砂砾	C25预制混凝土帽石	M7.5浆砌片石端墙	M7.5浆砌片石锥坡	M7.5浆砌片石隔水墙与基础	砂浆勾缝	
kg	m^3	m^3	m^3	m^3		m^2		m^3	
2751	25	109	66	0.5	6	5	13	15	260

注：混凝土构件，60m^3/h拌和站全段集中设置，距预制厂1km，距本涵洞1km，拌和站安拆不计，弃方运输不计，基础沉降缝不计。

问题：

1. 计算圆管涵工程中防水层及管节沉降缝的工程量。

2. 请列出该涵洞工程施工图预算建筑安装工程费所涉及的相关定额代号、细目名称、单位、数量及定额调整或系数等内容，并填入表格中，需要时应列式计算。

解题思路：

本案例主要考核圆管涵的结构、施工工序及计价，确保不漏项。

参考答案：

问题1：

(1)涵管接头沥青麻絮填塞按涵管截面面积计算：$[(1.5+0.15\times2)^2-1.5^2]\div4\times\pi\times12=9.33(m^2)$(按定额释义伸缩缝面积，按圬工砌体截面面积计算)

(2)涵管涂防水层沥青：$1.8\times\pi\times32.5=183.78(m^2)$

(3)沥青油毡(防水层)：$1.8\times\pi\times0.15\times12=10.19(m^2)$

问题2：

每节涵管的质量：$25\times2.5\div13=4.81(t)$

因此，管节运输选用载质量6t以内的载货汽车。

涵洞工程施工图预算建筑安装工程费相关定额代号、细目名称、单位、数量、定额及系数调整等内容见表4.1.2。

定额及系数调整表　　　　表 4.1.2

定额代号	细目名称	单位	数量	定额及系数调整
4-1-3-3	斗容量 1.0m³ 以内挖掘机挖基坑土方	1000m³	0.26	
4-11-5-1	基础垫层填砂砾	10m³	6.6	
4-7-5-5	现浇圆管涵管座混凝土	10m³	10.9	
4-11-11-15	生产能力 60m³/h 以内混凝土拌和站拌和	100m³	1.09	×1.02
4-11-11-24	运输能力 6m³ 以内搅拌运输车运混凝土第一个 1km	100m³	1.09	×1.02
4-7-4-2	预制圆管涵管径 2.0m 以内混凝土	10m³	2.5	
4-11-11-15	生产能力 60m³/h 以内混凝土拌和站拌和	100m³	0.25	×1.01
4-11-11-24	运输能力 6m³ 以内搅拌运输车运混凝土第一个 1km	100m³	0.25	×1.01
4-7-4-3	预制圆管涵钢筋	1t	2.751	
4-7-5-4	起重机安装圆管涵管径 1.0m 以上	10m³	2.5	
4-8-3-8	装载质量 6t 以内载货汽车第一个 1km(汽车式起重机装卸)	100m³	0.25	
4-11-1-1	沥青麻絮沉降缝(涵管接头填塞)	10m²	0.933	
4-11-4-5	涂沥青(防水层)	10m²	18.378	
4-11-4-4	沥青油毡(防水层)	10m²	1.019	注:定额内容含两层
4-5-2-4	浆砌片石实体式台、墙	10m³	0.6	
4-5-2-7	浆砌片石锥坡、沟、槽、池	10m³	0.5	
4-5-2-1	浆砌片石基础、护底、截水墙	10m³	1.3	
4-7-25-1	预制桥涵缘(帽)石混凝土木模	10m³	0.05	×1.01
4-8-3-8	装载质量 6t 以内载货汽车第一个 1km(汽车式起重机装卸)	100m³	0.005	×1.01
4-7-26-1	安装桥涵缘(帽)石	10m³	0.05	
4-11-11-15	生产能力 60m³/h 以内混凝土拌和站拌和	100m³	0.005	×1.01
4-11-11-24	运输能力 6m³ 以内搅拌运输车运混凝土第一个 1km	100m³	0.005	×1.01

知识点 2:单价与费率

单价组成	人工	计时工资或计件工资;津贴、补贴;特殊情况下支付的工资
	材料	材料原价,包括外购材料及自采材料;材料运杂费;场外运输损耗;采购及保管费
	机械	机械台班单价由不变费用和可变费用组成。不变费用包括折旧费、检修费、维护费、安拆辅助费等;可变费用包括机上人员人工费、动力燃料费、车船税
单价计算	人工	人工工日单价由省级交通运输主管部门制定发布,并适时进行动态调整。人工工日单价仅作为编制概预算的依据,不能作为施工企业实发工资的依据

续上表

<table>
<tr><td rowspan="2">单价计算</td><td>材料</td><td>材料预算价格 =（材料原价 + 运杂费）×（1 + 场外运输损耗率）×（1 + 采购及保管费率）- 包装品回收价值
施工单位自采的砂、石、黏土等，按定额中开采单价并加辅助生产间接费和矿产资源税（如有）计算。平均运距在 15km 以内（超过 15km 按市场运价计算运输费用）的由施工单位自行组织装卸、运输，按定额计算运杂费，其中人力运输、装卸还应加辅助生产间接费。辅助生产间接费按定额人工费的 3% 计</td></tr>
<tr><td>机械</td><td>不变费用按《公路工程机械台班费用定额》（JTG/T 3833—2018）计算，可变费用中的人工工日数及动力物资消耗量，应以机械台班费用定额中的数值为准。台班人工费工日单价同生产工人人工费单价。动力燃料费用则按材料费的计算规定计算。车船税，如需缴纳时，应根据各省（自治区、直辖市）及国务院有关部门的规定计算。
当工程用电为自行发电时，电动机械每 kW·h（度）电的单价按下式计算：
$A = 0.15 \times K \div N$
式中：A——每 kW·h 电单价（元）；
K——发电机组的台班单价（元）；
N——发电机组的总功率（kW）</td></tr>
<tr><td colspan="2">工程类别划分</td><td>1. 土方：指人工及机械施工的土方工程、路基掺灰、路基换填及台背回填。
2. 石方：指人工及机械施工的石方工程。
3. 运输：指汽车、拖拉机、机动翻斗车、船舶等运送土石方、路面基层和面层混合料、水泥混凝土及预制构件、绿化苗木等工程。
4. 路面：指路面所有结构层、路面附属工程、便道以及特殊路基处理工程（不含特殊路基处理中的圬工构造物）。
5. 隧道：指隧道土建工程（不含隧道的钢材及钢结构）。
6. 构造物Ⅰ：指砍树挖根、拆除工程、排水、防护、特殊路基处理中的圬工构造物、涵洞、交通安全设施、拌和站（楼）安拆工程、便桥、便涵、临时电力和电信设施、临时轨道、临时码头、绿化工程等工程。
7. 构造物Ⅱ：指小桥、中桥、大桥、特大桥工程。
8. 构造物Ⅲ：指商品水泥混凝土的浇筑、商品沥青混凝土和各类商品稳定土混合料的铺筑、外购混凝土构件、设备安装工程等。
9. 技术复杂大桥：指钢管拱桥、斜拉桥、悬索桥、单孔跨径在 120m 以上（含 120m）和基础水深在 10m 以上（含 10m）的大桥主桥部分的基础、下部和上部工程（不含桥梁的钢材及钢结构）。
10. 钢材及钢结构：指所有工程的钢材及钢结构等工程。
购买的路基填料、绿化苗木、商品水泥混凝土、商品沥青混凝土和各类稳定土混合料、外购混凝土构件不作为措施费及企业管理费的计算基数</td></tr>
</table>

知识点 2 代表题型

【案例一】 某地方三级公路，中桥工程混凝土用 6cm 碎石（筛分）由施工单位自行生产加工。若人工单价为 106 元/工日，开采片石的预算单价为 53 元/m^3，400mm × 250mm 电动颚式碎石机的台班单价为 178.50 元/台班，滚筒式筛分机的台班单价为 150.80 元/台班。

问题：

分别计算加工 1m^3 的 6cm 碎石的人工费、材料费和机械费。

解题思路：

本案例主要考核自采材料的料场单价的计算，自采材料的料场单价，按定额中开采单价并加辅助生产间接费和矿产资源税（如有）计算。

参考答案：

查《公路工程预算定额》(JTG/T 3832—2018)(以下简称《预算定额》)1152 页 8-1-7-16，可知生产加工 100m³ 堆方的碎石需要消耗人工 27.9 工日，开采片石 111.1m³，400mm×250mm 电动颚式碎石机 2.71 台班，滚筒式筛分机 2.75 台班。所以加工生产 1m³ 的 6cm 碎石的人工费、材料费和机械费为：

人工费：27.9×106/100＝29.57(元)

材料费：开采片石 111.1×53/100＝58.88(元)

机械费：(2.71×178.5＋2.75×150.8)/100＝8.98(元)

【案例二】 某二级公路的隧道工程，隧道围岩是石灰岩，隧道弃渣堆放在隧道洞口附近，由于地形条件限制，施工单位的混凝土拌和站设置于一地势较平坦的位置，距隧道洞口约 1km，机动翻斗车运碎石至拌和站，隧道弃渣经加工后能满足隧道混凝土工程的需要。若人工单价为 110 元/工日，150mm×250mm 电动颚式碎石机的台班单价为 180 元/台班，滚筒式筛分机的台班单价为 200 元/台班，1t 以内机动翻斗车的台班单价为 220 元/台班。

问题：

确定 2cm 碎石的预算单价。

解题思路：

本案例主要考核自采材料料场单价与自办运输运杂费的计算，自采材料的料场单价，按定额中开采单价并加辅助生产间接费和矿产资源税(如有)计算。平均运距在 15km 以内(超过 15km 按市场运价计算运输费用)的由施工单位自行组织装卸、运输，按定额计算运杂费，其中人力运输、装卸还应加辅助生产间接费。

(1)计算 2cm 碎石的料场单价，加工碎石的原材料为片石，利用隧道弃渣加工碎石，需套用捡清片石的定额，现确定片石的料场单价，再计算碎石的料场单价。

(2)加工好的碎石需要运至拌和站生产混凝土，碎石需要计算运杂费、场外运输损耗及采购和保管费。

参考答案：

(1)查《预算定额》1149 页 8-1-5-3，可知捡清 100m³ 码方的片石需要消耗人工 18.6 工日，查《预算定额》附录四可知，定额人工单价为 106.28 元/工日，所以片石料场单价为：

(18.6×110＋18.6×106.28×3%)/100＝21.05(元/m³)

(2)查《预算定额》1152 页 8-1-7-11，可知生产加工 100m³ 堆方的碎石需要消耗人工 33.3 工日，开采片石 117.6m³，150mm×250mm 电动颚式碎石机 7.01 台班，滚筒式筛分机 7.13 台班。查《预算定额》附录四可知定额人工单价为 106.28 元/工日，所以加工生产 100m³ 的碎石料场单价为：

人工费：33.3×110＝3663(元)

辅助生产间接费：33.3×106.28×3%＝106.17(元)

材料费：片石 117.6×21.05＝2475.48(元)

机械费：碎石机 7.01×180＝1261.80(元)

筛分机：7.13×200＝1426.00(元)

碎石的料场单价：(3663＋106.17＋2475.48＋1261.80＋1426.00)/100＝89.32(元/m³)

(3)查《预算定额》1203 页 9-1-7-3,可知生产人工装 100m³的碎石需要消耗人工 3.7 工日,查《预算定额》1169 页 9-1-3-5 及其辅助定额 9-1-3-6,可知机动翻斗车运 100m³的碎石运第一个 100m 需要机动翻斗车 2.88 台班,每增运 100m 需要 0.29 台班,所以 100m³的碎石的运杂费为:

人工费:3.7×110=407(元)

辅助生产间接费:3.7×106.28×3%=11.80(元)

机械费:机动翻斗车(2.88+9×0.29)×220=1207.80(元)

碎石的运杂费:(407+11.8+1207.8)/100=16.27(元/m³)

(4)碎石的预算单价

(89.32+16.27)×(1+1%)×(1+2.06%)=108.84(元/m³)

【案例三】 某二级公路沥青混凝土路面施工,采用 120t/h 以内的沥青混合料拌和设备拌和沥青混凝土,配备 1 台 320kW 的柴油发电机组提供动力,已知 320kW 的柴油发电机组台班单价为 2931.91 元/台班;重油的预算单价为 5.2 元/kg,柴油的预算单价为 7.5 元/kg。

问题:

确定自发电的预算单价。

解题思路:

本案例主要考核电的预算单价的计算。

参考答案:

$A=0.15\times K\div N=0.15\times 2931.91\div 320=1.374$(元/kW·h)

【案例四】 在福建省沿海地区拟新建一条高速公路,气温区为准Ⅰ区,雨量区Ⅰ、雨季期 4 个月,主副食运费补贴综合里程为 3km,工地转移距离为 100km。

问题:

(1)确定土方、运输、路面、构造物Ⅰ工程类别的措施费费率。

(2)确定以上各类工程类别的企业管理费的综合费率。

(3)分别说明以上费用计算的基数是什么。

解题思路:

本案例主要考核措施费、企业管理费的费率确定及计算基数,可根据现行《公路工程建设项目概算预算编制办法》(JTG/T 3830)查阅。

参考答案:

(1)根据现行《公路工程建设项目概算预算编制办法》(JTG/T 3830),确定本工程各工程类别的措施费费率,见表 4.1.3。

各工程类别措施费费率(%)　　表 4.1.3

项目	土方	运输	路面	构造物Ⅰ
冬季施工增加费	—	—	0.073	0.115
雨季施工增加费	0.525	0.533	0.501	0.327
夜间施工增加费	—	—	—	—
高原地区施工增加费	—	—	—	—

续上表

项目	土方	运输	路面	构造物 I
风沙地区施工增加费	—	—	—	—
沿海地区施工增加费	—	—	—	—
行车干扰过程施工增加费	—	—	—	—
施工辅助费	0.521	0.154	0.818	1.201
工地转移费	0.301	0.203	0.435	0.351

(2)根据现行《公路工程建设项目概算预算编制办法》(JTG/T 3830),确定本工程各工程类别的企业管理费的综合费率见表4.1.4。

各工程类别企业管理费费率(%)　　表4.1.4

项目	土方	运输	路面	构造物 I
基本费用	2.747	1.374	2.427	3.587
主副食运费补贴	0.122	0.118	0.066	0.114
职工探亲路费	0.192	0.132	0.159	0.274
职工取暖补贴	—	—	—	—
财务费用	0.271	0.264	0.404	0.466
综合费率	3.332	1.888	3.056	4.441

(3)各项费用计算基数如下:

措施费 = 定额直接费 × 施工辅助费费率 + (定额人工费 + 定额施工机械使用费) × 其余措施费综合费率

企业管理费 = 定额直接费 × 企业管理费的综合费率

知识点3:路基工程定额应用

<table>
<tr><td rowspan="2">路基
土石方
工程</td><td>基本规定</td><td>1. “人工挖运土石方”“人工开炸石方”“机械打眼开炸石方”“控制爆破石方”“抛坍爆破石方”“挖掘机带破碎锤破碎石方”等定额中,已包括开挖边沟消耗的工料机数量,因此,开挖边沟的数量应合并在路基土、石方数量内计算。
2. 各种开炸石方定额中,均已包括清理边坡工作。
3. 机械施工土、石方,挖方部分机械达不到需由人工完成的工程量由施工组织设计确定。其中,人工操作部分,按相应定额乘以系数1.15。
4. 自卸汽车运输路基土、石方定额项目和洒水汽车洒水定额项目,仅适用于平均运距在15km以内的土、石方或水的运输。当运距超过第一个定额单位时,其运距尾数不足一个增运定额单位的半数时不计,等于或超过半数时按一个增运定额运距单位计算。当平均运距超过15km时,应按市场运价计运输费用。
5. 路基加宽填筑部分如需清除时,按刷坡定额中普通土子目计算;清除的土方如需远运,按土方运输定额计算</td></tr>
<tr><td>土石方
工程量
计算规则</td><td>1. 土石方体积的计算。
除定额中另有说明者外,土方挖方按天然密实体积计算,填方按压(夯)实后的体积计算;石方爆破按天然密实体积计算。当以填方压实体积为工程量时,采用以天然密实方为计量单位的定额,如路基填方为利用方时,所采用的定额应乘以下列系数,如路基填方为借方时,则应在下列系数基础上增加0.03的损耗。</td></tr>
</table>

续上表

<table>
<tr><td rowspan="6">路基
土石方
工程</td><td>土石方
工程量
计算规则</td><td>
<table>
<tr><td rowspan="2">公路等级</td><td colspan="3">土方</td><td rowspan="2">石方</td></tr>
<tr><td>松土</td><td>普通土</td><td>硬土</td></tr>
<tr><td>二级及二级以上公路</td><td>1.23</td><td>1.16</td><td>1.09</td><td>0.92</td></tr>
<tr><td>三级、四级公路</td><td>1.11</td><td>1.05</td><td>1.00</td><td>0.84</td></tr>
</table>
2. 零填及挖方地段基底压实面积等于路槽底面的宽度(m)和长度(m)的乘积。
3. 抛坍爆破的工程量,按设计的抛坍爆破石方体积计算。
4. 整修边坡的工程量,按公路路基长度计算</td></tr>
<tr><td>施工
组织的
工程量</td><td>1. 清除表土或零填方地段的基底压实、耕地填前夯(压)实后,回填至原地面高程所需的土、石方数量。
2. 因路基沉陷需增加填筑的土、石方数量。
3. 为保证路基边缘的压实度须加宽填筑时,所需的土、石方数量</td></tr>
<tr><td>容易
遗漏的
工程量</td><td>1. 耕地填前夯(压)实及填前挖松,以平方米计算。
2. 零填及挖方路基压实,以平方米计算。
3. 整修路拱及整修边坡,整修路拱以平方米计算,整修边坡以长度计算。
4. 刷坡工程量的计算,刷坡与整修边坡二者之间一般只计算其中一种。
5. 含水率的计算</td></tr>
<tr><td>特别
注意的
规定</td><td>1. 同一地段清表与除草的定额不能同时套用,清表与除草如需远运按土方运输另计。
2. 应注意装载机与自卸汽车斗容量的配合。
3. 各类机械的经济运距、机械种类的选择,运距 100m 以内的用推土机,运距 600m 以内的用铲运机,运距超过 600m 的用自卸汽车;高速公路项目推土机一般选 135kW 以上的,自卸汽车最少选 12t 以上的。
4. 挖掘机挖装淤泥、流沙如需远运,按土方运输定额乘以系数 1.1 另行计算。
5. 装载机装土方如需推土机配合推松、集土时,其人工、推土机台班的数量按"推土机推运土方"第一个 20m 定额乘以系数 0.8 计算。
6. 关于本桩利用的土石方,一般情况下三级、四级公路可按 20m 确定,二级公路按 30 ~ 40m 确定,高速公路、一级公路按 40 ~ 60m 确定</td></tr>
<tr><td>土石方
工程量
计算公式</td><td>1. 计价方(混合体积) = 挖方(天然密实方) + 填方(压实方) - 利用方(压实方) = 挖方(天然密实方) + 借方(压实方)
2. 设计断面方(混合体积) = 挖方(天然密实方) + 填方(压实方)
3. 弃方(天然密实方) = 挖方(天然密实方) - 利用方(换算为天然密实方)
4. 填方(压实方) = 利用方(压实方) + 借方(压实方)</td></tr>
<tr><td colspan="1"></td></tr>
<tr><td>特殊路基
处理工程</td><td>基本规定</td><td>1. 袋装砂井及塑料排水板处理软土地基,工程量为设计深度,定额材料消耗中已包括砂袋或塑料排水板的预留长度。
2. 振冲碎石桩定额中不包括污泥排放处理的费用,需要时另行计算。
3. 挤密碎石桩、灰土桩、砂桩和石灰砂桩处理软土地基定额的工程量为设计桩断面面积乘以设计桩长。
4. 水泥搅拌桩和高压旋喷桩处理软土地基定额的工程量为设计桩长。
5. 高压旋喷桩定额中的浆液系按普通水泥浆编制的;当设计采用添加剂或水泥用量与定额不同时,可按设计要求进行抽换。
6. 土工布的铺设面积为锚固沟外边缘所包围的面积,包括锚固沟的底面积和侧面积;定额中不包括排水内容,需要时另行计算。
7. 强夯定额适用于处理松、软的碎石土、沙土、低饱和度的粉土与黏性土、湿陷性黄土、杂填土和素填土等地基;定额中已综合考虑夯坑的排水费用,使用定额时不得另行增加费用;每 $100m^2$ 夯击点数和击数按设计确定</td></tr>
</table>

续上表

排水工程	基本规定	1. 边沟、排水沟、截水沟、盲沟的挖基费用按开挖沟槽定额计算，其他排水工程的挖基费用按第一节土、石方工程的相关定额计算。 2. 边沟、排水沟、截水沟、急流槽定额均未包括垫层的费用，需要时按有关定额另行计算。 3. 雨水箅子的规格与定额不同时，可按设计用量抽换定额中铸铁箅子的消耗。 4. 工程量计算规则： (1)本章定额砌筑工程的工程量为砌体的实际体积，包括构成砌体的砂浆体积。 (2)本章定额预制混凝土构件的工程量为预制构件的实际体积，不包括预制构件中空心部分的体积。 (3)挖截水沟、排水沟的工程量为设计水沟断面面积乘以水沟长度与水沟圬工体积之和。 (4)路基盲沟、中央分隔带盲沟(纵向、横向)的工程量按设计的工程内容计算。 (5)轻型井点降水定额按 50 根井管为一套，不足 50 根的按一套计算。井点使用天数按日历天数计算，使用时间按施工组织设计确定
防护工程	基本规定	1. 本章定额中未列出的其他结构形式的砌石防护工程，需要时按"桥涵工程"项目的有关定额计算。 2. 本章定额中除注明者外，均不包括挖基、基础垫层的工程内容，需要时按"桥涵工程"项目的有关定额计算。 3. 本章定额中除注明者外，均已包括按设计要求需要设置的伸缩缝、沉降缝的费用。 4. 本章定额中除注明者外，均已包括水泥混凝土的拌和费用。 5. 植草护坡定额中均已综合考虑黏结剂、保水剂、营养土、肥料、覆盖薄膜等的费用，使用定额时不得另行计算。 6. 预应力锚索护坡定额中的脚手架是按钢管脚手架编制的，脚手架宽度按 2.5m 考虑。 7. 工程量计算规则： (1)铺草支工程量是按所铺边坡的坡面面积计算。 (2)护坡定额中以 $100m^2$ 或 $1000m^2$ 为计量单位的子目的工程量，按设计需要防护的边坡坡面面积计算。 (3)木笼、竹笼、铁丝笼填石护坡的工程量按填石体积计算。 (4)本章定额砌筑工程的工程量为砌体的实际体积，包括构成砌体的砂浆体积。 (5)本章定额预制混凝土构件的工程量为预制构件的实际体积，不包括预制构件中空心部分的体积。 (6)预应力锚索的工程量为锚索(钢绞线)长度与工作长度的质量之和。 (7)抗滑桩挖孔工程量按护壁外缘所包围的面积乘以设计孔深计算

知识点 3 代表题型

【案例一】 某二级公路路基宽 12m，长 20km，设计路基土石方数量见表 4.1.5 ~ 表 4.1.7，除填方为压实方外，其余均为天然密实方。

土石方工程数量表　　表 4.1.5

挖方(m^3)				填方(m^3)
松土	普通土	硬土	次坚石	
50000	150000	65000	45000	420000

土石方运量表　　表 4.1.6

本桩利用(m^3)，平均运距 30m				远运利用(m^3)，平均运距 1.35km			
松土	普通土	硬土	次坚石	松土	普通土	硬土	次坚石
10000	30000	5000	5000	40000	120000	60000	40000

清表回填工程量表　　表 4.1.7

里程	长度(m)	清表回填(m^3)		填前压实	
		挖除表土	回填土	面积(m^2)	沉降土方(m^3)
合计		30000	30000	100000	15000

问题：

1. 假定挖方均可适用于路基填方，计算本项目路基断面方、挖方、利用方、借方、填方总数量和弃方数量。

2. 假定借土运距 3.7km，列出编制本项目土石方工程施工图预算建筑安装工程费相关细目名称、定额代号、单位、数量及定额调整或系数等内容，并填入表格中，需要时应列式计算。弃方运距 2km。自然状态土的含水率与其最佳含水率一致。(计算结果保留整数)

解题思路：

本案例主要考核关于土石方数量的几个概念性问题以及相互之间的关系，天然密实方与压实方之间的关系；根据工程量套用定额，要求对土石方工程量的计算及土石方施工的相关工序较熟悉，确保不漏项。

设计断面方 = 挖方(天然密实方) + 填方(压实方)

计价方 = 挖方(天然密实方) + 填方(压实方) − 利用方(压实方)

　　　= 挖方(天然密实方) + 借方(压实方)

借方 = 填方(压实方) − 利用方(压实方)

弃方 = 挖方(天然密实方) − 利用方(天然密实方)

参考答案

问题 1：

(1) 断面方数量：50000 + 150000 + 65000 + 45000 + 420000 = 730000(m^3)

(2) 挖方数量：50000 + 150000 + 65000 + 45000 = 310000(m^3)

(3) 利用方数量，根据背景条件计算得到挖方数量和利用方(天然密实方)数量相等，因此得到利用方(压实方)数量：

土：50000 ÷ 1.23 + 150000 ÷ 1.16 + 65000 ÷ 1.09 = 229594(m^3)

石：45000 ÷ 0.92 = 48913(m^3)

合计：229594 + 48913 = 278507(m^3)

(4) 借方数量：420000 + 30000 + 15000 − 278507 = 186493(m^3)

(5) 填土方总数量：229594 + 186493 = 416087(m^3)

(6) 弃方数量：由于挖方全部利用，故弃方数量为 0

问题 2：

整修路拱数量：20000 × 12 = 240000(m^2)

施工图预算建筑安装工程费用相关细目名称、定额代号、单位、数量和定额及系数调整等内容见表 4.1.8。

施工图预算定额及系数调整表　　表4.1.8

细目名称		定额代号	单位	数量	定额及系数调整
清除表土	135kW以内推土机清除表土	1-1-1-12	$100m^3$	300.0	
	15t以内自卸汽车运土第一个1km	1-1-11-9	$1000m^3$	30.0	
	15t以内自卸汽车运土每增运0.5km（平均运距5km以内）	1-1-11-10	$1000m^3$	30.0	×2
填前压实	填前12～15t光轮压路机压实	1-1-5-4	$1000m^2$	100.0	
挖土（本桩利用）	165kW以内推土机推松土第一个20m	1-1-12-17	$1000m^3$	10.0	
	165kW以内推土机推普通土第一个20m	1-1-12-18	$1000m^3$	30.0	
	165kW以内推土机推硬土第一个20m	1-1-12-19	$1000m^3$	5.0	
	165kW以内推土机推土每增运10m	1-1-12-20	$1000m^3$	45.0	
挖土（远运利用）	$2.0m^3$以内挖掘机挖装松土	1-1-9-7	$1000m^3$	40.0	
	$2.0m^3$以内挖掘机挖装普通土	1-1-9-8	$1000m^3$	120.0	
	$2.0m^3$以内挖掘机挖装硬土	1-1-9-9	$1000m^3$	60.0	
	20t以内自卸汽车运土第一个1km	1-1-11-11	$1000m^3$	220.0	
	20t以内自卸汽车运土每增运0.5km（平均运距5km以内）	1-1-11-12	$1000m^3$	220.0	
挖石	机械打眼开炸次坚石	1-1-14-5	$1000m^3$	45.0	
	165kW以内推土机推次坚石第一个20m	1-1-12-38	$1000m^3$	5.0	
	165kW以内推土机推次坚石每增运10m	1-1-12-41	$1000m^3$	5.0	
	$3.0m^3$以内装载机装次坚石	1-1-10-9	$1000m^3$	40.0	
	20t以内自卸汽车运石第一个1km	1-1-11-25	$1000m^3$	40.0	
	20t以内自卸汽车运石每增运0.5km	1-1-11-26	$1000m^3$	40.0	
借方	$2.0m^3$以内挖掘机挖装普通土	1-1-9-8	$1000m^3$	186.493	×1.19
	20t以内自卸汽车运土第一个1km	1-1-11-11	$1000m^3$	186.493	×1.19
	20t以内自卸汽车运土每增运0.5km	1-1-11-12	$1000m^3$	186.493	×1.19×5
压实	二级公路填方路基15t以内振动压路机碾压土方	1-1-18-9	$1000m^3$	416.087	
	二级公路填方路基15t以内振动压路机碾压石方	1-1-18-16	$1000m^3$	48.913	
路拱	机械整修路拱	1-1-20-1	$1000m^2$	240.0	
边坡	整修二级及以上等级公路边坡	1-1-20-4	1km	20.0	

注：推土机选用90～240kW、装载机选用1～$3m^3$、挖掘机选用0.6～$2m^3$、汽车选用8～20t均可，但需注意机械匹配。

【案例二】 某公路A标段边沟工程量如下：现浇C15混凝土$1500m^3$，预制C30混凝土矩形带孔盖板$230m^3$，盖板钢筋（HRB400）54050kg。边沟挖基采用机械开挖，均为石方，边沟过

水断面挖方已计入路基土石方。盖板在场内预制，不考虑场内运输。预制构件运输采用 8t 载货汽车，运距 3.2km。弃方运输采用 15t 自卸汽车，运距 2.3km。

问题：

根据上述资料列出本项目边沟施工图预算建筑安装工程费所涉及的工程细目名称、定额代号、单位、数量及定额调整或系数调整等内容，并填入表格中。

解题思路：

本案例主要考核排水工程计价。按《预算定额》第 2 项的说明，开挖边沟的数量应合并在路基土、石方数量内计算，此土、石方数量指过水断面的土、石方数量，未考虑边沟沟体圬工部分挖方，故沟体部分的扩挖应按开挖沟槽计价。《预算定额》第 71 页水沟盖板安装定额中，预制构件有 1% 的损耗，因此沟槽盖板预制、运输时应考虑损耗。

施工图预算建筑安装工程费相关细目名称、定额代号、单位、数量和定额及系数调整等内容见表 4.1.9。

施工图预算定额及系数调整表 表 4.1.9

细目名称	定额代号	单位	数量	定额及系数调整
机械开挖沟槽石方	1-3-1-4	$1000m^3$ 天然密实方	1.5	
装载质量 15t 以内自卸汽车运石 2.3km	1-1-11-23	$1000m^3$ 天然密实方	1.5	+（1-1-11-24）×3
现浇混凝土边沟、排水沟	1-3-4-5	$10m^3$ 实体	150	C20 混凝土调整为 C15 混凝土
预制混凝土水沟盖板(矩形带孔)	1-3-4-10	$10m^3$	23.23	C20 混凝土调整为 C30 混凝土
水沟盖板预制钢筋	1-3-4-11	1t	54.591	钢筋调整为 HRB400
装载质量 8t 以内载货汽车 3.2km（汽车式起重机装卸）	4-8-3-9	$100m^3$ 实体	2.323	+（4-8-3-13）×4
水沟盖板安装	1-3-4-12	$10m^3$	23	

【案例三】 某平原微丘区二级公路，路基防护工程的设计资料见表 4.1.10。

路基防护工程设计资料表 表 4.1.10

序号	项目名称	单位	数量	附注
一	防护工程			
1	浆砌片石挡土墙墙身	m^3	1860	挖基量按基础体积的两倍计算，土方占开挖量的 70%，抹面工程量 $480m^2$
2	浆砌片石挡土墙基础	m^3	280	
3	砂浆抹面	m^3	480	
4	抗滑桩	m^3	157	设计桩径 1m，平均每根桩长 10m，每根桩深入基岩 1.5m，其余为粉性土。采用混凝土护壁，厚度 10cm
5	抗滑桩钢筋	t	18.80	

问题：

请根据上述资料列出编制施工图预算所涉及的相关定额的名称、单位、定额代号、数量、取费类别等内容，并填入表格中，需要时应列式计算或文字说明。

解题思路：

(1)本案例主要考核关于防护工程的工程量计算，定额调整以及各类工程取费类别的确定。

(2)防护工程的工程量计算规则及有关定额调整规定如下：

①本章定额中除注明者外，均不包括挖基、基础垫层的工程内容，需要时按“桥涵工程”项目的有关定额计算。

②本章定额中除注明者外，均已包括按设计要求需要设置的伸缩缝、沉降缝的费用。

③本章定额中除注明者外，均已包括水泥混凝土的拌和费用。

④抗滑桩挖孔工程量按护壁外缘所包围的面积乘以设计孔深计算。

参考答案：

(1)防护工程量计算如下：

抗滑桩的长度：$157 \div (3.14 \times 0.5 \times 0.5) = 200$(m)

抗滑桩：$200 \div 10 = 20$(根)

护壁：$200 \times (3.14 \times 0.6 \times 0.6 - 3.14 \times 0.5 \times 0.5) = 69.08$($m^3$)

挖孔工程量(土)：$20 \times 8.5 \times 3.14 \times 0.6 \times 0.6 = 192.17$($m^3$)

挖孔工程量(石)：$20 \times 1.5 \times 3.14 \times 0.6 \times 0.6 = 33.91$($m^3$)

挡土墙挖基(土)：$280 \times 2 \times 0.7 = 392$($m^3$)

挡土墙挖基(石)：$280 \times 2 \times 0.3 = 168$($m^3$)

(2)定额、取费类别及定额调整见表4.1.11。

定额、取费类别及定额调整表　　表4.1.11

序号	定额代号	定额名称	单位	数量	调整系数	取费类别
一		防护工程				
1	4-1-3-3	挡土墙挖基(土)	$1000m^3$	0.392		土方
2	4-1-3-4	挡土墙挖基(石)	$1000m^3$	0.168		石方
3	1-4-16-5	浆砌片石挡土墙基础	$10m^3$	28		构筑物Ⅰ
4	1-4-16-7	浆砌片石挡土墙墙身	$10m^3$	186		构筑物Ⅰ
5	4-11-6-17	水泥砂浆抹面	$100m^2$	4.8		构筑物Ⅰ
6	1-4-27-1	抗滑桩挖孔(土)	$10m^3$	19.22		土方
7	1-4-27-2	抗滑桩挖孔(石)	$10m^3$	3.39		石方
8	1-4-27-3	抗滑桩护壁	$10m^3$	6.91		构筑物Ⅰ
9	1-4-27-4	抗滑桩桩身	$10m^3$	15.7		构筑物Ⅰ
10	1-4-27-5	抗滑桩钢筋	1t	18.8		钢材及钢结构

知识点4:路面工程定额应用

路面工程	基本规定	1.本章定额包括各种类型路面以及路槽、路肩、垫层、基层等,除沥青混合料路面、厂拌基层稳定土混合料运输、自卸车运输碾压水泥混凝土以1000m^3路面实体为计算单位外,其他均以1000m^2为计算单位。 2.路面项目中的厚度均为压实厚度,培路肩厚度为净培路肩的夯实厚度。 3.本章定额中混合料系按最佳含水率编制,定额中已包括养护用水并适当扣除材料天然含水率,但山西、青海、甘肃、宁夏、内蒙古、新疆、西藏等省(自治区),由于湿度偏低,用水量可根据实际情况增加。 4.本章定额中凡列有洒水汽车的子目,均按5km范围内洒水汽车在水源处自吸水编制,不计水费。如工地附近无天然水源可利用,必须采用供水部门供水(如自来水)时,可根据定额子目中洒水汽车的台班数量,按每台班35m^3计算定额用水量,乘以供水部门规定的水价增列水费。洒水汽车取水的平均运距超过5km时,可按路基工程的洒水汽车洒水定额中的增运定额增加洒水汽车的台班消耗,但增加的洒水汽车台班消耗量不得再计水费。 5.本章定额中的水泥混凝土除摊铺机铺筑水泥混凝土路面及碾压混凝土路面外,均已包括其拌和的费用,使用定额时不得再另行计算。 6.压路机台班按行驶速度(两轮光轮压路机为2.0km/h、三轮光轮压路机为2.5km/h、轮胎式压路机为5.0km/h、振动压路机为3.0km/h)进行编制。如设计为单车道路面宽度时,两轮光轮压路机乘以系数1.14、三轮光轮压路机乘以系数1.33、轮胎式压路机和振动压路机乘以系数1.29。 7.自卸汽车运输稳定土混合料、沥青混合料和水泥混凝土定额项目,仅适用于平均运距在15km以内的混合料运输,当运距超过第一个定额运距单位时,其运距尾数不足一个增运定额单位的半数时不计,等于或超过半数时按一个增运定额运距单位计算。当平均运距超过15km时,应按市场运价计其运输费用
路面基层及垫层	基本规定	1.各类垫层、级配碎石、级配砾石基层的压实厚度在15cm以内,填隙碎石一层的压实厚度在12cm以内,各类稳定土基层、其他种类的基层和底基层压实厚度在20cm以内,拖拉机、平地机、摊铺机和压路机的台班消耗按定额数量计算。如超过上述压实厚度进行分层拌和、摊铺、碾压时,拖拉机、平地机、摊铺机和压路机的台班消耗按定额数量加倍计算,每1000m^3增加1.5个工日。 2.各类稳定土基层定额中的材料消耗是按一定配合比编制的,当设计配合比与定额标明的配合比不同时,有关材料需进行换算。 3.人工沿路翻拌和筛拌稳定土混合料定额中均已包括土的过筛工消耗,因此,土的预算价格中不应再计算过筛费用。 4.本节定额中土的预算价格,按材料采集及加工和材料运输定额中的有关项目计算。 5.各类稳定土基层定额中的碎石土、砂砾土系指天然碎石土和天然砂砾土。 6.各类稳定土底基层采用稳定土基层定额时,每1000m^2路面减少12~15t光轮压路机0.18台班
路面面层	基本规定	1.泥结碎石、级配碎石、级配砾石、天然砂砾、粒料改善土壤路面面层的压实厚度在15cm以内,拖拉机、平地机和压路机的台班消耗按定额数计算。如超过上述压实厚度且需进行分层拌和、碾压时,拖拉机、平地机和压路机的台班消耗按定额数量加倍计算,每1000m^2增加1.5个工日。 2.泥结碎石及级配碎石、级配砾石面层定额中,均未包括磨耗层和保护层,需要时应按磨耗层和保护层定额另行计算。 3.沥青表面处治路面、沥青贯入式路面和沥青上拌下贯式路面的下贯层以及透层、黏层、封层定额中已计入热化、熬制沥青用的锅、灶等设备费用,使用定额时,不得另行计算。 4.沥青碎石混合料、沥青混凝土和沥青碎石玛琋脂混合料路面定额中,均已包括混合料拌和、运输、摊铺作业时的损耗因素,路面实体按路面面积乘以压实厚度计算。 5.沥青路面定额中均未包括透层、黏层和封层,需要时可按有关定额另行计算。 6.沥青路面定额中的乳化沥青和改性沥青均按外购成品料进行编制。当在现场自行配制时,其配制费用计入材料预算价格中。

续上表

路面面层	基本规定	7. 当沥青玛蹄脂碎石混合料设计采用的纤维稳定剂的掺加比例与定额不同时，可按设计用量调整定额中纤维稳定剂的消耗。 8. 沥青路面定额中，均未考虑为保证石料与沥青的黏附性而采用的抗剥离措施的费用，需要时，应根据石料的性质，按设计提出的抗剥离措施计算其费用。 9. 在冬五区、冬六区采用层铺法施工沥青路面时，其沥青用量可按定额用量乘以下列系数。沥青表面处治为1.05；沥青贯入式基层为1.02、面层为1.028；沥青上拌下贯式下贯部分为1.043。 10. 本章定额系按一定的油石比编制的。当设计采用的油石比与定额不同时，可按设计油石比调整定额中的沥青用量
路面附属工程	基本规定	1. 挖除旧路面按设计提出的需要挖除的旧路面体积计算。 2. 硬路肩工程项目，根据其不同设计层次结构，分别采用不同的路面定额项目进行计算。 3. 铺砌水泥混凝土预制块人行道、路缘石、沥青路面镶边和土硬路肩加固定额中，均已包括水泥混凝土预制块的预制，使用定额时不得另行计算

知识点4代表题型

【案例一】 某高速公路沥青路面项目，路线长45km。在距离路线两端1/3处各有1处较平整场地适宜设置沥青拌和场，上路距离均为500m。施工组织提出了设置1处和2处沥青拌和场的两种施工组织方案进行比较。

问题：

请列式分别计算设置1处及2处沥青拌和场，该项目的综合运距为多少？

解题思路：

本案例主要考核关于混合料平均运距的计算。一般以拌和站为运料起点，计算混合料的加权平均运距。

参考答案：

(1)设置1处拌和场：

拌和场设置在路线1/3处，距路线起终点分别为15km和30km，平均运距分别为7.5km和15km，其混合料综合平均运距为：

$$[15\times(15\div2)+30\times(30\div2)]\div45+0.5=13(\text{km})$$

(2)设置2处拌和场：

拌和场设置在距离路线两端1/3处，两个拌和场供料范围均为22.5km，每个拌和场距其供料路段的起终点分别为15km和7.5km，平均运距分别为7.5km和3.75km，其混合料综合平均运距为：

$$[15\times(15\div2)+7.5\times(7.5\div2)]\times2\div45+0.5=6.75(\text{km})$$

【案例二】 某公路工程采用沥青混凝土路面，施工图设计的路面为中粒式沥青混凝土混合料，厚度为18cm(4cm+6cm+8cm)。某标段路线长度为21km，面层数量为462000m^2，在施工过程中，由于某种原因造成中面层施工结束后相隔较长的时间才铺季节性上面层。根据施工组织设计资料，在距路线一端1/3处有一块比较平坦的场地，且与路线相邻。施工工期为5个月。可供选择的沥青混合料拌和设备240t/h、320t/h各1台，拌和站场地处理费用不考虑。

问题：

假定拌和设备安装拆除需1个月，设备利用率为0.85，每天工作时间为8h，每月生产时间

为25天。请根据上述资料列出本标段中路面工程预算所涉及的相关定额的名称、单位、定额代号、数量等内容，并填入表格，需要时应列式计算或文字说明。

解题思路：

(1)本案例主要考核沥青混凝土路面有关工程量的计算及定额的运用。

(2)根据路面工程定额节说明的规定，沥青路面定额中均未包括透层、黏层和封层，需要时可按有关定额另行计算。

①透层是洒铺在基层上的，本案例中没有给出路面基层的面积，透层工程量一般按比路面面层每侧宽25~50cm计算。

②黏层是沥青面层不能连续施工时，沥青面层间需洒布黏层油，按案例中的中面层施工结束后相隔较长的时间才铺季节性上面层，黏层按一层计算。

③拌和设备的生产能力选择计算。

(3)混合料平均运距的计算，一般以拌和站为运料起点，计算混合料的加权平均运距。

参考答案：

(1)面层混合料拌和设备生产能力的选择。

已知拌和设备安装拆除需1个月，设备利用率为0.85，每天工作时间为8h，每月生产时间为25天。中粒式沥青混凝土的干密度为2.37t/m³[《公路工程预算定额》(JTG/T 3832—2018)下册P1211]，则混合料拌和设备的生产能力为：

$$462000 \times 0.18 \times 2.37 \times 1.02 \div [(5-1) \times 25 \times 8 \times 0.85] = 295.63(t/h)$$

故沥青混合料拌和设备生产能力应选择320t/h。

黏层按一层考虑，故为462000m²。

透层工程量：$21 \times 1000 \times 0.5 \times 2 + 462000 = 483000(m^2)$

拌和与运输数量：$462000 \times 0.18 \times 1.02 = 84823(m^3)$

(2)面层混合料综合平均运距。

根据施工期安排和工程数量，沿线按设1处沥青混合料拌和站考虑，安设320t/h沥青拌和设备1台，其混合料综合平均运距为：$(7 \times 7 \div 2 + 14 \times 14 \div 2) \div 21 = 5.83(km)$，按6km考虑。

路面工程预算定额及系数调整表见表4.1.12。

施工图预算定额及系数调整表　　表4.1.12

序号	定额代号	定额名称	单位	数量	定额及系数调整
1	2-2-16-3	沥青透层	1000m²	483	
2	2-2-11-13	320t/h以内设备拌和沥青混凝土面层	1000m³	84.823	
3	2-2-13-9	20t自行汽车运第一个1km	1000m³	84.823	
4	2-2-13-10	20t自行汽车运每增运0.5km	1000m³	84.823	×10
5	2-2-14-51	机械摊铺中粒式沥青混凝土混合料(320t/h以内)	1000m³	84.823	
6	2-2-16-5	黏层沥青	1000m²	462	
7	2-2-15-6	320t/h以内沥青混合料拌和设备安拆	1座	1	

【案例三】　某高速公路沥青混凝土路面，其设计面层分别为：上面层5cm厚细粒式改性沥青混凝土；中面层6cm厚中粒式改性沥青混凝土；下面层7cm厚粗粒式沥青混凝土。半刚

性基层上设乳化沥青透层(面积是下面层的1.03倍),沥青混凝土层间设乳化沥青黏层。该路段长28km,路面宽26m,其中进口段里程0~160m,路面平均宽度为100m,拌和站设在该路段中间,距高速公路1km处(平丘区,需修建便道,便道修建时间为10天),施工工期为6个月,采用集中拌和自卸汽车运输、机械摊铺。可供选择的拌和站为240t/h、320t/h、380t/h沥青混合料拌和设备。按每月有效工作时间22天、每天施工8h计算,设备利用率按0.85考虑,便道修筑按10天计,设备安拆按20天计。

问题:

请列出本路段路面工程施工图预算建筑安装工程费所涉及的相关细目名称、定额代号、单位、数量及定额调整或系数等内容,并填入表中,列式计算工程量。(工程量计算结果保留整数)

解题思路:

本案例考核路面工程量计算,拌和设备选型,根据工程量套用定额,综合平均运距计算。

参考答案:

(1)工程数量的计算。

①路面面积:(28000 − 160) × 26 + 160 × 100 = 739840(m^2)

②各面层体积:

下层(粗粒式):739840 × 0.07 = 51789(m^3)

中层(中粒式):739840 × 0.06 = 44390(m^3)

上层(细粒式):739840 × 0.05 = 36992(m^3)

合计:51789 + 44390 + 36992 = 133171(m^3)

③沥青混合料质量:51789 × 2.377 × 1.02 + 44390 × 2.374 × 1.02 + 36992 × 2.366 × 1.02 = 322328(t)

(2)混合料拌和设备设置数量的计算。

根据施工工期安排,要求在6个月内完成路面面层的施工,假定设置240t/h拌和设备,每天施工8h,设备利用率为0.85,每月有效工作时间22天,便道修筑和拌和设备安拆需1个月,则需要的拌和设备数量为:322328 ÷ [240 × 8 × 0.85 × 22 × (6 − 1)] = 1.8(台),应设置2台拌和设备。

每小时产量需达到322328 ÷ [8 × 0.85 × 22 × (6 − 1)] = 430.92(t)。

如采用380t/h拌和设备,需要的拌和设备数量为:430.92 ÷ 380 = 1.13(台),需设置2台拌和设备。如采用240t/h、320t/h拌和设备都需设置2台拌和设备,从经济角度,设置2台240t/h拌和设备更经济,故应设置240t/h拌和设备2台。

(3)混合料综合平均运距。

①各段混合料数量:

面层总厚度:0.05 + 0.06 + 0.07 = 0.18(m)

14000 × 26 × 0.18 = 65520(m^3)

(14000 − 160) × 26 × 0.18 = 64771(m^3)

160 × 100 × 0.18 = 2880(m^3)

混合料总数量:65520 + 64771 + 2880 = 133171(m^3)

②各段中心运距:

对应于上述三段的中心运距分别为:

14 ÷ 2 = 7(km)

(14 - 0.16) ÷ 2 = 6.92(km)

0.16 ÷ 2 + (14 - 0.16) = 13.92(km)

③综合平均运距：

总运量：65520 × 7 + 64771 × 6.92 + 2880 × 13.92 = 946945(m^3 · km)

综合平均运距：946945 ÷ 133171 = 7.11(km)

根据题目中给定的条件，拌和站距高速公路有1km的便道，因此，路面沥青混合料的实际综合平均运距为：7.11 + 1 = 8.11(km)，根据定额中关于运距的规定，本项目应按8km计算。

(4)临时便道。

根据题目中给定的条件，拌和站设在距高速公路1km(平丘区，修建便道)的位置。应考虑临时便道和养护，养护时间为1 × (6 - 10/30) = 5.67(km · 月)。

路面施工图预算建筑安装工程费相关细目名称、定额代号、单位、数量和定额及系数调整等内容见表4.1.13。

施工图预算定额及系数调整表　　表4.1.13

细目名称		定额代号	单位	数量	定额及系数调整
乳化沥青半刚性基层透层		2-2-16-4	1000m^2	739.84	×1.03
乳化沥青层黏层		2-2-16-6	1000m^2	1479.68	
沥青混凝土拌和	粗粒式	2-2-11-5	1000m^3	51.789	
	中粒式改性	2-2-11-31	1000m^3	44.390	
	细粒式改性	2-2-11-36	1000m^3	36.992	
20t内自卸汽车运输混合料	第一个1km	2-2-13-9	1000m^3	133.171	
	每增运0.5km	2-2-13-10	1000m^3	133.171	×14
沥青混凝土铺筑	粗粒式	2-2-14-46	1000m^3	51.789	
	中粒式	2-2-14-47	1000m^3	44.390	
	细粒式	2-2-14-48	1000m^3	36.992	
沥青混凝土拌和设备安拆(240t/h)		2-2-15-5	1座	2	
临时便道		7-1-1-1	1km	1	
临时便道路面		7-1-1-5	1km	1	
临时便道养护		7-1-1-7	1km · 月	5.67	

知识点5：隧道工程定额应用

基本规定	本章定额包括按钻爆法施工的开挖、支护、防排水、衬砌、装饰、洞门、辅助坑道以及瓦斯隧道等项目。隧道开挖定额按照一般凿岩机钻爆法施工的开挖方法进行编制。 1. 本章定额按现行隧道设计、施工技术规范将围岩分为六级，即Ⅰ～Ⅵ级。 2. 本章定额混凝土工程均未考虑拌和的费用，应按桥涵工程相关定额另行计算。 3. 本章开挖定额中已综合考虑超挖及预留变形因素。 4. 洞内出渣运输定额已综合洞门外500m运距，当洞门外运距超过此运距时，可按照路基工程自卸汽车运输土石方的增运定额加计增运部分的费用。 5. 本章定额中均未包括混凝土及预制块的运输，需要时应按有关定额另行计算。 6. 本章定额未考虑地震、坍塌、溶洞及大量地下水处理，以及其他特殊情况所需的费用，需要时可根据实际另行计算。

续上表

<table>
<tr><td>基本规定</td><td>7. 隧道工程项目采用其他章节定额的规定：
(1)洞门挖基、仰坡及天沟开挖、明洞明挖土石方等，应使用其他章节有关定额计算。
(2)洞内工程项目如需采用其他章节定额，所采用定额的人工工日、机械台班数量及小型机具使用费应乘系数 1.26</td></tr>
<tr><td>洞身工程</td><td>1. 本章定额人工开挖、机械开挖轻轨斗车运输项目是按上导洞、扩大、马口开挖编制的，也综合了下导洞扇形扩大开挖方法，并综合了木支撑和出渣、通风及临时管线的工料机消耗。
2. 本章定额正洞机械开挖自卸汽车运输定额是按开挖、出渣运输分别编制，不分工程部位(即拱部、边墙、仰拱、底板、沟槽、洞室)均使用本定额。施工通风及高压风水管和照明电线路单独编制定额项目。
3. 本章定额连拱隧道中导洞、侧导洞开挖和中隔墙衬砌是按连拱隧道施工方法编制的，除此以外其他部位的开挖、衬砌、支护可套用本节其他定额。
4. 格栅钢架和型钢钢架均按永久性支护编制，如作为临时支护使用，应按规定计取回收。
5. 喷射混凝土定额中已综合考虑混凝土的回弹量；钢纤维混凝土中钢纤维掺入量按喷射混凝土质量的 3% 掺入。当设计采用的钢纤维掺入量与本定额不同或采用其他材料时，可进行抽换。
6. 洞身衬砌项目按现浇混凝土衬砌，石料、混凝土预制块衬砌分别编制，定额已综合考虑超挖回填因素，当设计采用的混凝土强度等级与定额采用的不同或采用特殊混凝土时，可根据具体情况对混凝土配合比进行抽换。
7. 本章定额中凡是按不同隧道长度编制的项目，均只编制到隧道长度在 5000m 以内。当隧道长度超过 5000m 时，应按以下规定计算。
(1)洞身开挖：以隧道长度 5000m 以内定额为基础，与隧道长度 5000m 以上每增加 1000m 定额叠加使用。
(2)正洞出渣运输：通过隧道进出口开挖正洞，以换算隧道长度套用相应的出渣定额计算。换算隧道长度的计算公式为：
换算隧道长度 = 全隧长度 − 通过辅助坑道开挖正洞的长度
当换算隧道长度超过 5000m 时，以隧道长度 5000m 以内定额为基础，与隧道长度 5000m 以上每增加 1000m 定额叠加使用。通过斜井开挖正洞，出渣运输按正洞和斜井两段分别计算，两者叠加使用。
(3)通风、管线路定额，按正洞隧道长度综合编制。当隧道长度超过 5000m 时，以隧道长度 5000m 以内定额为基础，与隧道长度 5000m 以上每增加 1000m 定额叠加使用。
8. 混凝土运输应按桥涵工程有关定额计算。
9. 洞内排水定额仅适用于反坡排水的情况，排水量按 $10m^3/h$ 以内编制，超过此排水量时，抽水机台班按下表调整：
<table>
<tr><td>涌水量(m^3/h)</td><td>10 以内</td><td>15 以内</td><td>20 以内</td><td>50 以内</td><td>100 以内</td><td>150 以内</td><td>200 以内</td></tr>
<tr><td>调整系数</td><td>1</td><td>1.2</td><td>1.35</td><td>1.7</td><td>2</td><td>2.18</td><td>2.3</td></tr>
</table>
注：当排水量超过 $10m^3/h$ 时，根据采取治水措施后的排水量采用上表系数调整。
正洞内排水系按全隧道长度综合编制，当隧道长度超过 5000m 时，以隧道长度 5000m 以内定额为基础，与隧道长度 5000m 以上每增加 1000m 定额叠加使用</td></tr>
<tr><td>洞身工程量计算规则</td><td>1. 本章定额所指隧道长度均指隧道进出口(不含与隧道相连的明洞)洞门端墙墙面之间的距离，即两端端墙面与路面的交线同路线中线交点间的距离。双线隧道按上、下行隧道长度的平均值计算。
2. 洞身开挖、出渣工程量按设计断面数量(成洞断面加衬砌断面)计算，包含洞身及所有附属洞室的数量，定额中已考虑超挖因素，不得将超挖数量计入工程量。
3. 现浇混凝土衬砌中浇筑、运输的工程数量均按设计断面衬砌数量计算，包含洞身及所有附属洞室的衬砌数量。定额中已综合因超挖及预留变形需回填的混凝土数量，不得将上述因素的工程量计入计价工程量中。
4. 防水板、明洞防水层的工程数量按设计敷设面积计算。
5. 止水带(条)、盲沟、透水管的工程数量，均按设计数量计算。
6. 拱顶压浆的工程数量按设计数量计算，无设计时可按每延长米 $0.25m^3$ 综合考虑。
7. 喷射混凝土的工程量按设计厚度乘以喷射面积计算，喷射面积按设计外轮廓线计算。
8. 砂浆锚杆工程量为锚杆、垫板及螺母等材料质量之和；中空注浆锚杆、自进式锚杆的工程量按锚杆设计长度计算。</td></tr>
</table>

续上表

洞身工程量计算规则	9. 格栅钢架、型钢钢架、连接钢筋工程数量按钢架的设计质量计算。 10. 管棚、小导管的工程量按设计钢管长度计算，当管径与定额不同时，可调整定额中钢管的消耗量。 11. 横向塑料排水管按每侧隧道设计的铺设长度计算；纵向弹簧管按隧道纵向每侧铺设长度之和计算；环向盲沟按隧道横断面敷设长度计算。 12. 正洞高压风水管、照明、电线路的工程量按隧道设计长度计算
洞门工程	1. 隧道和明洞洞门，均采用本章定额。 2. 洞门墙工程量为主墙和翼墙等圬工体积之和。仰坡、截水沟等应按有关定额另行计算。 3. 本节定额的工程量均按设计工程数量计算
辅助坑道	1. 斜井项目按开挖、出渣、通风及管线路分别编制，竖井项目定额中已综合了出渣、通风及管线路。 2. 斜井相关定额项目是按斜井长度 1500m 以内综合编制的，已含斜井建成后，通过斜井进行正洞作业时，斜井内通风及管线路的摊销部分。 3. 斜井支护按正洞相关定额计算。 4. 工程量计算规则： (1)开挖、出渣工程量按设计断面数量(成洞断面加衬砌断面)计算，定额中已考虑超挖因素，不得将超挖数量计入工程量。 (2)现浇混凝土衬砌工程数量均按设计断面衬砌数量计算。 (3)喷射混凝土工程量按设计厚度乘以喷射面积计算，喷射面积按设计外轮廓线计算。 (4)锚杆工程量为锚杆、垫板及螺母等材料质量之和。 (5)斜井洞内通风、风水管照明及管线路的工程量按斜井设计长度计算
瓦斯隧道	1. 瓦斯隧道包括瓦斯隧道超前探测钻孔、瓦斯排放钻孔、瓦斯隧道正洞机械开挖、瓦斯隧道现浇混凝土衬砌、瓦斯隧道正洞通风、瓦斯隧道施工监测监控系统等项目。 2. 格栅钢架和型钢钢架均按永久性支护编制，如作为临时支护使用，应按规定计取回收。 3. 喷射混凝土定额分为气密性混凝土和钢纤维混凝土，定额中已综合考虑混凝土的回弹量。气密性混凝土考虑了气密剂费用，气密剂掺量按水泥用量的 7% 掺入，钢纤维混凝土中钢纤维掺入量按喷射混凝土质量的 3% 掺入。当设计采用的气密剂、钢纤维掺入量与本章定额不同或采用其他材料时，可进行抽换。 4. 洞身衬砌项目按现浇混凝土衬砌编制，定额中已综合考虑超挖回填因素，当设计采用的混凝土强度等级与定额采用的不符或采用特殊混凝土时，可根据具体情况对混凝土配合比进行抽换。 5. 本章定额中凡是按不同隧道长度编制的项目，均只编制到隧道长度在 5000m 以内。当隧道长度超过 5000m 时，应按以下规定计算： (1)洞身开挖：以隧道长度 5000m 以内定额为基础，与隧道长度 5000m 以上每增加 1000m 定额叠加使用。 (2)正洞出渣运输：通过隧道进出口开挖正洞，以换算隧道长度套用相应的出渣定额计算。换算隧道长度的计算公式为： 换算隧道长度 = 全隧长度 − 通过辅助坑道开挖正洞的长度 当换算隧道长度超过 5000m 时，以隧道长度 5000m 以内定额为基础，与隧道长度 5000m 以上每增加 1000m 定额叠加使用。 (3)通风、管线路定额，按正洞隧道长度综合编制；当隧道长度超过 5000m 时，以隧道长度 5000m 以内定额为基础，与隧道长度 5000m 以上每增加 1000m 定额叠加使用。 6. 瓦斯隧道采用对向平行施工时，套用本节定额，隧道长度按单向施工长度计；若仅有单向为瓦斯隧道，则瓦斯隧道一侧套用本节定额，另一侧套用公路预算定额隧道工程第一节相应定额。 7. 本节未包括的其他内容，套用公路预算定额隧道工程相应定额

知识点 5 代表题型

【案例一】 某隧道(含进出口各接长 30m 明洞)长 5000m，洞身设计开挖断面积为 $165m^2$，其中Ⅳ级围岩占 70%，Ⅲ级围岩占 30%，洞外出渣 1000m。

问题：

请计算该隧道正洞开挖及出渣的工程量，并在表中填写预算定额工程细目名称、单位、定额代号、数量及调整系数。

解题思路：

(1)本案例主要考核关于隧道开挖、出渣的工程量的计算及定额的运用。

(2)根据隧道工程定额的规定，开挖、出渣工程量按设计断面数量(成洞断面加衬砌断面)计算，定额中已考虑超挖因素，不得将超挖数量计入工程量。

(3)通过隧道进出口开挖正洞，以换算隧道长度套用相应的出渣定额计算。换算隧道长度的计算公式为：换算隧道长度＝全隧长度－通过辅助坑道开挖正洞的长度。

(4)洞内出渣运输定额已综合洞门外500m运距，当洞门外运距超过此运距时，可按照路基工程自卸汽车运输土石方的增运定额加计增运部分的费用。本隧道出渣距离达1000m，应增加运距0.5km，且运输车辆的选择应与隧道出渣定额的车辆选型相同。一般情况下，Ⅴ～Ⅵ级围岩运输可按土方考虑，Ⅰ～Ⅳ级围岩运输可按石方考虑。

(5)通风、管线路定额，按正洞隧道长度综合编制。当隧道长度超过5000m时，以隧道长度5000m以内定额为基础，与隧道长度5000m以上每增加1000m定额叠加使用。

参考答案：

(1)工程量计算。

正洞开挖长度：$5000-30\times2=4940$(m)

Ⅲ级围岩开挖工程量：$4940\times165\times30\%=244530$($m^3$)

Ⅳ级围岩开挖工程量：$4940\times165\times70\%=570570$($m^3$)

进出口出渣开挖长度：4940m

进出口出渣换算隧道长度：4940m

进出口出渣工程量：

Ⅲ级围岩：$4940\times165\times30\%=244530$($m^3$)

Ⅳ级围岩：$4940\times165\times70\%=570570$($m^3$)

正洞通风：4940m

正洞高压风水管、照明、电线路：4940m

(2)隧道正洞开挖及出渣涉及的定额细目名称、单位、定额代号、数量及调整系数见表4.1.14。

隧道正洞开挖及出渣定额及系数调整表　　表4.1.14

序号	定额代号	定额名称	单位	数量	定额及系数调整
1	3-1-3-27	正洞开挖(Ⅲ级围岩)	100m^3	2445.3	
2	3-1-3-28	正洞开挖(Ⅳ级围岩)	100m^3	5705.7	
3	3-1-3-55	进出口出渣(Ⅲ级围岩)	100m^3	2445.3	
4	3-1-3-56	进出口出渣(Ⅳ级围岩)	100m^3	5705.7	
5	1-1-11-26	20t以内自卸汽车运石每增运0.5km	1000m^3	815.1	
6	3-1-15-5	正洞通风	100m	49.4	
7	3-1-16-5	正洞高压风水管、照明、电线路	100m	49.4	

【案例二】 为保护生态环境，某公路施工图设计有一明洞工程，长51m，其主要工程量见表4.1.15。

工程数量表 表4.1.15

隧道洞身开挖 (m^3)	现浇拱墙		现浇拱部		回填碎石 (m^3)	路面 (m^2)	防水层 (m^2)
	C25 混凝土 (m^3)	HRB400 钢筋 (t)	C25 混凝土 (m^3)	HRB400 钢筋 (t)			
8780	2500	103	1700	131	1959	1200	5400

已知：隧道断面面积为156m^2，其中拱部面积为88m^2。隧道洞身开挖中Ⅴ级围岩占90%，Ⅱ级围岩占10%，弃渣平均运距为3km；洞内路面设计为中粒式沥青混凝土，厚度为15cm，混合料平均运距为4km。

问题：

请根据上述资料列出本隧道工程造价所涉及的相关定额的名称、单位、定额代号、数量等内容，并填入表格中，需要时应列式计算或文字说明。

解题思路：

(1)本案例主要考核关于明洞工程的工程量的计算及定额的运用。

(2)隧道工程定额规定，混凝土工程均未考虑拌和的费用，应按桥涵工程相关定额另行计算。

(3)隧道工程定额规定，洞门挖基、仰坡及天沟开挖、明洞明挖土石方等，应使用其他章节有关定额计算。

(4)防水板、明洞防水层的工程数量按设计敷设面积计算。

参考答案：

(1)工程量计算。

开挖数量计算：

开挖土质：$8780 \times 0.9 = 7902(m^3)$

开挖石质：$8780 \times 0.1 = 878(m^3)$

路面沥青混凝土数量计算：$1200 \times 0.15 = 180(m^3)$

(2)涉及的定额细目名称、单位、定额代号、数量及调整系数见表4.1.16。

定额及系数调整表 表4.1.16

序号	定额代号	定额名称	单位	数量	定额系数
1	1-1-9-8	2.0m^3以内挖掘机挖装普通土	1000m^3	7.902	
2	1-1-11-11	20t 以内自卸汽车运土第一个1km	1000m^3	7.902	
3	1-1-11-12	20t 以内自卸汽车运土每增运0.5km	1000m^3	7.902	4
4	1-1-14-5	机械打眼开炸次坚石	1000m^3	0.878	
5	1-1-10-9	3.0m^3以内装载机装次坚石	1000m^3	0.878	
6	1-1-11-25	20t 自卸车运石方第一个1km	1000m^3	0.878	
7	1-1-11-26	20t 自卸车运石方每增运0.5km	1000m^3	0.878	4
8	3-1-18-4	明洞混凝土	10m^3	420	

续上表

序号	定额代号	定额名称	单位	数量	定额系数
9	3-1-18-5	明洞钢筋	1t	234	钢筋调整为 HRB400
10	4-11-11-15	混凝土拌和 $90m^3/h$	$10m^3$	420	1.02
11	4-11-11-24	$6.0m^3$ 混凝土运输第一个 1km	$100m^3$	42	1.02
12	3-1-19-3	明洞回填碎石	$10m^3$	195.9	
13	3-1-20-2	明洞防水层	$10m^2$	540	
14	2-2-11-11	沥青混凝土混合料拌和(160t/h 以内)	$1000m^3$	0.18	
15	2-2-13-7	15t 自卸车运沥青混合料第一个 1km	$1000m^3$	0.18	
16	2-2-13-8	15t 自卸车运沥青混合料每增运 0.5km	$1000m^3$	0.18	6
17	2-2-14-43	中粒式沥青混合料路面铺筑(160t/h 以内)	$1000m^3$	0.18	

注:本案例评分时,自卸汽车选用 12 ~ 20t 均正确;装载机选用 2 ~ $3m^3$ 均正确,但应与自卸汽车匹配。

知识点 6:桥涵工程定额应用

基本规定

桥涵工程定额包括开挖基坑,围堰、筑岛及沉井,打桩,灌注桩,砌筑,现浇混凝土及钢筋混凝土,预制、安装混凝土及钢筋混凝土构件,构件运输盔、支架,钢结构和杂项工程等项目。

1. 混凝土工程。

(1)定额中混凝土强度等级均按一般图纸选用,其施工方法除小型构件采用人拌、人捣外,其他均按机拌、机捣计算。

(2)定额中混凝土工程除大型预制构件底座,混凝土搅拌站安、拆和钢桁架桥式码头项目中已考虑混凝土的拌和费用外,其他混凝土项目中均未考虑混凝土的拌和费用,应按有关定额另行计算。

(3)定额中混凝土均按露天养护考虑,如采用蒸汽养护时,应从各有关定额中按每 $10m^3$ 扣减人工 1.0 个工日及其他材料费 4 元,并按蒸汽养护有关定额计算。

(4)定额中采用泵送混凝土的项目均已包括水平和向上垂直泵送所消耗的人工、机械,当水平泵送距离超过定额综合范围时,可按下表增列人工及机械消耗量。向上垂直泵送不得调整。

项目		定额综合的水平泵送距离(m)	每 $100m^3$ 混凝土每增加水平距离 50m 增列数量	
			人工(工日)	混凝土输送泵(台班)
基础	灌注桩	100	1.08	0.24
	其他	100	0.89	0.16
上、下部构造		50	1.97	0.32
桥面铺装		250	1.97	0.32

(5)混凝土中的钢板、型钢、钢管等预埋件,均作为附属材料列入混凝土定额内。连接用的钢板、型钢等则包括在安装定额内。

(6)大体积混凝土项目必须采用埋设冷却管来降低混凝土水化热时,可根据实际需要另行计算。

(7)除另有说明外,混凝土定额中均已综合脚手架、上下架、爬梯及安全围护等搭、拆及摊销费用,使用定额时不得另行计算。

2. 钢筋工程。

(1)定额中凡钢筋直径在 10mm 以上的接头,除注明为钢套筒连接外,均采用电弧搭接焊或电阻对接焊。

(2)定额中的钢筋按选用图纸分为 HPB300、HRB400;设计中采用 HRB500 时,可将定额中的 HRB400 抽换为 HRB500。当设计图纸的钢筋比例与定额有出入时,可调整钢筋品种的比例。

(3)定额中的钢筋是按一般定尺长度计算的;当设计提供的钢筋连接用钢套筒数量与定额有出入时,可按设计数量调整定额中的钢套筒消耗,其他消耗不调整。

续上表

基本规定	3. 模板工程。 (1)模板不单列项目。混凝土工程中所需的模板包括钢模板、组合钢模板、木模板，均按其周转摊销量计入混凝土定额中。 (2)定额中的模板均为常规模板；当设计或施工对混凝土结构的外观有特殊要求需要对模板进行特殊处理时，可根据定额中所列的混凝土模板接触面积增列相应的特殊模板材料的费用。 (3)定额中所列的钢模板材料指工厂加工的适用于某种构件的定型钢模板，其质量包括立模所需的钢支撑及有关配件；组合钢模板材料指市场供应的各种型号的组合钢模板，其质量仅为组合钢模板的质量，不包括立模所需的支撑、拉杆等配件，定额中已计入所需配件材料的摊销量；木模板按工地制作编制，定额中将制作所需人工、材料、施工机械台班消耗按周转摊销量计算。 (4)定额中均已包括各种模板的维修、保养所需的工、料及费用。 4. 设备摊销费。 定额中设备摊销费的设备指属于固定资产的金属设备，包括万能杆件、装配式钢桥桁架及有关配件拼装的金属架桥设备。挂篮、移动模架、导梁、导向船联结梁的设备摊销费按设备质量每吨每月 180 元计算，其他设备摊销费按设备质量每吨每月 140 元(除设备本身折旧费用，还包括设备的维修、保养等费用)。各项目中凡注明允许调整的，可按计划使用时间调整。 5. 工程量计算一般规则。 (1)现浇混凝土、预制混凝土、构件安装的工程量为构筑物或预制构件的实际体积，不包括其中空心部分的体积，钢筋混凝土项目的工程量不扣除钢筋(钢丝、钢绞线)、预埋件和预留孔道所占的体积。 (2)构件安装定额中在括号内所列的构件体积数量，表示安装时需要制备的构件数量。 (3)钢筋工程量为钢筋的设计质量，定额中已计入施工操作损耗，一般钢筋因接长所需增加的钢筋质量已包括在定额中，不得将这部分质量计入钢筋量内。但对于某些特殊的工程，必须在施工现场分段施工采用搭接接长时，其搭接长度的钢筋质量未包括在定额中，应在钢筋的设计质量内计算。
开挖基坑	1. 干处挖基指开挖无地面水及地下水位以上部分的土壤，湿处挖基指开挖在施工水位以下部分的土壤。挖基坑石方、淤泥、流沙不分干处、湿处均采用同一定额。 2. 开挖基坑土、石方运输按弃土于坑外 10m 范围内考虑；当坑上水平运距超过 10m 时，另按路基土、石方增运定额计算。 3. 基坑深度为坑的顶面中心高程至底面的数值。在同一基坑内，不论开挖哪一深度均执行该基坑的全深度定额。 4. 开挖基坑定额中已综合了基底夯实、基坑回填及检平石质基底用工，湿处挖基还包括挖边沟、挖集水井及排水作业用工，使用定额时，不得另行计算。 5. 开挖基坑定额中不包括挡土板，需要时应据实按有关定额另行计算。 6. 机械挖基定额中已综合了基底高程以上 20cm 范围内采用人工开挖和基底修整用工。 7. 本节基坑开挖定额均按原土回填考虑；当采用取土回填时，应按路基工程有关定额另计取土费用。 8. 挖基定额中未包括水泵台班，挖基及基础、墩台修筑需要排水时，按基坑排水定额计算。 9. 工程量计算规则： (1)基坑开挖工程量按基坑容积计算。 (2)基坑挡土板的支挡面积，按坑内需支挡的实际侧面积计算。 10. 基坑水泵台班消耗，可根据覆盖层土壤类别和施工水位高度采用表列数值计算： (1)墩(台)基坑水泵台班消耗 = 湿处挖基工程量 × 挖基水泵台班 + 墩(台)座数 × 修筑水泵台班。 (2)基坑水泵台班消耗表中水位高度栏中“地面水”适用于围堰内挖基，水位高度指施工水位至坑顶的高度，其水泵消耗台班已包括排除地下水所需台班数量，不得再按“地下水”加计水泵台班；“地下水”适用于岸滩湿处的挖基，水位高度指施工水位至坑底的高度，其工程量应为施工水位以下的湿处挖基工程数量，施工水位至坑顶部分的挖基，应按干处挖基对待，不计水泵台班
围堰筑岛工程	1. 围堰定额适用于挖基围堰和筑岛围堰。 2. 草土、塑料编织袋、竹笼、木笼铁丝围堰定额中已包括 50m 以内人工挖运土方的工日数量，定额括号内所列“土”的数量不计价，仅限于取土运距超过 50m 时，按人工挖运土方的增运定额，增加运输用工。 3. 草土、塑料编织袋、竹笼围堰长度按围堰中心长度计算，高度按施工水深加 0.5m 计算。木笼铁丝围堰实体为木笼所包围的体积。 4. 套箱围堰的工程量为套箱金属结构的质量。套箱整体下沉时悬吊平台的钢结构及套箱内支撑的钢结构均已综合在定额中，不得作为套箱工程量进行计算

续上表

灌注桩工程

1. 灌注桩成孔定额分为人工挖孔、卷扬机带冲击锥冲孔、冲击钻机钻孔、回旋钻机钻孔、潜水钻机钻孔、旋挖钻机钻孔六种。定额中已按摊销方式计入钻架的制作、拼装、移位、拆除及钻头维修所耗用的人工、材料、施工机械台班数量，钻头的费用已计入设备摊销费中，使用本节定额时，不得另行计算。

2. 灌注桩混凝土定额按机械拌和、工作平台上导管倾注水下混凝土编制，定额中已包括混凝土灌注设备（如导管等）摊销的工、料费用及扩孔增加的混凝土数量，使用定额时，不得另行计算。

3. 钢护筒定额中，干处埋设按护筒设计质量的周转摊销量计入定额中，使用定额时，不得另行计算。水中埋设按护筒全部设计质量计入定额中，可根据设计确定的回收量按规定计算回收金额。

4. 护筒定额中，已包括陆地上埋设护筒用的黏土或水中埋设护筒定位用的导向架及钢质或钢筋混凝土护筒接头用的铁件、硫黄胶泥等埋设时用的材料、设备消耗，使用定额时，不得另行计算。

5. 浮箱工作平台定额中，每只浮箱的工作面积为 $3\times6=18(m^2)$。

6. 使用成孔定额时，应根据施工组织设计的需要合理选用定额子目，当不采用泥浆船的方式进行水中灌注桩施工时，除按 90kW 以内内燃拖轮数量的一半保留拖轮和驳船的数量外，其余拖轮和驳船的消耗应扣除。

7. 在河滩、水中采用围堰筑岛方法施工或搭设的便桥与工作平台相连时，应采用陆地上成孔定额计算。

8. 本章定额是按一般黏土造浆进行编制的，当实际采用膨润土造浆时，其膨润土的用量可按定额中黏土用量乘以系数进行计算。即：

$$Q=0.095\times V$$

式中：Q——膨润土的用量（t）；

V——黏土的用量（m^3）。

9. 当设计桩径与定额采用桩径不同时，可按下表系数调整：

计算基数		桩径 150cm 以内			桩径 200cm 以内		
桩径（cm）		120	130	140	160	170	
调整系数	冲击锥、冲击钻	0.85	0.9	0.95	0.8	0.85	
	回旋钻		0.94	0.97	0.75	0.82	

计算基数		桩径 200cm 以内		桩径 250cm 以内			
桩径（cm）		180	190	210	220	230	240
调整系数	冲击锥、冲击钻	0.9	0.95	0.88	0.91	0.94	0.97
	回旋钻	0.87	0.92	0.88	0.91	0.94	0.96

计算基数		桩径 300cm 以内				桩径 350cm 以内			
桩径（cm）		260	270	280	290	310	320	330	340
调整系数	回旋钻	0.72	0.78	0.85	0.92	0.7	0.78	0.85	0.93

10. 工程量计算规则。

（1）灌注桩成孔工程量按设计入土深度计算。定额中的孔深指护筒顶至桩底（设计高程）的深度。钻孔定额中同一孔内的不同土质，不论其所在的深度如何，均采用总孔深定额。

（2）人工挖孔的工程量按护筒（护壁）外缘所包围的面积乘以设计孔深计算。

（3）浇筑水下混凝土的工程量按设计桩径断面面积乘以设计桩长计算，不得将扩孔因素计入工程量。

（4）灌注桩工作平台的工程量按施工组织设计需要的面积计算。

（5）钢护筒的工程量按护筒的设计质量计算。设计质量为加工后的成品质量，包括加劲肋及连接用法兰盘等全部钢材的质量。当设计提供不出钢护筒的质量时，可参考下表的质量进行计算，桩径不同时可内插计算：

桩径（cm）	100	120	150	200	250	300	350
护筒单位质量（kg/m）	267.0	390.0	568.0	919.0	1504.0	1961.0	2576.0

续上表

砌筑工程	1. 定额中的 M7.5 水泥砂浆为砌筑用砂浆，M10 水泥砂浆为勾缝用砂浆。 2. 定额中已按砌体的总高度配置了脚手架、踏步、井字架，并计入搭、拆用工，其材料用量均以摊销方式计入定额中。 3. 浆砌混凝土预制块定额中，未包括预制块的预制，应按定额中括号内所列预制块数量，另按预制混凝土构件的有关定额计算。 4. 浆砌料石或混凝土预制块作镶面时，其内部应按填腹石定额计算。 5. 桥涵拱圈定额中，未包括拱盔和支架，需要时应按《预算定额》第四章第九节拱盔、支架工程中有关定额另行计算。 6. 定额中均未包括垫层及拱背、台背填料和砂浆抹面，需要时应按《预算定额》第四章第十一节杂项工程中有关定额另行计算。 7. 砌筑工程的工程量为砌体的实际体积，包括构成砌体的砂浆体积
现浇混凝土及钢筋混凝土	1. 定额中未包括现浇混凝土及钢筋混凝土上部构造所需的拱盔、支架，需要时按有关定额另行计算。 2. 定额中片石混凝土中片石含量均按 15% 计算。 3. 有底模承台适用于高桩承台施工。 4. 使用套箱围堰浇筑承台混凝土时，应采用无底模承台的定额。 5. 定额中均未包括提升模架、拐脚门架、悬浇挂篮、移动模架等金属设备，需要时，应按有关定额另行计算。 6. 墩台高度为基础顶、承台顶或系梁底到盖梁顶、墩台帽顶或 0 号块件底的高度。 7. 索塔高度为基础顶、承台顶或系梁底到索塔顶的高度。当塔墩固结时，工程量为基础顶面或承台顶面以上至塔顶的全部数量；当塔墩分离时，工程量应为桥面顶部以上至塔顶的数量，桥面顶部以下部分的数量应按墩台定额计算。 8. 斜拉索锚固套筒定额中已综合加劲钢板和钢筋的数量，其工程量以混凝土箱梁中锚固套筒钢管的质量计算。 9. 斜拉索钢锚箱的工程量为钢锚箱钢板、剪力钉、定位件的质量之和，不包括钢管和型钢的质量
预制安装混凝土及钢筋混凝土构件	1. 预制钢筋混凝土上部构造中，矩形板、空心板、连续板、少筋微弯板、预应力桁架梁、顶推预应力连续梁、桁架拱、刚架拱均已包括底模板，其余的是按配合底座（或台座）施工考虑。 2. 顶进立交箱涵、圆管涵的顶进靠背由于形式很多，宜根据不同的地形、地质情况设计，定额中未单独编列子目，需要时可根据施工图纸采用有关定额另行计算。 3. 顶进立交箱涵、圆管涵定额是根据全面顶进的施工方法编制的。顶进设备未包括在顶进定额中，应按顶进设备定额另行计算。“铁路线加固”定额除了铁路线路的加固外，还包括临时信号灯、行车期间的线路维修和行车指挥等全部工作。 4. 预制立交箱涵、箱梁的内模、翼板的门式支架等工、料已包括在定额中。 5. 顶推预应力连续梁是按多点顶推的施工工艺编制的，顶推使用的滑道单独编列子目，其他滑块、拉杆、拉锚器及顶推用的机具、预制箱梁的工作平台均摊入顶推定额中。顶推用的导梁及工作平台底模顶升千斤顶以下的工程，本章定额中未计入，应按有关定额另行计算。 6. 构件安装指从架设孔起吊起至安装就位，整体化完成的全部施工工序。本节定额中除安装矩形板、空心板及连续板等项目的现浇混凝土可套用桥面铺装定额计算外，其他安装上部构造定额中均单独编列有现浇混凝土子目。 7. 本节定额中凡采用金属结构吊装设备和缆索吊装设备安装的项目，均未包括吊装设备的费用，应按有关定额另行计算。 8. 制作、张拉预应力钢筋、钢绞线，是按不同的锚头形式分别编制的；当每吨钢筋的根数或每吨钢绞线的束数有变化时，可根据定额进行抽换。 9. 预应力钢筋、钢丝束及钢绞线定额中均已计入预应力管道及压浆的消耗量，使用定额时不得另行计算。定额中不含铁皮管及波纹管的定位钢筋，需要时应另行计算。定额中的束长为一次张拉的长度。 10. 对于钢绞线不同型号的锚具，使用定额时可按下表规定计算。

设计采用锚具型号（孔）	1	4	5	6	8	9	10	14	15	16	17	24
套用定额的锚具型号（孔）	3		7				12			19		22

续上表

<table>
<tr><td>预制安装混凝土及钢筋混凝土构件</td><td>11. 金属结构吊装设备定额是根据不同的安装方法划分子目的，如“单导梁”指安装用的拐脚门架、蝴蝶架、导梁等全套设备。设备质量不包括列入材料部分的铁件、钢丝绳、鱼尾板、道钉及列入“小型机具使用费”内的滑车等。
12. 预制场用龙门架、悬浇箱梁用的墩顶拐脚门架，可套用高度9m以内的跨墩门架定额，但质量应根据实际计算。
13. 安装金属支座的工程量是指半成品钢板的质量(包括座板、齿板、垫板、辊轴等)。至于锚栓、梁上的钢筋网、铁件等均以材料数量综合在定额内。
14. 安装支座定额中的钢板是按一般规定计算的；当设计数量与定额有出入时，可按设计数量调整。
15. 工程量计算规则：
(1)预制构件的工程量为构件的实际体积(不包括空心部分的体积)，但预应力构件的工程量为构件预制体积与构件端头封锚混凝土的数量之和。预制空心板的空心堵头混凝土已综合在预制定额内，计算工程量时不应再计列这部分混凝土的数量。
(2)使用定额时，构件的预制数量应为安装定额中括号内所列的构件备制数量。
(3)安装的工程量为安装构件的体积。
(4)构件安装时的现浇混凝土的工程量为现浇混凝土和砂浆的数量之和。但如在安装定额中已计列砂浆消耗的项目，则在工程量中不应再计列砂浆的数量。
(5)预制、悬拼预应力箱梁临时支座的工程量为临时支座中混凝土及硫黄砂浆的体积之和。
移动模架的质量包括托架(牛腿)、主梁、鼻梁、横梁、吊架、工作平台及爬梯的质量，不包括液压构件和内外模板(含模板支撑系统)的质量。
(6)预应力钢绞线、预应力精轧螺纹粗钢筋的工程量为锚固长度与工作长度的质量之和。
(7)先张钢绞线质量为设计图纸质量，定额中已包括钢绞线损耗及预制场构件间的工作长度及张拉工作长度。
(8)缆索吊装的索跨指两塔架间的距离</td></tr>
<tr><td>构件运输</td><td>1. 本节的各种运输距离以10m、50m、1km为计算单位。不足第一个10m、50m、1km者，均按10m、50m、1km计；超过第一个定额运距单位时，其运距尾数不足一个增运定额单位的半数时不计，等于或超过半数时按一个定额运距单位计算。
2. 运输便道、轨道的铺设，栈桥码头、龙门架、缆索的架设等，均未包括在定额内，应按有关章节定额另行计算。
3. 本节定额未单列构件出坑堆放的定额，如需出坑堆放，可按相应构件运输第一个运距单位定额计列。
4. 凡以手摇卷扬机和电动卷扬机配合运输的构件重载升坡时，第一个定额运距单位不增加人工及机械，每增加定额单位运距按以下规定乘以换算系数。
(1)手推车运输每增运10m定额的人工，按下表乘以换算系数：
<table>
<tr><td>坡度(%)</td><td>1以内</td><td>5以内</td><td>10以内</td></tr>
<tr><td>系数</td><td>1.0</td><td>1.5</td><td>2.5</td></tr>
</table>
(2)垫滚子绞运每增运10m定额的人工和小型机具使用费，按下表乘以换算系数：
<table>
<tr><td>坡度(%)</td><td>0.4以内</td><td>0.7以内</td><td>1.0以内</td><td>1.5以内</td><td>2.0以内</td><td>2.5以内</td></tr>
<tr><td>系数</td><td>1.0</td><td>1.1</td><td>1.3</td><td>1.9</td><td>2.5</td><td>3.0</td></tr>
</table>
(3)轻轨平车运输配电动卷扬机每增运50m定额的人工及电动卷扬机台班，按下表乘以换算系数：
<table>
<tr><td>坡度(%)</td><td>0.7以内</td><td>1.0以内</td><td>1.5以内</td><td>2.0以内</td><td>3.0以内</td></tr>
<tr><td>系数</td><td>1.00</td><td>1.05</td><td>1.10</td><td>1.15</td><td>1.25</td></tr>
</table></td></tr>
<tr><td>拱盔支架工程</td><td>1. 桥梁拱盔、木支架及简单支架均按有效宽度8.5m计，钢支架按有效宽度12.0m计；当实际宽度与定额不同时，可按比例换算。
2. 木结构制作按机械配合人工编制，配备的木工机械均已计入定额中。结构中的半圆木构件，用圆木对剖加工所需的工日及机械台班均已计入定额内。
3. 所有拱盔均包括底模板及工作台的材料，但不包括现浇混凝土的侧模板。
4. 桁构式拱盔安装、拆除用的人字扒杆、地锚移动用工及拱盔缆风设备工料已计入定额，但不包括扒杆制作的工、料，扒杆数量根据施工组织设计另行计算。</td></tr>
</table>

续上表

<table>
<tr><td>拱盔支架工程</td><td>5. 桁构式支架定额中已包括了墩台两旁支撑排架及中间拼装、拆除用支撑架，支撑架已加计了拱矢高度并考虑了缆风设备。定额以孔为计量单位。
6. 木支架及满堂式钢管支架的帽梁和地梁已计入定额中，地梁以下的基础工程未计入定额中；如需要，应按有关相应定额另行计算。
7. 简单支架定额适用于安装钢筋混凝土双曲拱桥拱肋及其他桥梁需增设的临时支架。稳定支架的缆风设施已计入本章定额内。
8. 涵洞拱盔支架、板涵支架定额单位的水平投影面积为涵洞长度乘以净跨径。
9. 桥梁支架定额单位的立面积为桥梁净跨径乘以高度，拱桥高度为起拱线以下至地面的高度，梁式桥高度为墩、台帽顶至地面的高度。这里的地面指支架地梁的底面。
10. 钢拱架的工程量为钢拱架及支座金属构件的质量之和，其设备摊销费按 4 个月计算；当实际使用期与定额不同时，可予以调整。
11. 钢管支架定额指采用直径大于 30cm 的钢管作为立柱，在立柱上采用金属构件搭设水平支撑平台的支架，其中下部指立柱顶面以下部分，上部指立柱顶面以上部分。下部工程量按立柱质量计算，上部工程量按支架水平投影面积计算。
12. 支架预压的工程量按支架上现浇混凝土的体积计算</td></tr>
<tr><td>杂项工程</td><td>1. 杂项工程包括平整场地、锥坡填土、拱上填料、台背排水、土牛(拱)胎、防水层、基础垫层、水泥砂浆勾缝及抹面、伸缩缝及泄水管、混凝土构件蒸汽养护室建筑及蒸汽养护、预制构件底座、先张法预应力张拉台座、混凝土搅拌站、混凝土搅拌船及混凝土运输、冷却管、钢桁架栈桥式码头、水上泥浆循环系统、施工电梯、施工塔式起重机、拆除旧建筑物等项目。本节定额适用于桥涵及其他构造物工程。
2. 大型预制构件底座定额分为平面底座和曲面底座两项。
(1) 平面底座定额适用于 T 形梁、I 形梁、等截面箱梁，每根梁底座面积的工程量按下式计算：
底座面积 = (梁长 + 2.00m) × (梁宽 + 1.00m)
(2) 曲面底座定额适用于梁底为曲面的箱形梁(如 T 形刚构等)，每块梁底座的工程量按下式计算：
底座面积 = 构件下弧长 × 底座实际修建宽度
平面底座的梁宽指预制梁的顶面宽度。
3. 模数式伸缩缝预留槽钢纤维混凝土中钢纤维的含量是按水泥用量的 1% 计算；当设计钢纤维含量与定额不同时，可按设计用量抽换定额中钢纤维的消耗。
4. 蒸汽养护室面积按有效面积计算，其工程量按每一养护室安置两片梁，其梁间距离为 0.8m，并按长度每端增加 1.5m，宽度每边增加 1.0m 考虑。定额中已将其附属工程及设备，按摊销量计入定额中，编制预算时不得另行计算。
5. 混凝土搅拌站的材料，均已按桥次摊销列入定额中。
6. 钢桁架栈桥式码头定额适用于大型预制构件装船。码头上部为万能杆件及各类型钢加工的半成品和钢轨等，均已按摊销费计入定额中。
7. 施工塔式起重机和施工电梯所需安、拆数量和使用时间按施工组织设计的进度安排进行计算</td></tr>
</table>

知识点 6 代表题型

【案例一】 某正交盖板涵工程，孔径 2m，涵台身高 2.25m，涵台身宽 0.65m，整体式基础，涵长 54m。每 4m 设一道沉降缝，与八字墙接头处需设沉降缝，涵台身和盖板涂沥青防水。进出口不计。混凝土现场拌制，盖板在预制场预制，运距 2km，拌和站安拆不计。弃方运输不计。其施工图设计主要工程量见表 4.1.17。

工程数量表 表 4.1.17

项目	单位	工程量
基坑土方	m^3	1300
C25 混凝土基础	m^3	160
C25 混凝土台身	m^3	157.95

续上表

项目	单位	工程量
C25 混凝土帽石	m^3	0.5
C30 预制混凝土矩形板	m^3	44.3
矩形板光圆钢筋	kg	500
矩形板带肋钢筋	kg	6477

问题：

1. 计算防水层及沉降缝工程量。

2. 请根据上述资料列出本涵洞工程施工图预算建筑安装工程费所涉及的相关细目名称、定额代号、单位、数量及定额调整或系数等内容，并填入表格中，需要时应列式计算。（计算结果保留 2 位小数）

解题思路：

本案例主要考核盖板涵工程的主要结构、工序及附属工程数量的计算和计价，确保不漏项。

参考答案：

问题 1：

（1）防水层：按数量为 54 计算，$54 \times (2.25 \times 2 + 0.65 \times 2 + 2) = 421.20(m^2)$

（2）沉降缝：按平均 4m 间距设置一道沉降缝，台身、基础设置，按台身、基础截面面积计算，则数量为 $54 \div 4 + 1 = 14.5$，按 15 道计算。（按定额释义，以圬工砌体截面面积计算）

基础的平均截面面积：$160 \div 54 = 2.96(m^2)$

沉降缝面积：$15 \times (157.95 \div 54 + 2.96) = 88.28(m^2)$

问题 2：

混凝土拌和量：$(160 + 157.95 + 0.5) \times 1.02 + 44.3 \times 1.01 = 369.56(m^3)$

涵洞工程施工图预算建筑安装工程费相关细目名称、定额代号、单位、数量和定额及系数调整等内容见表 4.1.18。

施工图预算定额及系数调整表　　表 4.1.18

定额代号	细目名称	单位	数量	定额及系数调整
4-1-3-3	斗容量 1.0m^3 以内挖掘机挖基坑	1000m^3	1.3	
4-6-1-1	轻型墩台混凝土基础跨径 4m 以内（C25 混凝土基础）	10m^3	16	C15 混凝土调整为 C25 混凝土
4-6-2-2	轻型墩台混凝土墩台跨径 4m 以内（C25 混凝土台墙）	10m^3	15.9	C20 混凝土调整为 C25 混凝土
4-6-3-1	混凝土墩、台帽非泵送	10m^3	0.05	C30 混凝土调整为 C25 混凝土
4-7-9-1	预制矩形板混凝土（跨径 4m 以内）	10m^3	4.43	
4-8-3-10	装载质量 10t 以内载货汽车运 2km（汽车式起重机装卸）	100m^3	0.443	+(4-8-3-14)×2
4-7-10-1	起重机安装矩形板	10m^3	4.43	

续上表

定额代号	细目名称	单位	数量	定额及系数调整
4-7-9-3	现场加工预制矩形板钢筋	1t	6.977	钢筋 HPB300:HRB400 为 0.073:0.952
4-11-4-5	涂沥青(防水层)	$10m^2$	42.12	
4-11-1-1	沥青麻絮沉降缝	$10m^2$	8.828	
4-11-11-2	容量 350L 以内混凝土搅拌机拌和	$10m^3$	36.956	

【案例二】 某桥梁基础为 ϕ1.5m 陆上灌注桩,平均桩长 25m,共 800m,其中砾石层长度占总长度的 60%,其余均位于软石层,灌注桩钢筋采用 HRB400 钢筋,132.6t,每根桩基设置 3 根检测管,检测管每延米质量 4kg,桩基所处地层地下水丰富。造价工程师编制的施工图预算建筑安装工程费相关细目名称、定额代号、单位、数量和定额及系数调整见表 4.1.19。

施工图预算定额及系数调整表 表 4.1.19

细目名称		定额代号	单位	数量	定额及系数调整
人工挖孔孔深 10m 以内	砾石	4-4-1-1	$10m^3$	84.8	
	软石	4-4-1-3	$10m^3$	56.6	
挖孔桩混凝土(卷扬机配吊斗)		4-4-8-2	$10m^3$	141.4	
灌注桩钢筋(焊接连接主筋)		4-4-8-24	1t	132.6	

问题:

请问该造价工程师编制的施工图预算建筑安装工程费数据文件存在哪些问题?根据你的理解改正这些问题,并按上表格式修改完善本桥桩基施工图预算建筑安装工程费数据文件(泥渣外运不计)。

解题思路:

本案例主要考核挖孔灌注桩工程的适用条件以及钻孔桩施工图预算建筑安装工程费包含的内容。

参考答案:

根据技术规范,在无地下水或有少量地下水且较密实的土层或风化岩层中,可采用人工挖孔桩。人工挖孔孔深不宜大于 15m。本桥桩基地下水丰富,含砾(卵)石层,桩长 25m > 15m,不应采用人工挖孔桩,可采用机械成孔施工。

以冲击钻机冲孔为例,编制施工图预算建筑安装工程费。

桩的根数:800 ÷ 25 = 32(根)

钢护筒质量(按 3m 长计算):32 × 3 × 0.568 = 54.528(t)

砾石层桩基长度:800 × 60% = 480(m)

软石层桩基长度:800 × (1 − 60%) = 320(m)

1.5m 桩一般设 3 根检测管,检测管每延米质量为 4kg,检测管长度比桩长多 0.5m。

检测管质量:32 × 3 × 25.5 × 4 ÷ 1000 = 9.792(t)

桩基施工图预算建筑安装工程费相关细目名称、定额代号、单位、数量和定额及系数调整等内容见表 4.1.20。

施工图预算定额及系数调整表　　表 4.1.20

细目名称	定额代号	单位	数量	定额及系数调整
干处理设钢护筒	4-4-9-7	1t	54.528	
冲击钻机冲孔(桩径 150cm 以内,孔深 30m 以内,砾石)	4-4-3-36	10m	48	
冲击钻机冲孔(桩径 150cm 以内,孔深 30m 以内,软石)	4-4-3-38	10m	32	
灌注桩混凝土冲击成孔(输送泵)	4-4-8-6	$10m^3$	141.4	根据设计混凝土等级强度进行调整
灌注桩主钢筋焊接连接	4-4-8-24	1t	132.6	钢筋调整为 HRB400
灌注桩检测管	4-4-8-28	1t	9.792	
生产能力 $60m^3/h$ 以内混凝土拌和站拌和	4-11-11-15	$100m^3$	14.14	×1.295
运输能力 $6m^3$ 以内搅拌运输车运混凝土第一个 1km	4-11-11-24	$100m^3$	14.14	×1.295,根据施工组织调整混凝土运距

【案例三】 某预应力混凝土连续梁桥,桥跨组合为 30m + 4 × 50m + 30m,桥梁全长 265.50m,桥梁宽度为 25.00m。桥墩基础为钻孔灌注桩,采用回旋钻机施工,桥墩为每排 4 根共 8 根直径 2.20m 的桩。承台尺寸为 8.00m × 20.00m × 3.00m。桥墩基础均为水中施工(水深 5m 以内)。混凝土均要求采用集中拌和、泵送施工,水上混凝土施工考虑搭便桥的方法,便桥费用不计,混凝土平均运距为 3km,混凝土拌和站场地处理费用不计。本工程计划工期为 18 个月。其施工图设计的主要工程数量见表 4.1.21。

主要工程数量表　　表 4.1.21

<table>
<tr><td rowspan="2">项目</td><td colspan="4">钻孔深度(m)</td><td rowspan="2">钢筋(t)</td></tr>
<tr><td>沙土</td><td>砂砾</td><td>软石</td><td>坚石</td></tr>
<tr><td>灌注桩(桩径 2.20m)</td><td>159</td><td>862</td><td>286</td><td>66</td><td>238</td></tr>
<tr><td rowspan="2">承台</td><td colspan="2">封底混凝土(m^3)</td><td colspan="2">承台混凝土(m^3)</td><td>钢筋(t)</td></tr>
<tr><td colspan="2">800</td><td colspan="2">2400</td><td>136</td></tr>
</table>

问题:

请列出该桥梁基础工程预算所涉及的相关定额的名称、单位、定额代号、数量等内容,并填入表格中,需要时应列式计算。

解题思路:

本案例主要考核关于桥梁桩基础工程的辅助工程量计算及定额的运用。

(1)灌注桩工作平台的工程量按施工组织设计需要的面积计算,若没做详细施工组织设计可按承台尺寸确定,一般是承台长度方向每边增加 2m,宽度方向每边增加 1m。

(2)钢护筒的工程量按护筒的设计质量计算。设计质量为加工后的成品质量,包括加劲肋及连接用法兰盘等全部钢材的质量。当设计提供不出钢护筒的质量时,可参考下表的质量进行计算,桩径不同时可内插计算。

桩径(cm)	100	120	150	200	250	300	350
护筒单位质量(kg/m)	267.0	390.0	568.0	919.0	1504.0	1961.0	2576.0

参考答案：

(1)钻孔灌注桩护筒质量的确定。

根据钻孔土质情况，拟定桩径2.20m的护筒长度平均为10.0m。其质量为：

$8\times5\times10.0\times[919+(1504-919)\times2\div5]=461.2(t)$

(2)检测管质量的确定。

桩径2.20m的桩每根桩基设置4根检测管，检测管的单位质量为3.995kg/m，所以检测管质量为：

$8\times5\times10\times4\times3.995\div1000=6.392(t)$

(3)水中施工钻孔工作平台面积的确定。

根据承台平面尺寸，拟定工作平台尺寸为10m×24m，其面积为：

$10\times24\times5=1200(m^2)$

(4)钻孔灌注桩混凝土体积的确定：

$(159+862+286+66)\times2.2^2\times\pi\div4=5219.22(m^3)$

(5)承台采用钢套箱施工，其质量为：

$(8+20)\times2\times5.5\times5\times0.15=231(t)$

注：钢板桩围堰每平方米的质量为0.15t或0.27t，这两种规格的钢板桩围堰较常用。

(6)桩基础平均深度确定：

$(159+862+286+66)\div8\div5=34.33(m)$

基础工程预算定额及系数调整表见表4.1.22。

基础工程预算定额及系数调整表　　表4.1.22

序号	定额代号	定额名称	单位	数量	定额及系数调整
1	4-4-4-305	桩径2.2m内孔深40m内砂、黏土	10m	15.9	0.91
2	4-4-4-307	桩径2.2m内孔深40m内砂砾	10m	86.2	0.91
3	4-4-4-310	桩径2.2m内孔深40m内软石	10m	28.6	0.91
4	4-4-4-312	桩径2.2m内孔深40m内坚石	10m	6.6	0.91
5	4-4-8-15	灌注桩混凝土	$10m^3$	521.922	
6	4-11-11-13	混凝土拌和	$100m^3$	52.1922	1.197
7	4-11-11-24	混凝土运输(第一个1km)	$100m^3$	52.1922	1.197
8	4-11-11-25	混凝土运输(增运2km)	$100m^3$	52.1922	1.197×4
9	4-11-11-8	混凝土搅拌站	1座	1	
10	4-4-9-8	桩径2.2m护筒	1t	461.2	
11	4-4-8-28	检测管	1t	6.392	
12	4-4-10-1	水中施工工作平台	$100m^2$	12	

续上表

序号	定额代号	定额名称	单位	数量	定额及系数调整
13	4-4-8-27	灌注桩钢筋	t	238	
14	4-6-1-11	承台封底混凝土	$10m^3$	80	
15	4-6-1-10	承台混凝土	$10m^3$	240	
16	4-6-1-13	承台钢筋	t	136	
17	4-11-11-13	混凝土拌和	$10m^3$	320	1.04
18	4-11-11-24	混凝土运输(第一个1km)	$10m^3$	320	1.04
19	4-11-11-25	混凝土运输(增运2km)	$10m^3$	320	1.04×4
20	4-2-6-2	钢套箱	10t	23.1	

【案例四】 某四车道高速公路，路基宽26m，设计若干座单孔标准跨径5m的钢筋混凝土矩形板小桥。桥梁与路基同宽。其中有一座小桥，其上部构造行车道钢筋混凝土矩形板设计C25混凝土62.4m^3、HRB400钢筋5.24t、台高5m(支架高5m)。10座小桥设一处预制场，计10000m^2，场中面积30%要铺筑厚15cm的砂砾垫层，20%面积用15cm厚水泥混凝土硬化，作为构件预制底板。集中拌和站距预制场1km，距本桥9km。预制场至桥址运距10km，用汽车运至安装地点。小桥水深0.30m，埋直径80cm排水管30m，筑岛填土150m^3，浇15cm厚C15混凝土做支架基础。

问题：

分别就预制安装和现浇上部混凝土两种施工方法，列出桥梁上部矩形板施工图预算建筑安装工程费的细目名称、定额代号、单位、数量及定额调整或系数。排水管拆除和运输不计，筑岛填土拆除后运输不计。

解题思路：

本案例主要考核矩形板小桥上部构造在采用不同的施工方法时，工程造价的构成内容。

参考答案：

支架立面积为跨径乘以台高等于25m^2，定额有效宽度为12m，支架实际宽度为26+2=28(m)，应调整定额乘系数28÷12=2.33。

支架高度按照定额规定内插。

支架基础混凝土：$5\times28\times0.15=21(m^3)$

预制场工程量不计，已含在施工场地费中。

(1)预制安装矩形板的细目名称、定额代号、单位、数量和定额及系数调整见表4.1.23。

预制安装矩形板施工图预算定额及系数调整表　　表4.1.23

细目名称	定额代号	单位	数量	定额及系数调整
预制矩形板混凝土(跨径8m以内)	4-7-9-2	$10m^3$	6.24	C30混凝土调整为C25混凝土
现场加工预制矩形板钢筋	4-7-9-3	1t	5.24	钢筋调整为HRB400
生产能力60m^3/h以内混凝土拌和站(楼)拌和	4-11-11-15	$100m^3$	0.624	×1.01
运输能力6m^3以内搅拌运输车运混凝土第一个1km	4-11-11-24	$100m^3$	0.624	×1.01

续上表

细目名称	定额代号	单位	数量	定额及系数调整
起重机安装矩形板	4-7-10-1	$10m^3$	6.24	
装载质量8t以内载货汽车第一个1km(手摇卷扬机装卸)	4-8-3-5	$100m^3$	0.624	
装载质量8t以内载货汽车每增运0.5km(运距在15km以内)	4-8-3-13	$100m^3$	0.624	×18

(2)现浇矩形板的细目名称、定额代号、单位、数量和定额及系数调整见表4.1.24。

现浇矩形板施工图预算定额及系数调整表 表4.1.24

细目名称	定额代号	单位	数量	定额及系数调整
现浇混凝土矩形板上部构造	4-6-8-1	$10m^3$	6.24	C30混凝土调整为C25混凝土
现场加工现浇矩形板上部构造钢筋	4-6-8-4	1t	5.24	钢筋调整为HRB400
生产能力$50m^3/h$以内混凝土拌和站(楼)拌和	4-11-11-15	$100m^3$	0.624	×1.02
运输能力$6m^3$以内搅拌运输车运混凝土第一个1km	4-11-11-24	$100m^3$	0.624	+(4-11-11-25)×16,×1.02
满堂式钢管支架高度6m	4-9-3-8	$10m^2$	2.5	×2.33,并调整支架高度
支架预压	4-9-6-1	$10m^3$	6.24	
铺设混凝土排水管(φ800mm以内)	1-3-5-16	100m	0.3	
拆除混凝土排水管(φ800mm以内)	1-3-5-16	100m	0.3	不计材料费
机械筑岛填土	4-2-5-3	$100m^3$筑岛实体	1.5	
基础混凝土垫层	4-11-5-6	$10m^3$	2.1	C10混凝土调整为C15混凝土
破碎机挖清水泥混凝土面层	2-3-1-7	$10m^3$	2.1	
装载质量12t以内自卸汽车运石第一个1km(拆除弃方)	1-1-11-21	$1000m^3$	0.021	根据弃方距离调整运距

知识点7:工程量计量规则

子目号	子目名称	单位	工程量计量	工程内容
203-1-a	挖土方	m^3	1.依据图纸所示地面线、路基设计横断面图、路基土石比例,采用平均断面面积法计算,包括边沟、排水沟、截水沟的土方,按照天然密实体积以立方米为单位计量。 2.路床顶面以下挖松深300mm再压实作为挖土方的附属工作,不另行计量。 3.取弃土场的绿化、防护工程、排水设施在相应章节内计量	1.挖、装、运输、卸车。 2.填料分理、弃土整型、压实。 3.施工排水处理。 4.边坡整修、路床顶面以下挖松深300m再压实、路床清理

续上表

子目号	子目名称	单位	工程量计量	工程内容
203-1-b	挖石方	m^3	依据图纸所示地面线、路基设计横断面图、路基土石比例,按平均断面法计算,包括边沟、排水沟、截水沟的石方,按照天然体积以立方米为单位计量。 弃土场绿化、防护工程、排水设施在相应章节内计量	1. 石方爆破。 2. 挖、装、运输、卸车。 3. 填料分理、弃土整型、压实。 4. 施工排水处理。 5. 边坡整修、路床顶面凿平或填平压实、路床清理
204-1-a	利用土方	m^3	1. 依据图纸所示地面线、路基设计横断面图,按平均断面面积法计算压实的体积,以立方米为单位计量。 2. 当填料中石料含量小于30%时,适用于本条。 3. 满足施工需要,预留路基宽度宽填的填方量作为路基填筑的附属工作,不另行计量。 4. 填前压实、地面下沉增加的填方量按填料来源参照本条计量	1. 基底翻松、压实、挖台阶。 2. 临时排水、翻晒。 3. 分层摊铺。 4. 洒水、压实、刷坡。 5. 整型
204-1-b	利用石方	m^3	1. 依据图纸所示地面线、路基设计横断面图,按平均断面面积法计算压实的体积,以立方米为单位计量。 2. 当填料中石料含量大于70%时,适用于本条。 3. 地面下沉增加的填方量按填料来源参照本条计量	1. 基底翻松、压实,挖台阶。 2. 临时排水、翻晒。 3. 边坡码砌。 4. 分层摊铺。 5. 小石块(或石屑)填缝、找补。 6. 洒水、压实。 7. 整型
204-1-c	利用土石混填	m^3	1. 依据图纸所示地面线、路基设计横断面图,按平均断面面积法计算压实的体积,以立方米为单位计量。 2. 当填料中石料含量大于30%、小于70%时,适用于本条。 3. 满足施工需要,预留路基宽度宽填的填方量作为路基填筑的附属工作,不另行计量。 4. 地面下沉增加的填方量按填料来源参照本条计量	1. 基底翻松、压实,挖台阶。 2. 临时排水、翻晒。 3. 边坡码砌。 4. 分层摊铺。 5. 洒水、压实。 6. 整型
204-1-c	借土填方	m^3	1. 依据图纸所示地面线、路基设计横断面图,按平均断面面积法计算压实的体积,以立方米为单位计量。 2. 借土场绿化、防护工程、排水设施、临时用地在相应章节内计量。 3. 满足施工需要,预留路基宽度宽填的填方量作为路基填筑的附属工作,不另行计量。 4. 地面下沉增加的填方量按填料来源参照本条计量	1. 借土场场地清理、清除不适用材料。 2. 简易便道、基底翻松、压实、挖台阶。 3. 挖、装、运输、卸车。 4. 分层摊铺。 5. 洒水、压实、刷坡。 6. 施工排水处理。 7. 整型
207-1-a	浆砌片石边沟	m^3	依据图纸所示位置及断面尺寸,按浆砌片石的体积以立方米为单位计量	1. 场地清理。 2. 地基平整夯实,断面补挖。 3. 铺设垫层。 4. 砂浆拌制。 5. 浆砌块石、勾缝、抹面养护。 6. 回填

续上表

子目号	子目名称	单位	工程量计量	工程内容
207-1-c	现浇混凝土边沟	m^3	依据图纸所示位置及断面尺寸，按照不同强度等级混凝土浇筑边沟的体积以立方米为单位计量	1. 场地清理。 2. 地基平整夯实，断面补挖。 3. 铺设垫层。 4. 模板制作、安装、拆除。 5. 钢筋制作与安装。 6. 混凝土拌和、运输、浇筑、养护。 7. 回填
208-3b-c	浆砌骨架护坡	m^3	1. 依据图纸所示位置和铺砌厚度、骨架形式、水泥砂浆强度，按照护坡体体积以立方米为单位计量。 2. 含碎落台、护坡平台浆砌骨架数量。 3. 扣除急流槽所占体积	1. 清理边坡，坡面夯实，基础开挖。 2. 浆砌片石。 3. 勾缝、抹面、养护。 4. 回填。 5. 清理现场
302-1	碎石垫层	m^2	依据图纸所示压实厚度，按照铺筑的顶面面积以平方米为单位计量	1. 检查、清除路基上的浮土、杂物，并洒水湿润。 2. 摊铺。 3. 整平、整型。 4. 洒水、碾压、整修
303-1	石灰稳定土底基层	m^2	依据图纸所示压实厚度，按照铺筑的顶面面积以平方米为单位计量	1. 检查、清理下承层、洒水。 2. 拌和、运输、摊铺。 3. 整平、整型。 4. 洒水、碾压、初期养护
304-1	水泥稳定土底基层	m^2	依据图纸所示压实厚度，按照铺筑的顶面面积以平方米为单位计量	1. 检查、清理下承层、洒水。 2. 拌和、运输、摊铺。 3. 整平、整型。 4. 洒水、碾压、初期养护
305-1	石灰粉煤灰稳定土底基层	m^2	依据图纸所示压实厚度，按照铺筑的顶面面积以平方米为单位计量	1. 检查、清理下承层、洒水。 2. 拌和、运输、摊铺。 3. 整平、整型。 4. 洒水、碾压、初期养护
306-1	级配碎石底基层	m^2	依据图纸所示压实厚度，按照铺筑的顶面面积以平方米为单位计量	1. 检查、清理下承层、洒水。 2. 铺筑材料拌和、运输、摊铺。 3. 整平、整型。 4. 洒水、碾压
308-1	透层	m^2	依据图纸所示沥青品种、规格、喷油量，按照洒布面积以平方米为单位计量	1. 检查和清扫下承层。 2. 材料制备、运输。 3. 试洒。 4. 沥青洒布车均匀喷洒并检测洒布用量。 5. 初期养护

续上表

子目号	子目名称	单位	工程量计量	工程内容
308-1	黏层	m^2	依据图纸所示沥青品种、规格、喷油量，按照洒布面积以平方米为单位计量	1. 检查和清扫下承层。 2. 材料制备、运输。 3. 试洒。 4. 沥青洒布车均匀喷洒并检测洒布用量。 5. 初期养护
309-1	细粒式沥青混凝土	m^2	依据图纸所示级配类型及铺筑压实厚度，按照铺筑的顶面面积以平方米为单位计量	1. 检查和清扫下承层。 2. 拌和设备安装、调试、拆除。 3. 沥青加热、保温、输送，配运料，矿料加热烘干，拌和、出料。 4. 运输、摊铺、碾压、成形。 5. 接缝。 6. 初期养护
312-1	水泥混凝土面板	m^3	依据图纸所示厚度和混凝土强度等级，按照铺筑体积以立方米为单位计量	1. 检查和清理下承层、洒水湿润。 2. 模板制作、架设、安装、修理、拆除。 3. 混凝土拌合物配合比设计、配料、拌和、运输、浇筑、振捣、真空吸水、抹平、压(刻)纹，养护。 4. 切缝、灌缝。 5. 初期养护
312-2	钢筋	kg	1. 依据图纸所示水泥混凝土路面钢筋按图示质量以千克为单位计量。 2. 因搭接而增加的钢筋作为附属工作，不另行计量	1. 钢筋的保护、储存及除锈。 2. 钢筋整直、连接。 3. 钢筋截断、弯曲。 4. 钢筋安设、支承及固定
403-1	基础钢筋(含灌注桩、承台、桩系梁、沉桩、沉井等)	kg	1. 依据图纸所示及钢筋表所列钢筋质量以千克为单位计量。 2. 固定钢筋的材料、定位架立钢筋、钢筋接头、吊装钢筋、钢板、铁丝作为钢筋作业的附属工作，不另行计量	1. 钢筋的保护、储存及除锈。 2. 钢筋整直、接头。 3. 钢筋截断、弯曲。 4. 钢筋安设、支承及固定
405-1-a	陆上钻孔灌注桩	m	1. 依据图纸所示桩长及混凝土强度等级，按照不同桩径的桩长以米为单位计量。 2. 施工图设计水深小于2m(含2m)的为陆上钻孔灌注桩。 3. 桩长为桩底高程至承台底面或系梁底面。对于与桩连为一体的柱式墩台，如无承台或系梁时，则以桩位处原始地面线为分界线，地面线以下部分为灌注桩桩长。若图纸有标示的，按图纸标示为准	1. 安设护筒及设置钻孔平台。 2. 钻机安拆、就位。 3. 钻孔、成孔、成孔检查。 4. 安装声测管。 5. 混凝土制拌、运输、浇筑。 6. 破桩头。 7. 按桩基无破损检测的规定进行桩基检测

续上表

子目号	子目名称	单位	工程量计量	工程内容
405-1-b	水中钻孔灌注桩	m	1. 依据图纸所示桩长及混凝土强度等级，按照不同桩径的桩长以米为单位计量。 2. 施工图设计水深大于2m的为陆上钻孔灌注桩。 3. 桩长为桩底高程至承台底面或系梁底面。对于与桩连为一体的柱式墩台，如无承台或系梁时，则以桩位处原始地面线为分界线，地面线以下部分为灌注桩桩长。若图纸有标示的，按图纸标示为准	1. 搭设水中钻孔平台、筑岛或围堰、横向便道。 2. 钻机安拆、就位。 3. 钻孔、成孔、成孔检查。 4. 安装声测管。 5. 混凝土制拌、运输、浇筑。 6. 破桩头。 7. 按桩基无破损检测的规定进行桩基检测
410-2-a	桥台混凝土	m^3	1. 依据图纸所示体积分不同强度等级以立方米为单位计量。 2. 直径小于200mm的管子、钢筋、锚固件、管道、泄水孔或桩所占混凝土体积不予扣除	1. 场地清理。 2. 搭拆作业平台、支架。 3. 安拆模板、安设预埋件(包括支座预埋件、防震锚栓及套筒等)。 4. 混凝土配运料、拌和、运输、浇筑、振捣、养护。 5. 施工缝、沉降缝设置处理。 6. 防水、防冻、防腐措施
410-2-b	桥墩混凝土	m^3	1. 依据图纸所示体积分不同强度等级以立方米为单位计量。 2. 直径小于200mm的管子、钢筋、锚固件、管道、泄水孔或桩所占混凝土体积不予扣除	1. 场地清理。 2. 搭拆作业平台、支架。 3. 安拆模板、安设预埋件(包括支座预埋件、防震锚栓及套筒等)。 4. 混凝土配运料、拌和、运输、浇筑、振捣、养护。 5. 防水、防冻、防腐措施
410-2-c	盖梁混凝土	m^3	1. 依据图纸所示体积分不同强度等级以立方米为单位计量。 2. 直径小于200mm的管子、钢筋、锚固件、管道、泄水孔或桩所占混凝土体积不予扣除。 3. 墩梁固结混凝土计入本子目。桥墩上的支座垫石、防震挡块混凝土计入附属结构混凝土	1. 场地清理。 2. 搭拆作业平台、支架。 3. 安拆模板、安设预埋件(包括支座预埋件、防震锚栓及套筒等)。 4. 混凝土配运料、拌和、运输、浇筑、振捣、养护
410-2-d	台帽混凝土	m^3	1. 依据图纸所示体积分不同强度等级以立方米为单位计量。 2. 直径小于200mm的管子、钢筋、锚固件、管道、泄水孔或桩所占混凝土体积不予扣除。 3. 耳背墙混凝土计入本子目。桥台上的支座垫石、防震挡块混凝土计入附属结构混凝土	1. 场地清理。 2. 搭拆作业平台、支架。 3. 安拆模板、安设预埋件(包括支座预埋件、防震锚栓及套筒等)。 4. 混凝土配运料、拌和、运输、浇筑、振捣、养护

续上表

子目号	子目名称	单位	工程量计量	工程内容
410-3	现浇混凝土上部结构	m^3	1. 依据图纸所示体积分不同强度等级以立方米为单位计量。 2. 直径小于 200mm 的管子、钢筋、锚固件、管道、泄水孔或桩所占混凝土体积不予扣除	1. 平整场地。 2. 搭拆工作平台。 3. 支架搭设、预压与拆除。 4. 安拆模板、安设预埋件。 5. 混凝土配运料、拌和、运输、浇筑、养护。 6. 施工缝、伸缩缝设置处理
410-4	预制混凝土上部结构	m^3	1. 依据图纸所示体积分不同强度等级以立方米为单位计量。 2. 直径小于 200mm 的管子、钢筋、锚固件、管道、泄水孔或桩所占混凝土体积不予扣除	1. 搭拆工作平台。 2. 安拆模板、安设预埋件(吊环、预埋连接件)。 3. 混凝土配运料、拌和、运输、浇筑、养护。 4. 构件预制、运输、安装
410-5	桥梁上部结构现浇整体化混凝土	m^3	1. 依据图纸所示体积分不同强度等级以立方米为单位计量。 2. 直径小于 200mm 的管子、钢筋、锚固件、管道、泄水孔或桩所占混凝土体积不予扣除。 3. 绞缝、湿接缝、先简支后连续现浇接头混凝土计入本子目	1. 工作面清理。 2. 搭拆作业平台。 3. 安拆支架、模板。 4. 混凝土配运料、拌和、运输、浇筑、养护
503-1-a	洞身开挖(不含竖井、斜井)	m^3	1. 依据图纸所示成洞断面(不计允许超挖值及预留变形量的设计净断面)计算开挖体积,不分围岩级别只区分为土方和石方,以立方米为单位计量。 2. 含紧急停车带、车行横洞、人行横洞以及设备洞室的开挖	1. 钻孔爆破。 2. 风、水、电作业及通风防尘。 3. 粉尘、有害气体、可燃气体量测监控及防护。 4. 临时支护及临时防排水。 5. 装渣、运输、卸车。 6. 填料分理、弃土整型压实

知识点 7 代表题型

【案例一】 某公路有一段需要加宽改造,原桥梁由 12m 加宽至 17m,原桥上部结构为预应力先简支后连续箱梁,3×30m。招标文件图纸的桥梁上部工程数量见表 4.1.25。

工程数量表　　表 4.1.25

结构名称	预制 C50 混凝土	现浇 C50 横梁混凝土	现浇 C50 整体化混凝土	HPB300 钢筋	HRB400 钢筋	HPB300 定位钢筋
单位	m^3			kg		
数量	200.2	6.3	3.6	5706	28172	581

招标文件技术规范为《公路工程标准施工招标文件》(2018 年版),工程量清单格式见表 4.1.26。

工程量清单格式　　表 4.1.26

子目编号	细目名称	单位	数量	单价(元)	合价(元)
403-3	上部结构钢筋				
-a	光圆钢筋(HPB300)	kg			
-b	带肋钢筋(HRB400)	kg			
403-4	附属结构钢筋				
-a	光圆钢筋(HPB300)	kg			
-b	带肋钢筋(HRB400)	kg			
…					
410-4	预制混凝土上部结构				
-e	C50 预制混凝土	m^3			
410-5	桥梁上部结构现浇整体化混凝土				
-d	C50 现浇整体化混凝土	m^3			

问题：

请按桥梁上部工程数量表中标注的工程量，填写《公路工程标准施工招标文件》(2018 年版)清单中的工程数量。

解题思路：

需要注意的是，根据《公路工程标准施工招标文件》(2018 年版)中钢筋的计量与支付条款规定，固定、定位架立钢筋不计量。

参考答案：

按桥梁上部工程数量表中标注的工程量，填写《公路工程标准施工招标文件》(2018 年版)清单中的工程数量，见表 4.1.27。

工程量清单　　表 4.1.27

子目编号	细目名称	单位	数量	单价(元)	合价(元)
403-3	上部结构钢筋				
-a	光圆钢筋(HPB300)	kg	5706		
-b	带肋钢筋(HRB400)	kg	28172		
403-4	附属结构钢筋				
-a	光圆钢筋(HPB300)	kg			
-b	带肋钢筋(HRB400)	kg			
…					
410-4	预制混凝土上部结构				
-e	C50 预制混凝土	m^3	200.2		
410-5	桥梁上部结构现浇整体化混凝土				
-d	C50 现浇整体化混凝土	m^3	9.9		

【案例二】　某高速公路某合同段长 15km，路基宽度 26m，其中挖方路段长 4.5km。招标文件图纸提供的路基土石方的主要内容见表 4.1.28。

路基土石方工程量　　表4.1.28

挖方(m^3)				本桩利用(m^3)			远运利用(m^3)		借普土(m^3)
普土	硬土	软石	次坚石	普土	硬土	石方	土方	石方	
265000	220000	404000	340000	50000	35000	105000	385000	450000	600000

注:表中挖方、利用方指天然密实方,借土指压实方。

根据招标文件技术规范规定,路基挖方包括土石方的开挖和运输,路基填筑包括土石方的压实,借土填方包括土方的开挖、运输和压实费用,工程量清单格式见表4.1.29。

工程量清单格式　　表4.1.29

细目编号	细目名称	单位	数量	单价	总额
203-1-a	挖土方	m^3			
203-1-b	挖石方	m^3			
204-1-a	利用土方填方	m^3			
204-1-b	利用石方填方	m^3			
204-1-c	借土填方	m^3			

问题:

1. 请计算各支付细目的计量工程量。
2. 请计算各支付细目应分摊的整修路拱和整修边坡的工程数量。

参考答案:

1. 计量工程数量的计算

考虑到实际计量支付以断面进行计量。故挖方数量为天然密实方,填方数量为压实方,并据此计算清单工程量。

203-1-a 挖土方:$265000+220000=485000(m^3)$

203-1-b 挖石方:$404000+340000=744000(m^3)$

204-1-a 利用土方填方:$[(50000+385000)-(220000-35000)]\div1.16+220000\div1.09=417352(m^3)$

204-1-b 利用石方填方:$105000\div0.92+450000\div0.92=603261(m^3)$

204-1-c 借土填方:$600000(m^3)$

2. 应分摊的整修路拱和整修边坡的工程数量计算

(1)各支付细目应分摊的整修路拱的工程数量:

挖方总量:$485000+744000=1229000(m^3)$

填方总量:$417352+603261+600000=1620613(m^3)$

203-1-a 挖土方:$4500\times26\times(485000\div1229000)=46172(m^2)$

203-1-b 挖石方:$4500\times26\times(744000\div1229000)=70828(m^2)$

204-1-a 利用土方:$10500\times26\times(417352\div1620613)=70305(m^2)$

204-1-b 利用石方:$10500\times26\times(603261\div1620613)=101622(m^2)$

204-1-c 借土填方:$10500\times26\times(600000\div1620613)=101073(m^2)$

(2)各支付细目应分摊的整修边坡的工程数量:

203-1-a 挖土方:$4.5\times(485000\div1229000)=1.776(km)$

203-1-b 挖石方:4.5×(744000÷1229000)=2.724(km)

204-1-a 利用土方:10.5×(417352÷1620613)=2.704(km)

204-1-b 利用石方:10.5×(603261÷1620613)=3.909(km)

204-1-c 借土填方:10.5×(600000÷1620613)=3.887(km)

【案例三】 某高速公路工程项目合同段,承包人2018年6月完成路基挖方9000m^3,路基填方12000m^3,桥梁基础混凝土450m^3,混凝土7天抗压强度检查合格。

问题:

1. 监理工程师2018年6月能够计量工程量是多少?并说明理由?
2. 工程计量,承包人应提交哪些资料?
3. 工程计量的依据有哪些?

解题思路:

本案例主要考核工程计量的条件、计量资料及路基工程、混凝土工程的工程量计量规则。

参考答案:

1. 挖方9000m^3可以计量,填方12000m^3,如果压实度检查结果符合要求可以计量,否则不予计量,桥梁基础混凝土450m^3不予计量,混凝土28天抗压强度才是混凝土试验的最终结果,要28天后检查混凝土质量是否合格,再决定能否计量。
2. 批准的开工申请单;承包人的自检合格资料,且检验频率符合要求;监理工程师的抽检合格资料;中间交工证书。
3. 质量合格证书;工程量清单前言与技术规范;设计图纸;测量资料。

知识点8:建筑安装工程费的计算

序号	项目	说明及计算式
(一)	定额直接费	Σ人工消耗量×人工基价+Σ(材料消耗量×材料基价+机械台班消耗量×机械台班单价)
(二)	定额设备购置费	Σ设备购置数量×设备基价
(三)	直接费	Σ人工消耗量×人工单价+Σ(材料消耗量×材料预算单价+机械台班消耗量×机械台班预算单价)
(四)	设备购置费	Σ设备购置数量×预算基价
(五)	措施费	(一)×施工辅助费费率+定额人工费和定额施工机械使用费之和×其余措施费综合费率
(六)	企业管理费	(一)×企业管理费综合费率
(七)	规费	各类工程人工费(含施工机械人工费)×规费综合费率
(八)	利润	[(一)+(五)+(六)]×利润率
(九)	税金	[(三)+(四)+(五)+(六)+(七)+(八)]×9%
(十)	专项费用	
	施工场地建设费	[(一)+(二)×40%+(五)+(六)+(七)+(八)+(九)]×累进费率
	安全生产费	建筑安装工程费(不含安全生产费本身)×(≥1.5%)
(十一)	定额建筑安装工程费	(一)+(二)×40%+(五)+(六)+(七)+(八)+(九)+(十)
(十二)	建筑工程工程费	(三)+(四)+(五)+(六)+(七)+(八)+(九)+(十)

知识点8代表题型

【案例一】 某二级公路编制清单预算,浆砌片石边沟主要工程数量见表4.1.30。

主要工程数量表　　　　表4.1.30

项目名称	单位	数量
浆砌片石边沟	m^3	3000
水泥砂浆抹面	m^2	12500
基础开挖土方	m^3	1500

该项目设备费、专项费用不计,措施费中施工辅助费费率为5%,其余措施费的综合费率为11%,企业管理费的综合费率为12%,规费费率为43%,利润率为7.42%,税率为9%,若该工程预算价格均以定额基价上调10%计算,其中人工费(含机械作业人员的人工费)占直接费的12%,定额人工费和定额机械费占定额直接费的35%。

问题:

请分别计算该浆砌片石边沟的定额直接费和措施费。(中间计算取整数,最后结果保留两位小数)

解题思路:

本案例主要考核清单预算的费用组成及费用计算。

参考答案:

(1)直接费的计算。

①直接费:根据题意,其构成内容见表4.1.31。

浆砌片石边沟的直接费构成　　　　表4.1.31

项目名称	定额号	单位	数量	基价(元)	合计(元)
浆砌片石边沟	1-3-3-1	$10m^3$	300	2229	668700
水泥砂浆抹面	4-11-6-17	$100m^2$	125	849	106125
基础开挖土方	1-3-1-2	$1000m^3$	1.5	10927	16391
合计					791216

②定额直接费:791216元。

③定额人工费与定额机械费:791216×0.35=276926(元)

(2)措施费的计算。

措施费=定额直接费×施工辅助费率+定额人工费与定额机械费×其他措施费综合费率=791216×5%+276926×11%=70023(元)

【案例二】 某省新建一级公路,已知直接费为10000万元,定额直接费9500万元,其中人工费(含施工机械人工费)为1000万元,定额人工费与定额施工机械使用费之和为7000万元,措施费(不含施工辅助费)的综合费率为5%,施工辅助费的费率为1.5%,各类规费费率为40%,企业管理费率为10%,利润率为7.42%,税率为9%,安全生产费率为1.5%。

问题:

设备费、施工场地建设费不计,求施工图预算的建安费。

解题思路：

本案例主要考核建筑安装工程费的费用计算。

参考答案：

直接费 = 10000(万元)

措施费 = 定额人工费与定额机械使用费 × 其余措施费综合费率 + 定额直接费 × 施工辅助费率 = 7000 × 5% + 9500 × 1.5% = 493(万元)

企业管理费 = 定额直接费 × 企业管理费费率 = 9500 × 10% = 950(万元)

规费 = 人工费(含施工机械人工费) × 规费费率 = 1000 × 40% = 400(万元)

利润 = (定额直接费 + 措施费 + 企业管理费) × 利润率 = (9500 + 493 + 950) × 7.42% = 811.971(万元)

税金 = (直接费 + 措施费 + 企业管理费 + 规费 + 利润) × 税率 = (10000 + 493 + 950 + 400 + 811.971) × 9% = 1138.947(万元)

建安费(不含安全生产费) = 直接费 + 措施费 + 企业管理费 + 规费 + 利润 + 税金 = 10000 + 493 + 950 + 400 + 811.971 + 1138.947 = 13793.918(万元)

安全生产费 = 建安费(不含安全生产费) × 安全生产费费率 = 13793.918 × 1.5% = 206.91(万元)

建安费 = 直接费 + 措施费 + 企业管理费 + 规费 + 利润 + 税金 + 安全生产费 = 10000 + 493 + 950 + 400 + 811.971 + 1138.947 + 206.91 = 14000.828(万元)

第二节 公路工程合同管理

本节基本知识点

1. 工程费用支付的相关概念、要求及合同规定。
2. 工程费用支付项目的要求及规定。
3. 工程变更的相关规定及计价方法。
4. 工程费用索赔的相关规定及计价方法。
5. 违约后的合同规定、违约处理方法及计价方法。

知识点集成及代表题型

知识点：工程价款结算方法

工程费用支付的基本知识	
工程费用支付规定	1. 费用支付原则。 (1)支付必须以工程计量为基础。 (2)支付必须以合同为依据，主要包括：技术规范、签约合同价、合同条款。 (3)支付必须遵循严格的程序。 (4)支付必须及时、准确。

续上表

<table>
<tr><th colspan="3">工程费用支付的基本知识</th></tr>
<tr><td>工程费用支付规定</td><td colspan="2">2. 有关支付的几项基本规定。
(1)支付期限。
监理人在收到承包人进度付款申请单以及相应的支持性证明文件后的14天内完成核查，发包人应在监理人收到进度付款申请单且承包人提交了合格的增值税专用发票的28天内，将进度应付款支付给承包人。
监理人收到承包人提交的最终结清申请单后的14天内，提出发包人应支付给承包人的价款送发包人审核并抄送承包人。发包人应在监理人出具最终结清证书后的14天内，将应支付款支付给承包人。
(2)支付范围及最小额度。
监理人对所有到期并符合合同要求的工作内容都应计价支付。公路工程项目一般规定每月支付金额不低于签约合同价的2%，若没有达到，则暂缓支付。
(3)支付方法。
清单中的内容，应按各工程子目的支付项目分项计算；各类附加支付则应分类计算，汇总各分项和各类金额。承包人对发包人的支付主要是三种：开工预付款，材料预付款、保证金。它们均应按规定比例扣减</td></tr>
<tr><td rowspan="5">清单支付项目</td><td>单价子目项目</td><td>1. 支付条件是完成了技术规范和设计图纸所规定的工作内容，且质量合格，计量结果准确无误，并附相应的符合合同要求的支持性证明文件。
2. 单价子目支付一般按期(月)支付。每期(月)付款是根据承包人每期(月)实际完成的符合质量要求并经监理人计量确认的工程数量乘以相应的单价计算确定。即：
$$单价子目支付 = \sum_{l}^{n} 本月实际完成的合格工程数量 \times 相应单价$$</td></tr>
<tr><td>总价支付项目</td><td>总价子目的计量和支付应以总价为基础，承包人实际完成的工程量，是进行工程目标管理和控制进度支付的依据。承包人在合同约定的每个计量周期内，对已完成的工程进行计量，并向监理人提交进度付款申请单、专用合同条款约定的合同总价支付分解表所表示的阶段性或分项计量的支持性资料，以及所达到工程形象目标或分阶段需完成的工程量和有关计量资料。总价子目的工程量是承包人用于结算的最终工程量</td></tr>
<tr><td>计日工</td><td>采用计日工计价的工程变更项目，承包人每天提交下列报表和有关凭证报送监理人审批：①工作名称、内容和数量；②投入该工作所有人员的姓名、工种、级别和耗用工时；③投入该工作的材料类别和数量；④投入该工作的施工设备型号、台数和耗用台时；⑤监理人要求递交的其他资料和凭证。
用于计日工施工的机械由承包人提供，因故障停工或闲置的机械不支付费用，计日工施工不允许加班，按正常工时支付</td></tr>
<tr><td>暂列金额</td><td>“暂列金额”是指已标价工程量清单中所列的暂列金额，用于在签订协议书时尚未确定或不可预见变更的施工及其所需材料、工程设备、服务等的金额。
暂列金额只能按照监理人的指示使用，并对合同价格进行相应调整。暂列金额应由监理人报发包人批准后指令全部或部分地使用，或者根本不予动用。
对于经发包人批准的每一笔暂列金额，监理人有权向承包人发出实施工程或提供材料、工程设备或服务的指令。这些指令应由承包人完成，监理人应根据合同条款约定的变更估价原则和规定，对合同价格进行相应调整。
当监理人提出要求时，承包人应提供有关暂列金额支出的所有报价单、发票、凭证和账单或收据，除非该工作是根据已标价工程量清单列明的单价或总额价进行的估价</td></tr>
<tr><td>暂估价</td><td>“暂估价”指发包人在工程量清单中给定的用于支付必然发生但暂时不能确定价格的材料、设备以及专业工程的金额。
暂估价在工程实施过程中，对于不同类型的材料与专业工程采用不同的计价方法。
发包人在工程量清单中给定暂估价的材料、工程设备和专业工程属于依法必须招标的范围并达到规定的规模标准的，由发包人和承包人以招标的方式选择供应商或分包人。
发包人在工程量清单中给定暂估价的专业工程不属于依法必须招标的范围或未达到规定的规模标准的，由监理人按照第15.4款进行估价，但专用合同条款另有约定的除外。经估价的专业工程与工程量清单中所列的暂估价的金额差以及相应的税金等其他费用列入合同价格</td></tr>
</table>

续上表

<table>
<tr><th colspan="3">工程费用支付的基本知识</th></tr>
<tr><td rowspan="6">合同支付项目</td><td>开工
预付款</td><td>开工预付款是一项业主提供给承包人用作开办费用的提前支付款项，不计利息。
1. 支付条件：签订了合同协议书；提交了履约保证金。
2. 扣回：在进度付款证书的累计金额未达到签约合同价的 30% 之前不予扣回，在达到签约合同价 30% 之后，开始按工程进度以固定比例（即每完成签约合同价的 1%，扣回开工预付款的 2%）分期从各月的进度付款证书中扣回，全部金额在进度付款证书的累计金额达到签约合同价的 80% 时扣完</td></tr>
<tr><td>材料、设备
预付款</td><td>材料、设备预付款是一项由发包人预先支付给承包人的用于购买成为永久工程性材料或设备的无息款项。
1. 支付条件：材料、设备符合规范要求并经监理人认可；承包人已出具材料、设备费用凭证或支付单据；材料、设备已在现场交货，且存储良好，监理人认为材料、设备的存储方法符合要求。
2. 扣回：当材料、设备已用于或安装在永久工程中时，材料、设备预付款应从进度付款证书中扣回，扣回期不超过 3 个月。已经支付材料、设备预付款的材料、设备的所有权应属于发包人</td></tr>
<tr><td>工程变更
费用</td><td>1. 变更范围和内容。
除专用合同条款另有约定外，在履行合同中发生以下情形之一，应按照通用合同条款第 15 条的规定进行变更。
（1）取消合同中任何一项工作，但被取消的工作不能转由发包人或其他人实施，由于承包人违约造成的情况除外；
（2）改变合同中任何一项工作的质量或其他特性；
（3）改变合同工程的基线、高程、位置或尺寸；
（4）改变合同中任何一项工作的施工时间或改变已批准的施工工艺或顺序；
（5）为完成工程需要追加的额外工作。
2. 变更指令。
没有监理人的变更指示，承包人不得擅自变更。
3. 变更的估价原则。
（1）如果取消某项工作，则该项工作的总额价不予支付。
（2）已标价工程量清单中有适用于变更工作的子目的，采用该子目的单价。
（3）已标价工程量清单中无适用于变更工作的子目，但有类似子目的，可在合理范围内参照类似子目的单价，由监理人按第 3.5 款商定或确定变更工作的单价。
（4）已标价工程量清单中无适用或类似子目的单价，可在综合考虑承包人在投标时所提供的单价分析表的基础上，由监理人按第 3.5 款商定或确定变更工作的单价。
（5）如果本工程的变更指示是因承包人过错、承包人违反合同或承包人责任造成的，则这种违约引起的任何额外费用应由承包人承担</td></tr>
<tr><td>价格调整</td><td>价格调整涉及两个方面：①物价波动引起的价格调整；②法律变化引起的价格调整。
价格调整方法：公式法（价格指数法）、票证法（价差法）
价格调整的计算公式为：$ADJ = LCP$（或 FCP）$\times (C_0 + C_iD_i - 1)$，
采用价格指数法计算价格调整时，其计算思路是把合同价当作 1 来计算</td></tr>
<tr><td>工程费用
索赔</td><td>1. 索赔成立的基本条件：①有明确的合同依据（或法律依据）；②有具体的损害事实；③索赔期限符合合同规定；④索取的费用和（或）工期与损害事实相符。
2. 索赔的合同规定：①承包人应在知道或应当知道索赔事件发生后 28 天内，向监理人递交索赔意向通知书，并说明发生索赔事件的事由；②承包人应在发出索赔意向通知书后 28 天内，向监理人正式递交索赔通知书；③索赔事件具有连续影响的，承包人应按合理时间间隔继续递交延续索赔通知；④在索赔事件影响结束后的 28 天内，承包人应向监理人递交最终索赔通知书，说明最终要求索赔的追加付款金额和（或）延长的工期，并附必要的记录和证明材料。
3. 索赔费用的组成：人工费、材料费、施工机械使用费、施工措施费、规费、企业管理费、利润、税金、延长工期后的费用、延期付款利息、赶工费等</td></tr>
</table>

续上表

<table>
<tr><td rowspan="6">合同支付项目</td><td>质量保证金</td><td>质量保证金是指发包人与承包人在工程承包合同中约定，从应付的工程款中预留，用以保证承包人在缺陷责任期内对工程出现的缺陷进行维修的资金。质量保证金的计算额度不包括预付款的支付、扣回以及价格调整的金额。
交工验收证书签发后 14 天内，承包人应向发包人缴纳质量保证金。质量保证金可采用银行保函或现金、支票形式，金额应符合项目专用合同条款数据表的规定。
缺陷责任期满，且质量监督机构已按规定对工程质量检测鉴定合格，承包人向发包人申请到期应返还承包人剩余的质量保证金金额，发包人应在 14 天内会同承包人按照合同约定的内容核实承包人是否完成缺陷责任。如无异议，发包人应当在核实后将剩余保证金返还承包人。
质量保证金最高不超过合同价格的 3%</td></tr>
<tr><td>逾期交工违约金</td><td>由于承包人原因，未能按合同进度计划完成工作，或监理人认为承包人施工进度不能满足合同工期要求的，承包人应采取措施加快进度，并承担加快进度所增加的费用。由于承包人原因造成工期延误，承包人应支付逾期交工违约金。逾期交工违约金的计算方法在项目专用合同条款中约定。逾期交工违约金累计金额最高不超过项目专用合同条款数据表中写明的限额（一般为合同价的 10%）。
发包人可以从应付或到期应付给承包人的任何款项中或采用其他方法扣除此违约金。承包人支付逾期交工违约金，不免除承包人完成工程及修补缺陷的义务</td></tr>
<tr><td>逾期付款违约金</td><td>发包人应在监理人收到进度付款申请单后的 28 天内，将进度应付款支付给承包人。发包人不按期支付的，按项目专用条款数据表中约定的利率向承包人支付逾期付款违约金。违约金计算基数为发包人的全部未付款额，时间从应付而未付该款额之日算起（不计复利）</td></tr>
<tr><td>提前交工奖</td><td>发包人要求承包人提前交工，或承包人提出提前交工的建议能够给发包人带来效益的，应由监理人与承包人共同协商采取加快工程进度的措施和修订合同进度计划。发包人应承担承包人由此增加的费用，并向承包人支付专用合同条款约定的相应奖金。
发包人不得随意要求承包人提前交工，承包人也不得随意提出提前交工的建议。如遇特殊情况，确需将工期提前的，发包人和承包人必须采取有效措施，确保工程质量。
如果承包人提前交工，发包人支付奖金的计算方法在项目专用合同条款数据表中约定，时间自交工验收证书中写明的实际交工日期起至预定的交工日期止，按天计算。但奖金最高限额不超过项目专用合同条款数据表中写明的限额</td></tr>
<tr><td>农民工工资保证金</td><td>为确保施工过程中农民工工资实时、足额发放到位，承包人应按照项目专用合同条款约定的时间和金额缴存农民工工资保证金。
农民工工资保证金可采用银行保函或现金、支票形式。采用银行保函时，出具保函的银行须具有相应担保能力，且按照发包人批准的格式出具，所需费用由承包人承担。
农民工工资保证金的扣留条件、返还时间按照项目专用合同条款的约定执行</td></tr>
<tr><td rowspan="2">违约后的支付</td><td>承包人违约</td><td>1. 合同解除后，监理人按第 3.5 款商定或确定承包人实际完成工作的价值，以及承包人已提供的材料、施工设备、工程设备和临时工程等的价值。
2. 合同解除后，发包人应暂停对承包人的一切付款，查清各项付款和已扣款金额，包括承包人应支付的违约金。
3. 合同解除后，发包人应按第 23.4 款的约定向承包人索赔由于解除合同给发包人造成的损失。
4. 合同双方确认上述往来款项后，出具最终结清付款证书，结清全部合同款项。
5. 发包人和承包人未能就解除合同后的结清达成一致而形成争议的，按第 24 条的约定办理</td></tr>
<tr><td>发包人违约</td><td>1. 合同解除日以前所完成工作的价款。
2. 承包人为该工程施工订购并已付款的材料、工程设备和其他物品的金额。发包人付还后，该材料、工程设备和其他物品归发包人所有。
3. 承包人为完成工程所发生的，而发包人未支付的金额。
4. 承包人撤离施工场地以及遣散承包人人员的金额。</td></tr>
</table>

续上表

违约后的支付	发包人违约	5. 由于解除合同应赔偿的承包人损失。 6. 按合同约定在合同解除日前应支付给承包人的其他金额。 发包人应按本项约定支付上述金额并退还质量保证金和履约担保,但有权要求承包人支付应偿还给发包人的各项金额
	第三方违约	在履行合同过程中,一方当事人因第三人的原因造成违约的,应当向对方当事人承担违约责任。一方当事人和第三人之间的纠纷,依照法律规定或者按照约定解决

知识点代表题型

【案例一】 某公路路基工程,主要的分项工程包括开挖土方、填方、碾压等。由于部分工程量无法准确确定,签订的施工合同采用单价合同,监理工程师与承包人共同计量的方式。根据合同规定,承包人必须严格按照施工图及承包合同规定的内容及技术要求施工。开工前项目经理要求各有关人员熟悉工程计量、支付、变更、索赔及价款调整的要求和规定。

问题:

1. 请写出现场计量的程序,并确定工程计量采用的方法。

2. 高级驻地工程师对计量结果的审查主要审查哪些内容?

3. 业主与承包人在工程费用支付方面制定下列原则:

(1)支付主要以承包人计量为基础;

(2)支付必须以技术规范和报价单为依据;

(3)支付必须及时;

(4)支付必须具有灵活性。

你认为这些原则是否齐全或有不妥之处,如有请补充或予以改正。

参考答案:

1. 现场计量程序:

(1)由监理人负责通知承包人计量时间,做好计量准备;

(2)按通知的时间到现场计量;

(3)将计量记录报监理工程师核对确认。

路基工程计量采用的方法:断面法。

2. 主要审查计量的工程质量是否达到合同要求,计量项目是否符合合同条件。

3. 不齐全并有不妥之处。不妥之处:(1)应改为“支付必须以工程量为基础”;(2)应改为“支付必须遵循严格的程序”;还应增加一条“支付必须以日常记录和合同条款为依据”。

【案例二】 施工单位(乙方)与某业主签订了某些工程的软基处理工程和土方开挖工程,由于工程量无法准确确定,按施工合同规定,按施工图预算方式计价。乙方必须严格按照施工图及施工合同规定的内容和技术要求施工。工程量由监理工程师负责计量。根据该工程合同特点,计量工程师提出工程量计量与工程款支付程序的要点如下:

(1)乙方对已完工的分项工程在7天内向监理工程师申请质量认证,取得质量认证后,向计量工程师提交计量申请报告。

(2)计量支付工程师在收到报告后7天内核实已完工程量,并在计量前24小时通知乙方,乙方为计量提供便利条件,并派人参加。乙方如不参加计量,计量工程师按照规定的计量方法自行计量,计量结果有效。计量结束后,计量支付工程师签发计量证书。

(3)乙方凭质量认证和计量证书向计量支付工程师提出付款申请。计量支付工程师在收到计量申请报告后7天未进行计量,报告中的工程量从第8天起自动生效。直接作为工程价款支付的依据。

(4)计量支付工程师审核申报材料,确定支付款额,向甲方提供付款证明。

(5)甲方根据乙方取得付款证明,对工程价款进行支付结算。工程开工前,乙方提交了施工组织设计并得到批准。

问题:

1. 在工程施工过程中,当进行到施工图所规定的处理范围边缘时,乙方在取得现场监理工程师认可的情况下,为了使处理质量得到保证,将处理范围适当扩大。施工完成后,乙方将扩大范围内的施工工程量向计量支付工程师提出计量付款的要求,但遭拒绝,拒绝承包人的要求是否合理?为什么?

2. 在工程施工过程中,乙方提供监理工程师指示对部分工程进行了变更施工,变更部分合同价款应根据什么原则确定?

3. 在开挖土方过程中,有两项重大原因使工期产生较大拖延:①业主进行设计变更,耽误了工期。②土方开挖时遇到数天季节性大雨,由于雨后土壤含水率过大,不能进行压实施工,从而耽误了工期。随后,乙方按照索赔程序提出延长工期,并补偿停工期间窝工损失要求,监理工程师是否应该受理这两起索赔事件?为什么?

参考答案:

1. 拒绝是合理的。因为该部位工程量超出了施工图的要求,一般来说,也超出了工程合同约定的承包范围,不属于计量工程师计量范围。监理工程师无权处理合同以外的工程内容。监理工程师认可的是承包人保证施工质量的技术措施,一般来说,在没有业主批准追加相应费用下,技术措施费应由乙方自己承担。

2. 变更价款的确定原则:

(1)已标价工程量清单中有适用于变更工作的子目的,采用该子目的单价。

(2)已标价工程量清单中无适用于变更工作的子目,但有类似子目的,可在合理范围内参照类似子目的单价,由监理人按合同约定商定或确定变更工作的单价。

(3)已标价工程量清单中无适用或类似子目的单价,可在综合考虑承包人在投标时所提供的单价分析表的基础上,由监理人按合同约定商定或确定变更工作的单价。

3. ①是由业主方引起,应受理;②是由季节性雨季引起,应属有经验的承包人预先估计的因素,应在合同工期内考虑,不予受理。

【案例三】 某高速公路工程项目业主与承包人签订了公路工程施工合同,合同含有两个子项工程,估算工程量甲项为2300m^3,乙项为3200m^3,每月实际完成量见表4.2.1。其中甲项每立方米中含人工费为30元、机械费为20元、材料费为100元,综合费率为20%。乙项单价为160元/m^3。合同中有如下规定:

(1)开工前业主应向承包商支付合同价20%的预付款。

(2)业主自第一个月起,从承包商的工程款中,按5%的比例扣留质量保证金。

(3)当子项实际累计工程量超过估算工程量的10%时,可以对超出部分进行调价,调价系数为0.9。

(4)根据市场情况规定每月价格调整系数平均按1.2计算。

(5)每月签发的月度付款最低金额为25万元。

(6)预付款在最后两个月平均扣除。

每月实际完成量　　表4.2.1

项目	第一个月	第二个月	第三个月	第四个月
甲项(m^3)	500	800	800	600
乙项(m^3)	700	900	800	600

问题:

1. 甲项工程单价为多少?预付工程款是多少?

2. 从第一个月至第四个月每月的工程量价款是多少?每月应签发的工程款是多少?实际签发的付款凭证金额是多少?(除甲项单价外,其他计算结果以万元为单位,计算结果保留三位小数)

参考答案:

1. 甲项工程单价 = (30 + 20 + 100) × (1 + 20%) = 180(元/m^3)

预付工程款 = (2300 × 180 + 3200 × 160) × 20% = 18.52(万元)

2. 第一个月工程量价款为500 × 180 + 700 × 160 = 20.2(万元),应签发的工程款为20.2 × 1.2 × (1 − 5%) = 23.028(万元),应签发的工程款低于月度付款最低金额25万元,故本月不予签发付款凭证。

第二个月工程量价款为800 × 180 + 900 × 160 = 28.8(万元),应签发的工程款为28.8 × 1.2 × (1 − 5%) = 32.832(万元),实际签发付款凭证为23.028 + 32.832 = 55.86(万元)。

第三个月工程量价款为800 × 180 + 800 × 160 = 27.2(万元),应签发的工程款为27.2 × 1.2 × (1 − 5%) = 31.008(万元),应扣预付款为18.52 ÷ 2 = 9.26(万元),应签发的工程款为31.008 − 9.26 = 21.748(万元),低于月度付款最低金额25万元,故本月不予签发付款凭证。

第四个月:甲项工程累计完成工程量为2700m^3,比原估算工程量2300m^3超出400m^3,已超过估算工程量的10%,对超出部分的工程量进行调价。

超过估算工程量的部分为2700 − 2300 × (1 + 10%) = 170m^3,甲项本月工程量价款为(600 − 170) × 180 + 170 × 180 × 0.9 = 10.494(万元)。

乙项工程累计完成工程量为3000m^3,比原估算工程量少200m^3,不超过估算工程量的10%,其单价不予进行调整。

本月完成工程量价款为104940 + 600 × 160 = 20.094(万元),应签发的工程款为20.094 × 1.2 × (1 − 5%) = 22.907(万元),应扣预付款为18.52 ÷ 2 = 9.26(万元)。

本月实际签发的付款凭证金额为21.748 + 22.907 − 9.26 = 35.395(万元)。

【案例四】　某项工程合同价为1000万元,合同工期为16个月,开工预付款在标书附录中规定的额度为10%,合同规定,扣回时间开始于中期支付证书中工程量清单累计金额超过合同价的20%的当月,止于合同规定竣工日期前三个月的当月,在此期间等额扣回。质量保证金在标书附录中规定的限额为5%,每个月在承包人应得金额中扣留10%。已知到第四个月时工程量清单累计支付210万元,到第七个月时工程量清单累计支付490万元,第八个月承包人申报工程量清单金额为60万元,监理审核时发现,支付表中路基填土$9000m^3$的工程未经监理验收,清单单价为15元/m^3。

问题:

在第八个月的计量支付中:

1. 扣回动员预付款的金额是多少?

2. 扣回质量保证金的金额是多少?

3. 扣开工预付款和质量保证金,业主实际支付给承包人的金额是多少?

参考答案:

1. 根据合同条款,第四个月累计支付金额为合同价的21%,应从本月开始扣回开工预付款,扣回时间为从第四个月至第十三个月,共计10个月,每月扣回开工预付款金额为1000万×10%÷10个月=10万元,因此第八个月扣回开工预付款金额为10万元。

2. 质量保证金的总金额为合同价的5%,即1000×5%=50(万元)。

截至第七个月,工程量清单累计支付金额为490万元,累计扣质量保证金应为490×10%=49(万元);第八个月扣质量保证金的金额为50-49=1(万元)。

3. 第八个月报表中,$9000m^3$的路基填土工作未经监理工程师验收,因此应予扣除,本月清单支付金额应为600000-9000×15÷10000=46.5(万元);扣除开工预付款和质量保证金,业主实际支付金额为46.5-10-1=35.5(万元)。

【案例五】 某工程建设项目在实施过程中发生了两件事情:

事件1:该建设项目的业主提供了地质勘查报告,报告显示地下土质良好。承包人依此做了施工方案,拟用挖方余土作通往项目所在地道路基础的填方。由于基础开挖施工时正值雨季,开挖后土方潮湿,且易破碎,不符合道路填筑要求。承包人不得不将余土外运,另外取土作为道路填方材料。

事件2:该工程按全月规定的总工期计划,应于某年某月某日开始现场搅拌混凝土。因承包人的混凝土设备迟迟不能运往工地,承包人决定使用商品混凝土,但被业主否决。而在承包合同中未明确规定使用何种混凝土。承包人不得已,只有继续组织混凝土搅拌设备进场,由此导致施工现场停工,工期拖延和费用增加。

问题:

1. 对于事件1,承包人是否可以提出赔偿要求?并说明理由。

2. 对于事件2,承包人是否可以提出赔偿要求?并说明理由。

参考答案:

1. 在本事件中即使没有下雨,而因业主提供的地质报告有误,地下土质过差不能用于填方,承包人也不能就另外取土而提出索赔要求,因为:

(1)合同规定承包人对业主提供的水文地质资料的理解负责,而地下土质可用于填方,这是承包人对地质报告的理解,应由他自己负责。

(2)取土填方作为承包人的施工方案,也应由他自己负责。本案例的性质完全不同于由

于地质条件恶劣造成基础设计方案变化,或造成基础施工方案变化的情况。

2. 承包人可以要求工期和费用索赔,因为合同中未明确规定一定要用工地现场搅拌的混凝土(施工方案不是合同文件),则商品混凝土只要符合规定的质量标准也可以使用,不必经业主批准。因为按照惯例,施工方法由承包人负责。他在不影响或为了更好地保证合同总目标的前提下,可以选择更为经济合理的施工方案,业主不得随便干预。在这个前提下,业主拒绝承包人使用商品混凝土,是一个变更指令,对此可以进行工期和费用索赔。但该项索赔必须在合同规定的索赔有效期内提出。当然承包人不能因为使用商品混凝土要求业主补偿任何费用。

【案例六】 某建设项目建设单位与施工单位签订了工程施工承包合同,根据合同及其附件的有关条文,对索赔内容有如下规定:

(1)因窝工发生的人工费以25元/工日计算,监理方提前一周通知施工单位时不以窝工处理,以补偿费支付4元/工日。

(2)机械设备台班费:塔式起重机300元/台班;混凝土搅拌机70元/台班;砂浆搅拌机30元/台班。因窝工而闲置时,只考虑折旧费,按台班费70%计算。

(3)因临时停工一般不补偿管理费和利润。

在施工过程中发生了以下情况:

①6月8—21日,因建设单位提供的模板未到,而使1台塔式起重机、1台混凝土搅拌机和35名支模工停工(监理工程师已于5月30日通知承包人);②6月10—21日,因建设单位原因导致工地停电停水,使1台砂浆搅拌机和另外30名工人停工;③6月22—25日,因砂浆搅拌机故障,而使1台砂浆搅拌机和35名工人停工。

问题:

施工单位在有效期内提出索赔要求时,监理工程师认为合理的索赔金额应为多少?

参考答案:

合理的索赔金额如下:

(1)窝工闲置费:按合同规定,机械闲置费只计取折旧费;

塔式起重机1台:300×70%×14=2940(元)

混凝土搅拌机1台:70×70%×14=686(元)

砂浆搅拌机1台:30×70%×12=252(元)

小计:2940+686+252=3878(元)

(2)窝工人工费:因监理工程师已于一周前通知承包人,故只用补偿支付4×35×14=1960(元)及5×30×12=9000(元);

因砂浆搅拌机机械故障造成的窝工不予补偿,则小计:1960+9000=10960(元)

(3)合同规定临时个别窝工一般不补偿管理费和利润,故合理的索赔金额为:3878+10960=14838(元)。

【案例七】 某公路工程项目的施工承包合同,签约合同价为8000万元人民币(其中直接费为5200万元),建设工期为18个月,在施工过程中,发生如下五项事件:

事件1:由于发包人原因提出对原设计修改,造成全场性停工45天。

事件2:在基础开挖过程中,个别部位实际土质与发包人在招标时提供的《参考资料》中给定地质资料不符,造成施工直接费增加2万元,相应工序的持续时间增加了4天。

事件3:在基础施工中,承包人除了按设计要求对基底进行了妥善处理外,承包人为了保证质量,扩大了基坑底面尺寸,还将基础混凝土强度由C15提高到C20,造成施工直接费增加11万元,相应工序的持续时间增加了5天。

事件4:在桥墩施工过程中,因发包人提供的施工图纸有误,造成施工直接费增加4万元,相应工序的持续时间增加了6天。

事件5:进入雨季施工,恰逢50年一遇的大暴雨,造成停工损失3万元,工期增加了8天。

在以上事件中,除第1项和第5项外,其余工序均未发生在关键线路上。

施工过程中,承包人在合同约定的期限内向监理人提出工期和费用索赔。承包人提出如下索赔要求:

(1)增加合同工期68天;

(2)增加费用137.19万元,计算如下:

①发包人变更设计,图纸延误,损失45天(1.5个月)的管理费和利润:

管理费=合同价÷工期×管理费费率×延误时间=8000万元÷18月×12%×1.5月=80万元

利润=(合同价+管理费)÷工期×利润率×延误时间=(8000+80)万元÷18月×5%×1.5月=33.67万元

合计113.67万元。

②地质资料不符、混凝土强度提高、桥墩图纸错误、暴雨等因素造成的费用增加,计算如下:

直接费=20(万元)

管理费=20×12%=2.4(万元)

利润=(20+2.4)×5%=1.12(万元)

合计23.52万元。

问题:

1. 承包人针对施工过程中所发生的上述事件提出的费用索赔和工期索赔是否成立,为什么?

2. 承包人索赔计算方法是否正确?应如何计算?(计算以万元为单位,保留两位小数)

3. 如果在工程缺陷责任期间发生了由承包人原因引起的质量问题,在监理人多次书面指令承包人修复而承包人一再拖延的情况下,发包人另请其他承包人修复,则所发生的修复费用该如何处理?

参考答案:

1. 事件1:由于发包人修改设计,监理人同意索赔。

事件2:承包人针对事件2所提出的费用索赔和工期索赔均不成立。因为发包人提供的《参考资料》不构成合同文件,对于发包人提供的《参考资料》,承包人应对他自己就该资料的解释、推论和使用负责,这是承包人应承担的风险。

事件3:承包人针对事件3所提出的费用索赔和工期索赔均不成立。因为扩大基坑底面尺寸及提高混凝土强度等级并非监理人下达变更指令所致,该工作属于承包人采取的质量保

证措施。

事件4:承包人针对事件4所提出的费用索赔成立,因为这是由于发包人提供的施工图纸有误。工期索赔不成立,因该延误未发生在关键线路上,对总工期并无影响。

事件5:承包人针对事件5所提出的费用索赔不成立,工期索赔成立。因为该事件是由于异常恶劣的气候条件造成的,承包人不应得到费用补偿。

2. 工期索赔为53天,即发包人修改设计和暴雨的影响可索赔工期;增加费用78.58万元,计算如下:

(1)发包人变更设计,图纸延误,损失45天(1.5个月)的管理费和利润,计算基数应为直接费,不应为合同价。

管理费 = 直接费 ÷ 工期 × 管理费费率 × 延误时间 = 5200万元 ÷ 18月 × 12% × 1.5月 = 52万元

利润 = (直接费 + 管理费) ÷ 工期 × 利润率 × 延误时间 = (5200 + 52)万元 ÷ 18月 × 5% × 1.5月 = 21.88万元

合计73.88万元。

(2)桥墩图纸错误造成的费用增加为4.70万元,计算如下:

直接费 = 4(万元)

管理费 = 4 × 12% = 0.48(万元)

利润 = (4 + 0.48) × 5% = 0.22(万元)

合计4.70万元。

3. 所发生的维修费用应由承包人承担,发包人可从质量保证金中扣除。

【案例八】 某工程项目由于发包人违约,合同被迫终止。终止前的财务状况如下:签约合同价为1000万元,利润目标为签约合同价的5%。违约时已完成合同工程造价800万元。每月扣质量保证金为合同工程造价的10%,质量保证金限额为签约合同价的5%。开工预付款为签约合同价的5%(未开始回扣)。承包人为工程合理订购材料50万元(库存量)。承包人已完成暂定项目50万元,指定分包项目100万元,计日工10万元,其中指定分包管理费率为10%。承包人设备撤回基地的费用为10万元(未单独列入工程量清单),承包人雇佣的所有人员的遣返费为10万元(未单独列入工程量清单)。已完成的各类工程及计日工均已按合同规定支付。假定该项工程实际工程量清单表中一致,且工程无调价。

问题:

1. 合同终止时,承包人共得到多少暂定金额付款?
2. 合同终止时,发包人已实际支付各类工程款共计多少万元?
3. 合同终止时,发包人还需支付各类补偿款多少万元?
4. 合同终止时,发包人总共应支付多少万元的工程款?

参考答案:

1. 合同终止时,承包人共得暂定金额付款 = 对指定分包人的付款 + 承包人完成的暂定项目付款 + 计日工 + 对指定分包人的管理费 = 100 + 50 + 10 + 100 × 10% = 170(万元)

2. 合同终止时,业主已实际支付各类工程款 = 已完成的合同工程价款 − 保留金 + 暂定金额付款 + 动员预付款 = 800 − 1000 × 5% + 170 + 1000 × 5% = 970(万元)

3. 合同终止时,业主还需支付各类补偿款 = 利润补偿 + 承包商已支付的材料款 + 承包商施工设备的遣返费 + 承包商所有人员的遣返费 + 已扣留的保留金

其中:

(1)利润补偿 = (1000 - 800) × 5% = 200 × 5% = 10(万元)

(2)承包商已支付的材料款 = 50(万元),业主一经支付,材料即归业主所有。

(3)承包商施工设备和人员的遣返费因在工程量清单表中未单独列项,所以承包商报价时,应计入总体报价。因此,业主补偿时只支付合理部分。

(4)承包商施工设备的遣返费 = (1000 - 800) ÷ 1000 × 10 = 2(万元)

(5)承包商所有人员的遣返费 = 10 × 20% = 2(万元)

(6)返还已扣保留金 = 1000 × 5% = 50(万元)

业主还需支付各类补偿款 = 10 + 50 + 2 + 2 + 50 = 114(万元)

4. 合同终止时,业主总共应支付工程款 = 业主已实际支付的各类工程付款 + 业主还需支付的各类补偿付款 - 动员预付款 = 970 + 114 - 1000 × 5% = 1034(万元)

参考文献

[1] 中华人民共和国交通运输部. 公路工程建设项目概算预算编制办法:JTG 3830—2018[S]. 北京:人民交通出版社股份有限公司,2018.

[2] 中华人民共和国交通运输部. 公路工程建设项目投资估算编制办法:JTG 3820—2018[S]. 北京:人民交通出版社股份有限公司,2018.

[3] 中华人民共和国交通运输部. 公路工程估算指标:JTG/T 3821—2018[S]. 北京:人民交通出版社股份有限公司,2018.

[4] 中华人民共和国交通运输部. 公路工程概算定额:JTG/T 3831—2018[S]. 北京:人民交通出版社股份有限公司,2018.

[5] 中华人民共和国交通运输部. 公路工程预算定额:JTG/T 3832—2018[S]. 北京:人民交通出版社股份有限公司,2018.

[6] 中华人民共和国交通运输部. 公路工程机械台班费用定额:JTG/T 3833—2018[S]. 北京:人民交通出版社股份有限公司,2018.

[7] 中华人民共和国交通运输部. 公路工程建设项目造价文件管理导则:JTG 3810—2017[S]. 北京:人民交通出版社股份有限公司,2018.

[8] 中华人民共和国交通运输部. 公路工程标准施工招标文件:2018 年版[M]. 北京:人民交通出版社股份有限公司,2018.

[9] 中华人民共和国交通运输部. 公路工程技术标准:JTG B01—2014[S]. 北京:人民交通出版社股份有限公司,2015.

[10] 中华人民共和国交通运输部. 公路路线设计规范:JTG D20—2017[S]. 北京:人民交通出版社股份有限公司,2017.

[11] 中华人民共和国交通运输部. 公路路基设计技术规范:JTG D30—2015[S]. 北京:人民交版社股份有限公司,2015.

[12] 中华人民共和国交通运输部. 公路滑坡防治设计规范:JTG/T 3334—2018[S]. 北京:人民交通出版社股份有限公司,2018.

[13] 中华人民共和国交通运输部. 公路交通安全设施施工技术规范:JTG/T 3671—2021. [S] 北京:人民交通出版社股份有限公司,2021.

[14] 中华人民共和国交通运输部. 公路土工试验规程:JTG 3430—2020[S]. 北京:人民交通出版社股份有限公司,2020.

[15] 中华人民共和国交通运输部. 公路沥青路面设计规范:JTG D50—2017[S]. 北京:人民交通出版社股份有限公司,2017.

[16] 中华人民共和国交通运输部. 公路工程质量检验评定标准　第一册　土建工程:JTG F80/1—2017[S]. 北京:人民交通出版社股份有限公司,2018.

[17] 中华人民共和国交通运输部. 公路路基施工技术规范:JTG/T 3610—2019[S]. 北京:人

民交通出版社股份有限公司,2019.

[18] 中华人民共和国交通运输部. 公路桥涵施工技术规范:JTG 3650—2020[S]. 北京:人民交通出版社股份有限公司,2020.

[19] 中华人民共和国交通运输部. 公路隧道施工技术规范:JTG 3660—2020[S]. 北京:人交通出版社股份有限公司,2020.

[20] 中华人民共和国交通运输部. 公路养护技术标准:JTG 5110—2023[S]. 北京:人民交通出版社股份有限公司,2023.

[21] 中华人民共和国交通运输部. 公路技术状况评定标准:JTG 5210—2018[S]. 北京:人民交通出版社股份有限公司,2018.

[22] 中华人民共和国交通运输部. 公路路基养护技术规范:JTG 5150—2020[S]. 北京:人民交通出版社股份有限公司,2020.

[23] 中华人民共和国交通运输部. 公路沥青路面预防养护技术规范:JTG/T 5142-01—2021[S]. 北京:人民交通出版社股份有限公司,2021.

[24] 中华人民共和国交通运输部. 公路水泥混凝土路面养护技术规范:JTJ 073.1—2001[S]. 北京:人民交通出版社,2001.

[25] 中华人民共和国交通运输部. 公路桥涵养护规范:JTG 5120—2021[S]. 北京:人民交通出版社股份有限公司,2021.

[26] 中华人民共和国交通运输部. 公路隧道养护技术规范:JTG H12—2015[S]. 北京:人民交通出版社股份有限公司,2015.

[27] 中华人民共和国交通运输部. 公路路面基层施工技术细则:JTG/T F20—2015[S]. 北京:人民交通出版社股份有限公司,2015.

[28] 中华人民共和国交通运输部. 公路水泥混凝土路面设计规范:JTG D40—2011[S]. 北京:人民交通出版社,2011.

[29] 中华人民共和国交通运输部,中华人民共和国公安部. 道路交通标志和标线　第2部分:道路交通标志:GB 5768.2—2022[S]. 北京:中国标准出版社,2022.

[30] 中华人民共和国交通运输部,中华人民共和国公安部. 道路交通标志和标线　第3部分:道路交通标线:GB 5768.3—2009[S]. 北京:中国标准出版社,2009.

[31] 中华人民共和国住房和城乡建设部. 普通混凝土拌合物性能试验方法标准:GB/T 50080—2016[S]. 北京:中国建筑工业出版社,2017.

[32] 中华人民共和国住房和城乡建设部. 混凝土强度检验评定标准:GB/T 50107—2010[S]. 北京:中国建筑工业出版社,2010.

[33] 中华人民共和国住房和城乡建设部. 混凝土外加剂应用技术规范:GB 50119—2013[S]. 北京:中国建筑工业出版社,2014.

[34] 中华人民共和国住房和城乡建设部. 普通混凝土配合比设计规程:JGJ 55—2011[S]. 北京:中国建筑工业出版社,2011.

[35] 交通运输部职业资格中心. 全国一级造价工程师职业资格考试用书　交通运输工程技术与计量　公路篇:2024年版[M]. 北京:人民交通出版社股份有限公司,2024.

[36] 交通运输部职业资格中心. 交通运输工程造价案例分析　公路篇:2024年版[M]. 北京:

人民交通出版社股份有限公司,2024.

[37] 交通运输部职业资格中心.全国二级造价工程师职业资格考试用书　交通运输工程计量与计价实务　公路篇:2019年版[M].北京:人民交通出版社股份有限公司,2019.

[38] 江西省综合交通运输发展研究中心,华东交通大学.江西省二级造价工程师职业资格考试用书　建设工程计量与计价实务(交通运输工程)[M].南昌:江西科学技术出版社,2023.

[39] 二级造价工程师资格考试培训教材编审委员会.建设工程计量与计价实务:交通运输工程　公路篇[M].北京:中国建材工业出版社,2020.